JN104963

ヤマト王権の古代学

「おおやまと」の王から倭国の王へ

坂　靖——著

新泉社

はじめに

二〇一九年五月一日、新しい天皇が即位され、元号が令和に変わった。しかし、ここで大きく時代が変化したわけではない。考えてみれば、一世一元の制に変わったのは明治以来のことであり、そう古いことではない。太陽暦が採用されたのも、その太陽暦にもとづき元旦に初詣をおこなうことも、明治以来の風習である。初詣客数のランキングに入っている京都市の平安神宮、東京都の明治神宮、奈良県の橿原神宮などすべて明治に起源をもつ神社である。

明治維新が時代の変換点であり、ここから日本が近代国家として新しい歩みをはじめたということは、衆目の一致するところだろう。そして、天皇主権を掲げた大日本帝国憲法が制定され、軍国主義への道のりを歩んだ。その次の大きな変換点が敗戦であり、戦後の歩みであるといえるだろう。国民主権のもと、目覚ましい復興と経済成長を遂げた。しかし、ここのところ経済は停滞し、老齢化と人口減少が進んだ。グローバル化の一方、自国第一主義の風潮が蔓延している。

戦後、日本史は大きく見直された。戦前の歴史教育が皇室賛美を基調とした皇国史観によるものであって、歴史の真実からは大きく遊離したものであったことは、いうまでもない。その見直しのなかで、大きな期待を背負ったのが考古学である。

私は幼い頃から歴史が好きで、中学・高等学校では地歴部で活動した。高等学校で古代史に興味をもったが、大学進学に際し、古代史を研究されていた日本史の先生から強くすすめられたのが考古学である。

戦前においても、天皇を中心とした律令国家体制のもとで編纂された『古事記』『日本書紀』の記述だけに頼った古代史研究に限界があることは、叫ばれていた。当然、文献資料だけでは、古代史の真実は見えてこない。

一九七二年には、奈良県明日香村の高松塚古墳の発掘調査があり、私が大学を卒業してから、奈良県立橿原考古学研究所で若手職員として調査にのぞんだ一九八〇〜九〇年代には、教科書を書き換えるような発掘調査が相次いだ。今では、日本史の教科書では当然のように考古学に基づく時代区分が採用され、旧石器時代・縄文時代・弥生時代・古墳時代とつづく。

本書で問題とするのは、弥生時代から古墳時代である。この時代に奈良盆地で王権が成立し、展開した過程を明らかにしたい。用語としては、「大和朝廷」「大和政権」「倭政権」「倭王権」「ヤマト政権」などがあり、それぞれその対象とする時代や、政治権力の構造、統治の範囲については諸説があるが、本書で採用する用語は、奈良盆地で成立した王権という意味での「ヤマト王権」である。

ところで、日本考古学の限界のひとつに、暦年代を明確にできないことがある。弥生時代や古墳時代のはじまりがいったい何世紀のことだったのか、いまなお論争がつづいている。考古学の方法論では、相対的な新旧は明らかにできるが、それでも微細な部分では研究者間の論争がつづく。

三世紀には倭の女王卑弥呼が魏に遣使し、五世紀には倭の五王が中国南朝の東晋・南宋などへ遣使している。このことは、歴史的事実である。しかし、これらの記事と発掘調査で検出された遺跡や、各地にある古墳との関係、あるいは古墳から出土する銅鏡との関連について、さまざまなアプローチはあるが、決着にはほど遠い。このように考古学は、歴史研究への期待に応えるにはいたっていない。

二〇〇〇年に前期旧石器の捏造事件があり、考古学への信頼は大きく失墜した。近年は、心なしか教科書を書き換えるような発掘調査の事例も少なくなったように思う。考古学を志す学生の数も確実に減少している。

考古学はむずかしいという声をよく聞く。歴史上の人物が登場することが少ないからだという。博物館においても、考古学の展覧会は人気がない。考古資料を美術品のように展示することが求められることがある。しかし、考古資料の大半は、一般層の残した日常品だ。そこにあるのは芸術性より、人びとの生活の息づかいである。展覧会においては、卑弥呼や○○大王などの考古資料では実態を把握し難い人物と結びつけないと、入館者数は伸びなやむ。

特定の人物や特定の歴史事象を出土した遺構や遺物に結びつけることを、考古学者は意識的に避けてきた。誤解をおそれずいえば、三～五世紀においては結びつけること自体、無意味な場合が多い。天皇の実在性やその事績はすべて疑われ、氏族の淵源となる地域集団は存在しても氏族そのものは存在しない。確証のないまま安易にそれと結びつけたり、あるいは実在性の疑われる人物と結びつけたりしたとき、その信頼は失墜する。科学的、実証的な研究の積み重ねがあれば、必ず歴史の真実はみえてくる。文献資料の乏しい時代にあっては、やはり考古学が重視されるべきである。その意味で、考古学をもとにしながら文献資料とつき合わせて検討することが必要であり、そうした研究により大きな成果がおさめられている（森二〇〇〇、白石二〇一三・二〇一八）。

古墳時代の権力構造を探るためには、もとより文献資料による必要はない。文献資料を埒外においたとしても、実際に古墳時代の政治史研究は、大きな成果をおさめている。権力資源論に立脚し、銅鏡研究をおし進めるなかでうちだされた古墳時代の国家形成論は、これまでの到達点を示すものであろう（下垣二〇一八）。ただし、ここに主にあるのは首長墓系譜や遺物論であって、支配拠点の問題や、遺跡間関係、地域構造論については語られていない。

とはいえ、理論のみでは歴史は構築しえない。最も重視されるべきは中国・朝鮮半島との関係と、東アジア世界のなかでの位置づけである。文献資料は、そのなかでこそ活かされる。文献資料の信憑性が疑われるとしたら、それがなぜ疑われるのかについて、十分な説明が必要である。考古資料も文献資料もそれぞれに批判・検討することによって、はじめて歴史史料たりうるのである。

こうした考古学における課題やその限界に留意しつつ、本書では文献資料を批判、検討しながら、倭国の政治権力構造であるヤマト王権の実態にせまりたい。文献資料を中心において記述していく方法は、通常の考古学の方法論とは異なるものなので、題名を「ヤマト王権の古代学」とした。さらに、通説とは異なる結果となったが、歴史の真実に近づくためのアプローチとして理解していただきたい。

なお本書では、弥生時代と古墳時代をいずれも前期・中期・後期の三時期に区分する。文献資料は内容を簡略化し、口語訳を中心に記述した。その際、主に参考にしたのは、井上秀雄他訳注『東アジア民族史1 正史東夷伝』平凡社東洋文庫（一九七四）、田中俊明「『魏志』倭人伝を読む」『古代史研究の最前線 邪馬台国』洋泉社（二〇一五）、井上光貞監訳『日本書紀上・下』中央公論社（一九八七）、武田祐吉訳注『新訂古事記』角川文庫（一九七七）である。大王・天皇名は、漢風諡号を使用した。

ヤマト王権の古代学　目次

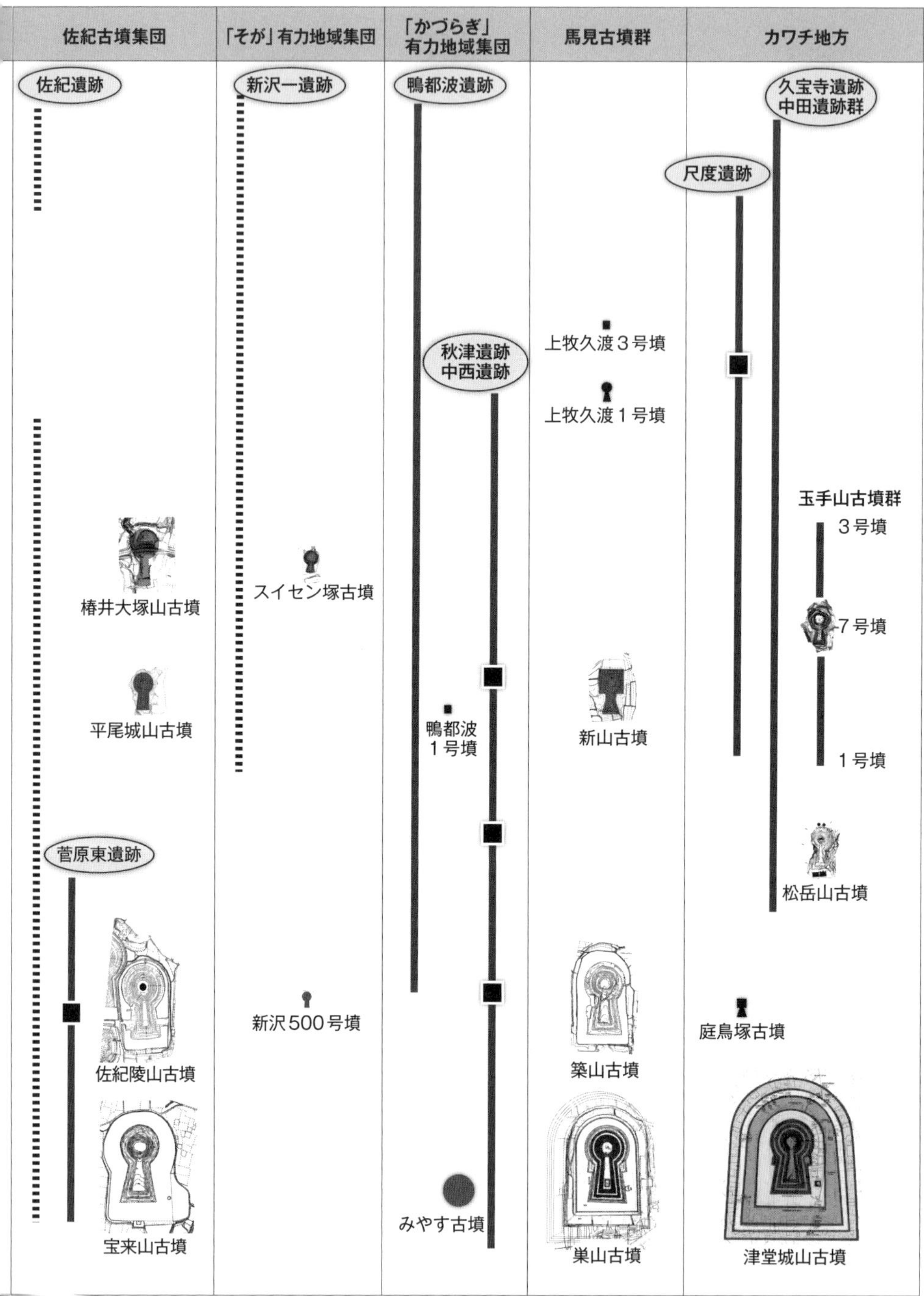

佐紀古墳集団
「そが」有力地域集団
「かづらぎ」
有力地域集団
馬見古墳群
カワチ地方
佐紀遺跡
新沢一遺跡
鴨都波遺跡
久宝寺遺跡
中田遺跡群
尺度遺跡
上牧久渡３号墳
秋津遺跡
中西遺跡
上牧久渡１号墳
玉手山古墳群
３号墳
椿井大塚山古墳
スイセン塚古墳
７号墳
平尾城山古墳
鴨都波
１号墳
新山古墳
１号墳
菅原東遺跡
松岳山古墳
新沢500号墳
庭鳥塚古墳
佐紀陵山古墳
築山古墳
みやす古墳
宝来山古墳
巣山古墳
津堂城山古墳
居館
盛期
存続期間

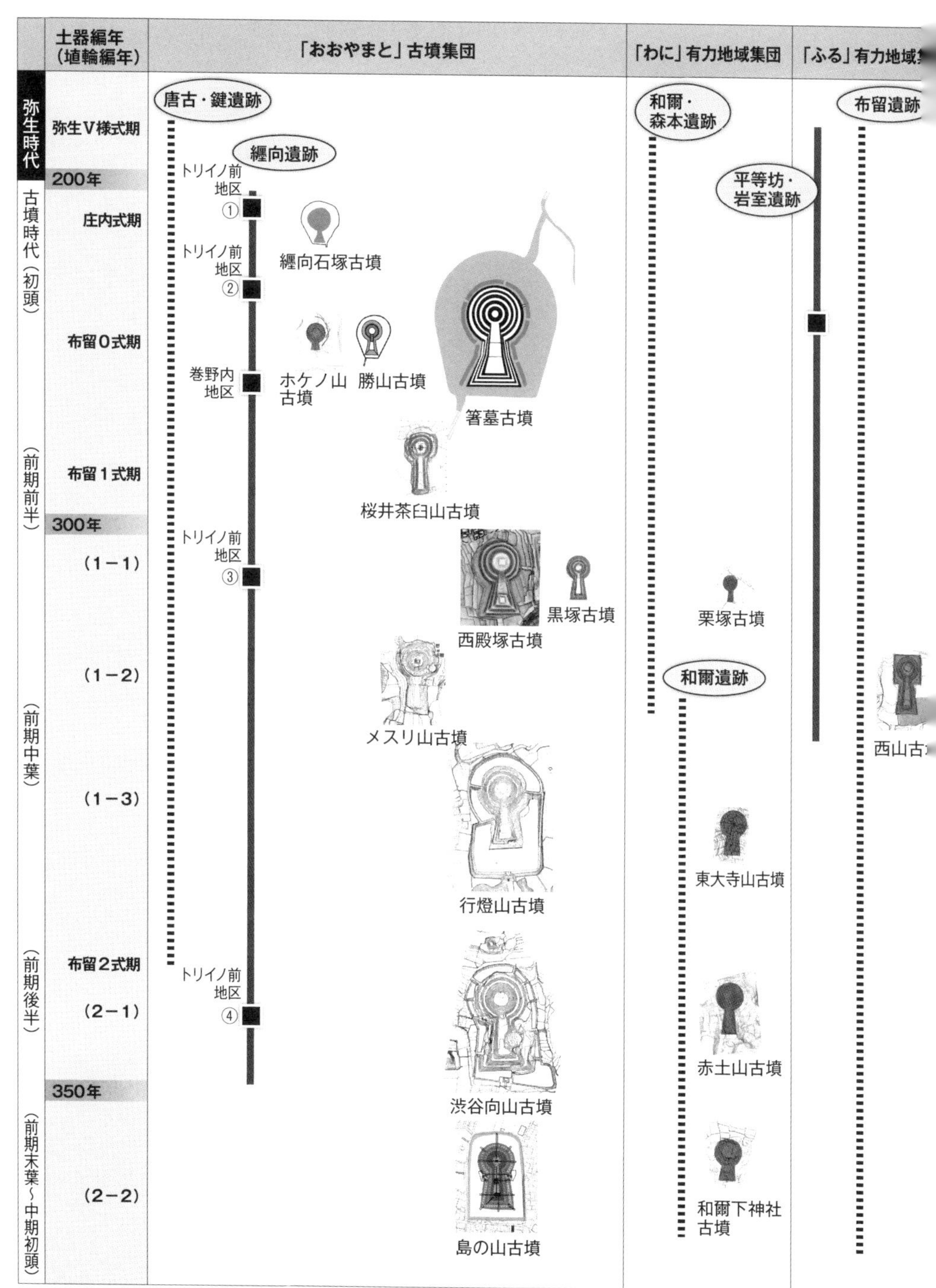

ヤマト王権と有力地域集団の王墓と居館（纒向遺跡トリイノ前地区 ①～④ は図 41 参照）

ヤマト王権の古代学

「おおやまと」の王から倭国の王へ

序章　ヤマト王権とは何か

二〇一九年七月六日、「百舌鳥・古市古墳群」がユネスコの世界文化遺産に登録された。構成資産は百舌鳥古墳群の二三基、古市古墳群の二六基、あわせて四九基の古墳である。

このなかに、日本列島では最大規模の大山（大仙陵）古墳（大阪府堺市大仙町／墳丘長四八六メートル）、第二位の誉田御廟山古墳（大阪府羽曳野市誉田／墳丘長四一五メートル）、第三位の上石津ミサンザイ古墳（堺市石津ヶ丘／墳丘長三六五メートル）をはじめ、規模の大きい前方後円墳が名を連ねている。古墳の築造年代は、五世紀代を中心としており、南北朝時代の中国南朝（東晋、宋、斉、梁など）に朝貢した倭の五王のいずれかが残した墳墓が百舌鳥・古墳群のなかに含まれている。

この古墳の被葬者は、誰か。

われわれ考古学を研究している者が、常に問われることである。百舌鳥・古市古墳群において、正確な歴史的事実として断定できるのは、いまのところ、ここに倭の五王の墳墓が含まれているということだけである。

図1　近畿地方中央部の大型古墳群

日本列島第一位の規模をもつ大山古墳は、宮内庁が仁徳天皇陵に治定（じじょう）している。世界遺産の構成資産名は、「仁徳天皇陵古墳」である。これは明らかに誤解を生む資産名であり、ＮＨＫなどの報道では、〝宮内庁が仁徳天皇陵と定めている大山古墳〟と正しく伝えていた。

古墳が築造され、四〇〇年以上を経た平安時代にこの古墳が仁徳天皇の陵墓と考えられ、管理されていたことはまず間違いがない。仁徳天皇は、大阪市歌にも歌われている「民の竈（かまど）」の逸話などで知られる著名な存在であるが、実は五世紀に税を徴収していたという歴史的事実はなく、一般層のあいだに竈が普及していたという歴史的事実もない。「天皇」は存在せず、中国南朝に朝貢した大王が存在したのみである。仁徳天皇の存在そのものが危うい。

奈良時代に完成した『古事記』『日本書紀』には歴代天皇の系譜と事績が記されている。仁徳天皇の次に即位したのは、履中（りちゅう）天皇である。宮内庁が履中天皇陵に治定しているのが第三位の規模をもつ上石津ミサンザイ古墳である。ところが、上石津ミサンザイ古墳と大山古墳の出土遺物を比較すると、明らかに上石津ミサンザイ古墳の方が古い。天皇の即位順序と、古墳の築造順序が逆転している。

こうした混乱がおこった背景は、『古事記』『日本書紀』が編纂された当時、すでに過去のものであった古墳を、みずからの祖先のものとして強引に結びつけたことにある。『古事記』『日本書紀』は、天皇系譜を示すための叙述であって、先行する古墳とそれに関する事実に対して、あくまで実態に対して伝承を後付けしたものにすぎない。古市・百舌鳥古墳群の大型古墳の被葬者を簡単に〇〇天皇の陵墓であるとはいえない理由がここにある。

隔靴掻痒（かっかそうよう）の感はぬぐえないが、冒頭に述べたように五世紀において倭国を統治した五人の大王の墳墓が大阪平野の南部にあったこと、この歴史的事実こそが重要であり、ここから王権の所在地とその出自や系譜を考える必要がある。

「はじめに」でも述べたとおり、ここで述べる王権とは、王を中心とした統治のための権力構造を指す。五世紀の王権は、中国皇帝が周辺諸国の王を任命するという「冊封体制（さくほうたいせい）」のもと、倭国を統治する権力機構として発展している。中国の皇帝が、朝貢を条件に倭国王として任官したのである。ただし、この王権の出自については諸説がある。四世紀の大和の王権がそのままつながっているという説のほか、「河内王朝」として出自の異なる王権が成立したという説、さらにその出自を大陸の騎馬民族に求める説もある。

王権の所在地についても明確ではない。後世に難波宮や大坂城が営まれた上町（うえまち）台地には、法円坂（ほうえんざか）遺跡（大阪市中央区）があり、大阪平野がその所在地であったことは間違いないところではあるが、奈良盆地の東南部にも脇本（わきもと）遺跡（奈良県桜井市）など有力な「王宮」の候補地がある。

さらに、奈良盆地東南部には、これより古い三～四世紀代の規模の大きい前方後円墳がある。同時期においては、日本列島最大規模である。規模の点だけからみても、「王墓」と位置づけることができるだろう。さらに、纒向（まきむく）遺跡（奈良県桜井市）が「王都」の有力候補地である。

王権の所在地およびその出自と系譜を遺跡や古墳をもって語らせること、それが本書の課題である。

周知のとおり、奈良県の旧国名は「大和国（やまとのくに）」である。古代の律令国家によって命名され、明治になって県がおかれるまで地方制度上の国名として使用された。ただし、この大和国の名称に統一されたのは、奈良時代後半代以降のことである。それまでは大和国のほか、倭国、大倭国、大養徳国などと表記された。本書で使用する片仮名の「ヤマト」は、律令国家の国名とそれ以前を区別し、旧大和国をあらわす地域名の呼称として使用するものである。

一方、対外的に日本国という国号が通用する以前の「倭」を「やまと」と呼称していた可能性がある。また、日本国の国号が確立した以降についても『万葉集』などで、国家の統治範囲全体を示す名称として大和が用いられている。本書で私が使用する「ヤマト王権」は、こうした広い意味ではなく、奈良盆地東南部・中央部という限定された一地域で発祥した王権という意味での、ヤマト王権である。ヤマト王権の「王」＝倭国の「王・大王」と考える研究者が大半であるが、本書においては同義ではないことに注意をされたい。

平安時代後半期の承平年間（九三一～九三七年）頃に編纂されたとされる『倭名類聚抄』には、律令国家の行政単位の順である国、郡、郷を列記した項があり、古代の地名を知ることができる。大和国城下郡には大和（於保夜末止）郷・賀美郷・三宅（美也介）郷・鏡作（加々都久利）郷・黒田（久留多）郷・室原（他本也）郷があったと記されている。「大和郷」は、「オオヤマトゴウ」と読まれていることがわかる。

こうした古代の郷のなかには、現在までにその存在が不明確になってしまったものもあるが、この大和郷の呼称は、中世や近世にも受け継がれた。現在、大和神社が天理市の新泉に鎮座する。新泉と周辺の三昧田、佐保庄、萱生、兵庫、成願寺、中山、岸田、長柄の各集落が中・近世の大和神社を支えた宮郷であり、山辺郡・磯城郡の両方にまたがっていた。一方、古代の大和郷は、中・近世の大和郷より、さらに西側の海知におよんでいたとされ、古代と中・近世では大和郷の範囲は異なっていた。

このように、オオヤマトの地名は一〇世紀までさかのぼるが、奈良時代にこの名称が存在したかどうかはさだかではなく、大和郷は、奈良時代にはヤマト郷と呼ばれていたとされている（吉川二〇〇四）。つまり、オオヤマトの名称は、古代といってもそれほど古くさかのぼるものではないのである。現在の大和神社の社地は、遷座したものであり、社殿は江戸時代に起源をもつ建物を明治年間に建て替えたものである。

この大和神社のある新泉、その東側の成願寺・萱生・中山周辺一帯には、西殿塚古墳、中山大塚古墳などのごく初期の前方後円墳が集中し、古墳群が形成されている。『奈良県の考古学』（小島一九六五）では、これを萱生（大和）古墳群とし、『奈良県の主要古墳一』（奈良県立橿原考古学研究所一九七二）においては、これを大和古墳群と呼んでいた。その後、一九八〇年代以降に調査が進み、従来、柳本古墳群や箸墓（纒向）古墳群と呼ばれていた古墳群に、この大和古墳群を加え、天理市から桜井市に広がる古墳群を総称する名

図2　大和神社と大和（萱生）古墳群・柳本古墳群

称の必要性がでてきた。

これを全体として評価したとき、日本列島において最も古く、最も規模の大きい古墳群であることが、ここにきて確定したのである。最も古い大型前方後円墳は、桜井市箸中に所在する箸墓古墳であり、同時期で最大、かつ卓越した墳丘長二八〇メートルという規模から、これをヤマト王権の初代王墓と評価することが可能となった。そして、初期のヤマト王権において、その歴代の王の墳墓がこの古墳群においてつぎつぎと造営されているという事実が明らかになったのである（白石一九九九）。この古墳群の形成過程は、ヤマト王権の成立とその後の展開過程そのものを示しているといっても過言ではない。

この古墳群の総称としては、「おおやまと」古墳群（伊達一九九九、寺沢二〇〇〇）、オオヤマト古墳群（大久保二〇〇三、置田二〇〇四、白石二〇〇四、今尾二〇〇五）、大和古墳群（奈良県立橿原考古学研究所二〇〇二）、山辺・磯城古墳群（今尾二〇〇九）などの名称が提唱されている。本書では、最も早くこの古墳群を総称することを唱え、奈良盆地の古墳群形成の母胎を河川流域における農業生産との関連で考察した伊達宗泰氏の研究成果に基づいて、平仮名の「おおやまと」古墳群を採りたい。権力者が主導しながら河川から水を引き込み、地域の土地開発をおこなって、農業生産をおこなう。その高い生産力を背景に地域集団が生まれ、政治的集団へと成長する。かくして、古墳が造営されるという考えである。

奈良盆地を流れる大和川本流の初瀬川および寺川流域を中心とした奈良盆地中央部および東南部一帯が、「おおやまと」古墳群の形成の母胎となった地域である。これは、かつて直木孝次郎氏が示した狭い意味の「やまと」にあたり、大和のなかの「やまと」と呼ばれる範囲に、ほぼ一致する（直木一九七五）。伊達宗泰氏もほぼ同じ範囲を示しており、律令制のもとの山辺郡、城下郡、十市郡および高市郡の一部を指す（伊達一九九九）。ただし、私は、このなかで布留川流域を除外している。この地域は、弥

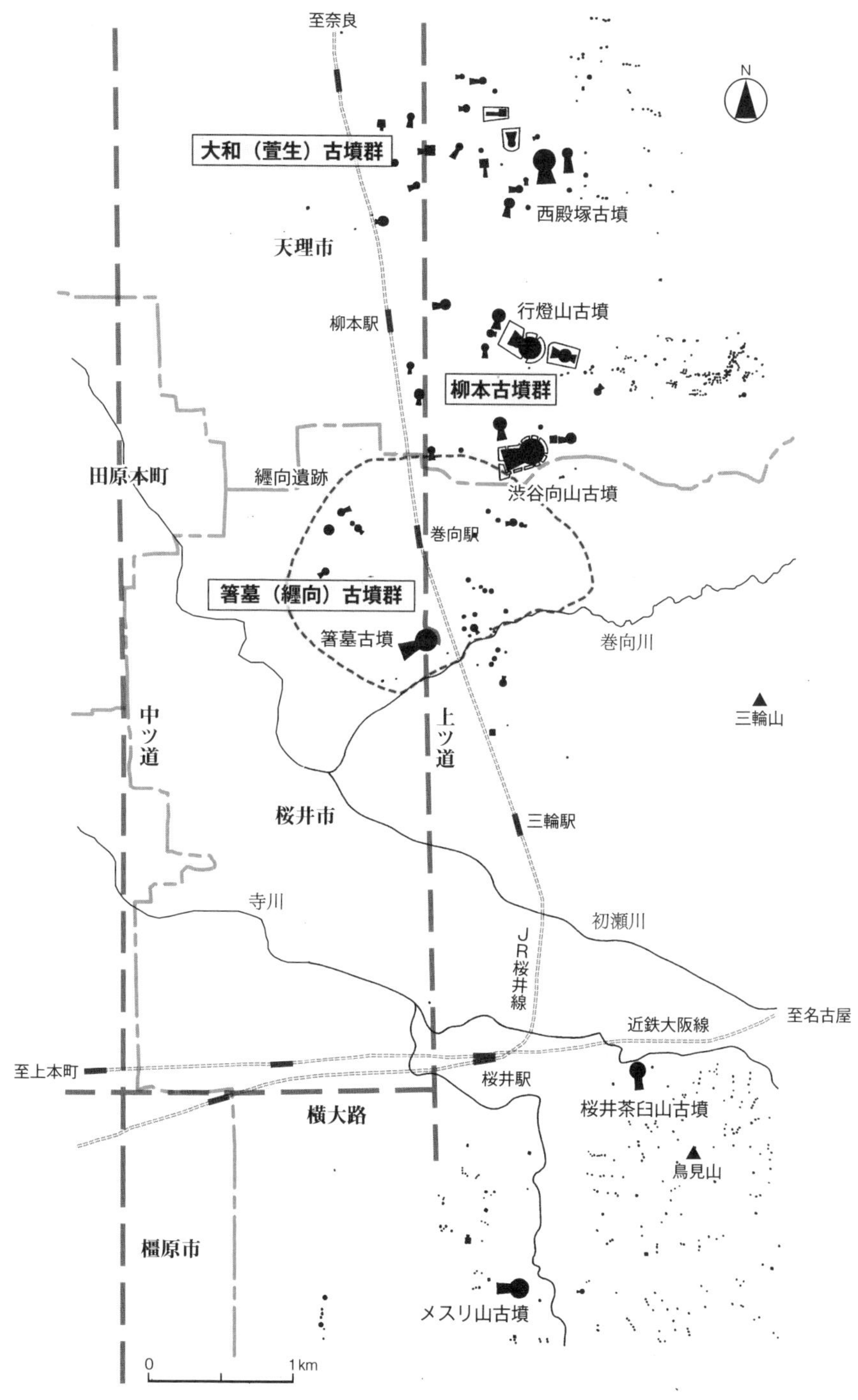

図3　「おおやまと」古墳群と纒向遺跡およびその周辺

生時代の平等坊・岩室遺跡、西山古墳があって、「おおやまと」古墳群とは異なった地域集団が成長して大型古墳を造営する政治的集団となったと考えられるからである。

「おおやまと」古墳群の形成の母胎となった地域には、弥生時代の奈良盆地最大規模の集落遺跡である唐古・鍵遺跡がある。そして古墳群が造営される前段階において、唐古・鍵遺跡の上流部で纒向遺跡が形成される。纒向遺跡は近年、邪馬台国の所在地論争においても欠かせないものとなっているが、邪馬台国の時代（庄内式期）の遺跡範囲は狭く、大阪平野や北部九州のそれにおよばない。纒向遺跡は、「おおやまと」古墳群が形成される時期（布留式期）に集落の規模が大きく拡大する。「おおやまと」古墳群の被葬者であるヤマト王権の歴代の王が居住し、ここで政治や祭祀をおこなっていたことが遺跡のありかたから証明できる。

まさに、纒向遺跡においてヤマト王権が発祥し、ヤマト王権の「王都」となったのである。権力の源泉が、弥生時代に育まれた唐古・鍵遺跡を中心とした奈良盆地中央部・東南部の豊かな生産にあり、中国・朝鮮半島および日本列島各地と対外交渉をおこなうことによって、日本列島各地に影響力をおよぼすことになる。限定された一地域の地域集団が、大型古墳を造営する政治的集団としてここに成長する。

本書では、この限定された一地域の地域名を古墳群の名称から「おおやまと」地域、地域集団を「おおやまと」古墳集団と呼ぶ。つまり、この「おおやまと」古墳集団こそが、弥生時代の地域集団を遡源とし、古墳時代に政治的集団として成長したヤマト王権の出自なのである。

ヤマト王権は奈良盆地で最初に広域支配を実現したが、その直接の支配領域は「おおやまと」地域に限定されていた。その意味においては、この段階のヤマト王権の王は「おおやまと」の王である。奈良盆地内において、布留川流域では弥生時代の生産を背景にした地域集団が成長し、政治的集団となったことは前述したとおりであり、こうした地域集団は奈良盆地内に割拠していた。そのなかで、ヤマト王権は奈良盆地内の地域集団の仲介を得て、やがて奈良盆地北部の政治的集団（佐紀古墳集団）と一体となり、その支配領域を広げていった。奈良盆地北部の佐紀古墳群集団の王と、「おおやまと」の王が併立しながらヤマトを統治することになる。地域支配を貫徹した二人の王が併立することによって、ヤマト王権の広域支配が実現し、ヤマトの王となったのである。

さらに、五世紀には大阪平野（カワチ・イズミ）の地域集団と結合し、大きく支配範囲を広げるのである。ここでヤマト王権の王が、ようやく中国の冊封体制のもとで倭国の王となる。このように、ヤマト王権の王は、国土の統一を最初に成し遂げたわけではなく、徐々に各地の王に対して影響力を高めていったのである。ヤマト王権は、その地理的優位性と高い生産力を継承しながら、政治的・祭祀的・軍事的・経済的に卓越した存在となって、倭国の統治をおこなう政治権力機構に発展していったと考えられる。

それでは、まず『日本書紀』で初代天皇とされている神武天皇について、なぜそのような記述があるのかを考えてみたい。

第1章　神武天皇と「闕史八代」
――つくられた歴史と陵墓――

神武天皇と「闕史八代」

『日本書紀』によると、初代天皇は神武天皇（神日本磐余彦天皇）である。神武天皇は日向国から東征し、瀬戸内を経て、難波、紀伊、熊野から大和に入り、磯城彦、長髄彦らとの交戦を経て、それに勝利して己未年三月七日に畝傍山東南で、橿原宮の造営を開始し、辛酉年正月元旦に即位したと記述されている。

辛酉年春正月庚辰朔（一日）に天皇は橿原宮に即位された。この年を天皇の元年とする。

（中略）

古語にこの天皇をたたえて、

「畝傍の橿原に、宮柱を底磐根に太しき立て、高天原に千木を高く掲げて、始馭天下之天皇」と申し、名付けて、神日本磐余彦火火出見天皇と申し上げる。（『日本書紀』神武天皇元年条）

そして、神武天皇は一二七歳で橿原宮に崩じ、畝傍山東北陵に葬られた（『古事記』では一三七歳、畝傍山北の方の白檮の尾の上）という。もちろん、このことは歴史的事実ではない。神話からはじまった建国の説話のエピローグにあたる部分である。神武天皇が実在していたと考えることはできない。

ただし、神武東征の物語については、なんらかの歴史的事実を反映しているともいわれている。たとえば三世紀の邪馬台国の東遷、五世紀の阿蘇凝灰岩製の石棺の移動、六世紀の継体天皇の即位など、さまざまな年代の西から東への動きと結びつけられて論じられている。また、神武天皇の事績は、崇神天皇あるいは応神天皇の事績をなぞらえたものという説もある。

しかし、これら諸説の時代がバラバラであることでも明らかなように、すべては仮説にすぎず、証明されていない。

この説話において明らかなことは、『日本書紀』の編纂時に、暦年の操作がおこなわれていることである。即位年である辛酉年は、辛酉革命説による暦年である。中国の漢代に流行した、辛酉の年には社会的変革が起こるとする説に基づく。神武天皇の即位年は、六〇一年（推古天皇九年・辛酉）から一二六〇年さかのぼった年にあたる。

『日本書紀』では、神武天皇ののち、二代綏靖・三代安寧・四代懿徳・五代孝昭・六代孝安・七代孝霊・八代孝元・九代開化までの天皇の年齢は、事績がほとんど記載されていないのにもかかわらず神武天皇と同じように、百歳以上のありえない長寿となっている。

そして、一〇代崇神天皇の和風諡号(しごう)は御間入彦五十瓊殖天皇(みまきいりびこいにえのすめらみこと)だが、十二年秋九月条に、「戸口調査をおこない、(崇神が)御肇国天皇(はつくにしらすすめらみこと)と呼ばれた」と記載されている。崇神については、『古事記』にも「初国知らしし御真木天皇(みまきのすめらみこと)」、『常陸国風土記』にも「初国知らしし美真木天皇」と記載されていて、最初の天皇と認識されていた。

つまり、神武天皇と崇神天皇という二人の初代天皇が存在したわけで、二〜九代の天皇は、この間の暦年を穴埋めをするために記載された事績のないいわゆる「闕史(けっし)八代」の天皇である。闕史の名が示すとおり、その実在性については、早くから疑義がもたれていた。

ところで、明治政府は一八七三年(明治六)に、この神武天皇の即位年をもって、「紀元節」を制定し、その暦年を紀元前六六〇年と定めた。そして、日中戦争のさなか、太平洋戦争開戦の前年の一九四〇年(昭和一五)には、紀元二千六百年祝典が、東京を中心に盛大に開催されることになる。当初、この「紀元節」は旧暦の正月朔日(ついたち)を同年の太陽暦にあらためる操作によって、一月二九日とされた。しかし、その翌日が孝明天皇祭など政府行事と重なるという不都合が生じた。そこであらためて、二月一一日と定めなおした。それが、現在の国民の休日、建国記念の日とされているのである。

一方、どのように『日本書紀』が成立したかは、必ずしも明確ではない。『日本書紀』には、天武天皇十年(六八一)の〝三月丙戌(一七日)、天皇が詔(みことのり)して、川嶋皇子以下、一三人に、帝紀と上古の諸事(旧辞)の編纂を命じ、そのなかの中臣連大嶋(おおしま)と平群臣子首(こびと)が筆を執った〟という記事がある。この記事を編纂の出発点ととらえることもできる。さらに、その後の持統天皇の時代に編纂が開始されたという説もある。完成は、奈良時代の七二〇年(養老四)である。当初の書名は『日本紀』であったとする説もある。
いずれにせよ、「日本国」の成立の事情を明らかにするものであり、天皇を中心とした古代律令国家の成り立ちを明らかにすることがその目的にある。そのなかで、神武天皇から崇神天皇に至る記述については、その編纂時点において暦年と天皇の血縁系譜の辻褄（つじつま）をあわせるために、明らかにそこに無理やり押し込んで記載されたものである。

明治政府もまた、古代律令国家に回帰しつつ、天皇を中心とした新しい国家を目指した。そこで定められた「紀元節」は、あくまでこの政府の国家観・歴史観によるものである。こうした思想を背景にして、ついには太平洋戦争にまで突き進んだという厳粛な歴史の事実を決して忘れてはならないだろう。

神武天皇陵と四条古墳群

『日本書紀』の成立時点において、「日本国」の始祖はまぎれもなく神武天皇であった。そして畝傍山周辺において初代の神武天皇が宮をおき、陵を築いたということが、その正史のなかに書き込まれた。

そして、天武天皇元年（六七二）におこった古代最大の内戦、壬申の乱の際に、天武天皇に従い飛鳥で蜂起した大伴吹負（おおとものふけい）は近江軍と激戦のすえ、ついに大和を平定する。その激戦の前に、神武天皇陵と高市社（たけち）・身狭社（むさ）で祭祀をおこなっている。

大和での戦闘にあたって、高市郡の県主許梅（あがたぬしこめ）が高市社の事代主神（ことしろぬしのかみ）と身狭社の生霊神（いくみたまのかみ）の神がかりとなって、神武天皇の山陵に馬と武器を奉ること、天武を不破まで守護し、これからもまた軍神として守護すること、西から軍勢がやってくること、などを告げた。そこで早速、許梅は神武陵に参拝し、馬と武器を奉り、幣帛(へいはく)をささげて高市・身狭の二社をうやまい祭ったという。

(『日本書紀』天武天皇元年七月条)

壬申の乱当時に、大和南部の二社の神のもとに神武天皇陵が存在し、祭祀の対象であったことをうかがわせる記事として重要である。神武天皇は実在したとは考えられないが、天武天皇の時代に、たしかに神武天皇陵が存在していたと考えられるのである。ただし、祖霊を崇拝した天武天皇が壬申の乱に勝利し、『日本書紀』の編纂を命じたというものであって、この記事自体が創作であるという見解もある(北二〇一八)。

しかし、たしかに古代に神武天皇陵は存在していた。平安時代の『延喜式』にも記載がある。その後、この神武天皇陵は江戸時代までの間に荒廃してしまい、その所在がわからなくなってしまった。中世の社会では、国家が古代大和の天皇陵を管理することはほぼなくなっていた。江戸時代になって、元禄年間頃から陵墓の探索がはじまり、畝傍山周辺の「ミサンザイ」「塚山」「丸山」など、いくつかが、候補地にあがることになる。そして、一八六三年(文久三)、尊王攘夷思想が高まるなかで「ミサンザイ」「ツボネガサ」と称された小丘をつないで神武天皇陵が新たに造営された。その後、前述した一九四〇年(昭和一五)の紀元二千六百年祝典までの間に、周辺部を含め着々と整備がつづけられていった。現在、これを神武天皇陵として宮内庁が管理している。

一方、「塚山」は一六九七年(元禄一〇)の江戸幕府による山陵調査では、そのほかの候補地を押しのけて神武天皇陵とされていた。しかし、一八七八年（明治一一）、明治政府（宮内省）によって、畝傍山北に葬られたという「闕史八代」の一人、第二代の綏靖天皇陵に治定され、それが現在にも受け継がれている。元禄年間には、神武天皇陵とされていたものが、綏靖天皇陵に入れ替わったわけである。

この「塚山」に、現在立ち入ることはできないが、絵図が残されており、直径三〇メートルほど、高さ三メートルほどの高まりが確認される。どの

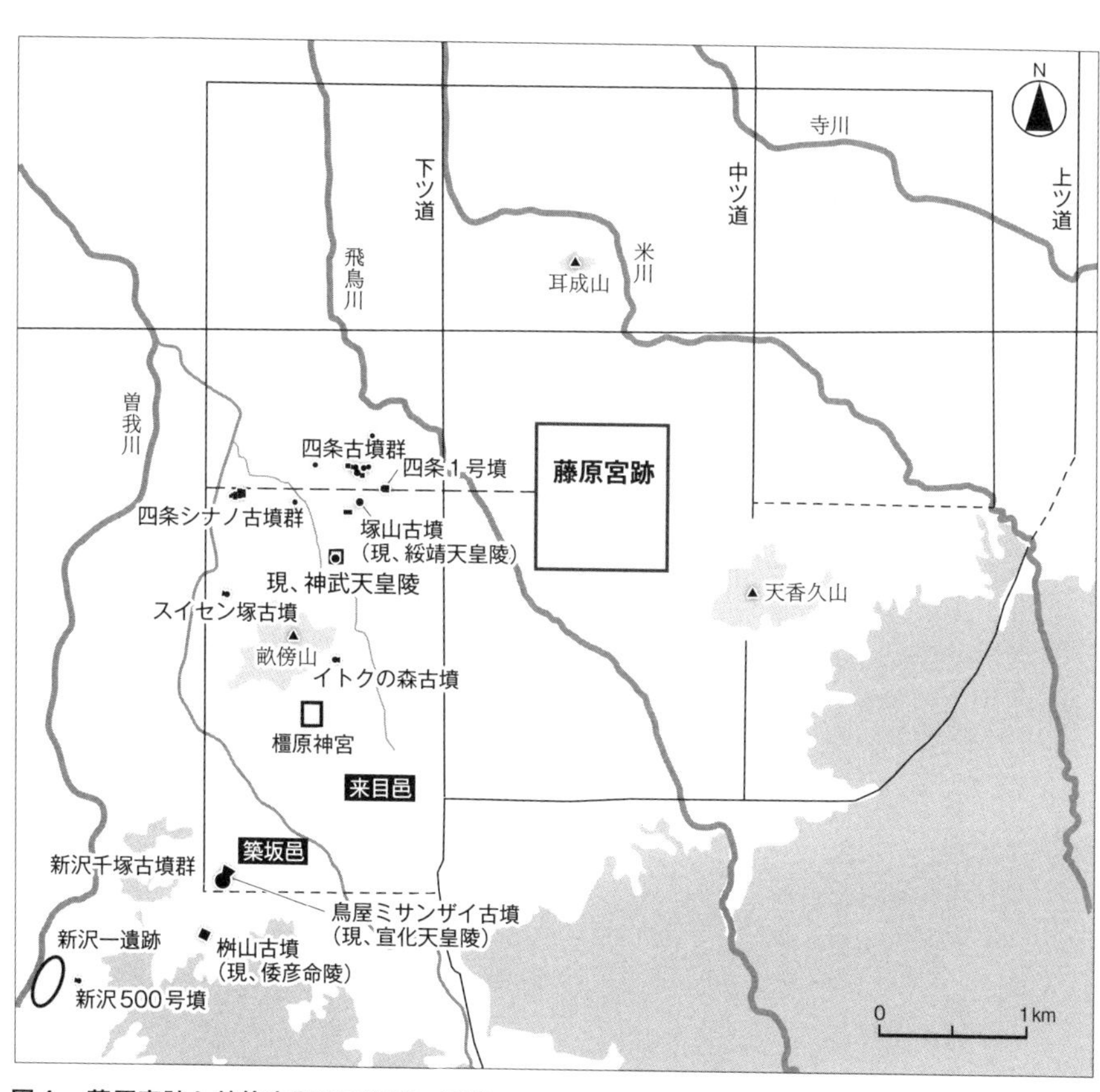

図4　藤原宮跡と畝傍山周辺の建国の聖地

図5　四条1号墳（上空、真上から）

ような埋葬施設であるかさだかではないが、この高まりは古墳の墳丘であり、五〜六世紀代に造営された四条古墳群のなかの一基であると考えられる。

一九八八年に四条一号墳は、奈良県立医科大学附属病院グラウンドでの発掘調査によって、はじめて確認された。一辺二八〜二九メートル、全長三八メートルの造り出し付きの方墳で、人物・馬形・犬形・猪形・鹿形・鶏形などの形象埴輪のほか、多種多様な木製品が古墳の周濠から出土した。とりわけ、埴輪のように木製品が古墳に樹立されている様子が明らかになり、大きく報道された。埴輪や木製品は、奈良県立橿原考古学研究所附属博物館に展示され、関心を集めている。二〇一八〜一九年にかけて再調査が実施され、二重にめぐる周濠の全体形も明らかになった（**図5**）。

四条一号墳の発掘調査ののち、この周辺で道路建設や病院建設にともなう発掘調査などがおこなわれ、つぎつぎと古墳の存在が明らかになった。現在までに一三基ほどが確認されている。古墳群は、墳丘長四三メートルの前方後円墳である二号墳、直径六〇メートル以上の円墳である七号墳のほか、長さや直径が一〇〜三〇メートル大の方墳や円墳で構成されている。また、出土した埴輪や木製品、土器などから、四条古墳群は古墳時代中期後半から後期前半（五〜六世紀前半）の間に築かれたものであることが判明している。古墳の規模としては中・小規模に属し、その被葬者は具体的には明らかにできない。少なくとも支配者階層のものではなく、大王や王と直接かかわるものではない。

発掘された四条古墳群は、周濠が検出されるのみで、墳丘の高まりは確認できない。墳丘は、藤原京の造営にあたって削られていると考えられる。

『日本書紀』には、天武天皇は、同二年（六七三）に、飛鳥浄御原宮（あすかのきよみはらのみや）で即位したとされる。その後、同五年（六七六）の条には、〃新城（にいき）に都の造営をはじめようとした。その地の田は公私ともに、みな荒れ地となったが、結局都づくりを断念した〃という記事がある。さらに、同十一年（六八二）三月の甲午朔に、〃小紫三野王（みののおおきみ）と宮内官大夫らに命じ、新城に遣わしてその地形を視察させ、都を造ろうとされた〃とあり、己酉（一六日）に新城に行幸したとある。この新城が藤原京である。

その後、同十三年（六八四）三月辛卯（九日）には、〃天皇みずからが京内をめぐって、宮室に適当な位置を定めた〃と記載される。ここで「藤原宮」の位置を定めたと考えられる。「京」（新城）の造営が開始されたのちに、「宮」の位置を定めているのである。このことは、考古学的にも藤原京の道路から出土した土器と、藤原宮内から出土した土器の比較などにより検証されている（林部二〇〇一）。

いうまでもなく、「京」は中国の都を規範として碁盤の目のように道路を通し、その間に貴族・官人・一般層などの宅地を設け、条坊制を施行した場所のことである。「宮」は、天皇が住まいし、政治をおこなった場所である。宮の南、その中央にある門が朱雀門（すざく）である。藤原宮は京の中央に位置しており、四条古墳群はその真西の位置にあたる（**図4**）。藤原京の造営によって、大部分の四条古墳群の古墳丘は削り取られてしまったが、「塚山」だけは意図的に残され、それが初代の神武天皇陵として新たにつくり上げられたと考えられるのである（今尾二〇〇八）。

藤原宮の造営は、天武天皇の崩御や草壁皇子の急死によりその造営は中断される。持統天皇が即位した同年（六九〇）の十月条に〝壬申（二九日）高市皇子が藤原宮を視察する〟とあり、十二月条にも〝辛酉（一九日）に天皇が藤原に行幸して、宮の地を観た。公卿・百寮がみなこれに従った〟とある。ここで、藤原宮の名称が文献上にはじめて登場する。

さらに持統天皇五年（六九一）、〝十月、甲子（二七日）に、使者を遣わして新益京の鎮祭をおこなう〟という記載があり、同十二月乙巳（八日）には京内の宅地の広さをその官位ごとに定めて、それぞれに班給している。天武天皇の時代に造営がはじまった「新城」は、ここで「新益京」と呼び替えられ、宅地が配分されるにいたっている。文献上には藤原京の名前はなく、あくまで「新益京」であった。

それはともかく、持統天皇八年（六九四）に、飛鳥浄御原宮から藤原宮への遷宮がおこなわれた。飛鳥では、条坊制は施行されることはなく、都としては土地のうえでも、制度のうえでも、未成熟であったが、ようやくここに古代律令国家の首都が、名実ともに完成したのである。

橿原宮と大伴氏

神武天皇陵の位置は、畝傍山東北（『古事記』では畝傍山北の方の白檮の尾の上）である。神武天皇が即位したのは、畝傍山東南の「橿原宮」である。『日本書紀』の編纂と、藤原京の造営に着手した天武天皇は、畝傍山一帯に「建国の聖地」を創成した。

『日本書紀』では橿原宮が最初の宮である。

まず、神武天皇は即位前の己未年三月に、宮の造営をおこなう命令を下す。即位年が前述のように辛酉であるから、その二年前である。

> 余が東方を征討してから、六年を経過した。その間、天神の神威をかりて、凶徒を誅戮（ちゅうりく）することができた。辺境の方はまだ鎮定されておらぬし、残敵はまだ強力であるけれども、国の中央部については、もう風塵もおこらぬほど平定された。よって、ここに都をひらいて宮殿を造営しようと思う。
>
> （中略）
>
> これから山林をひらきはらい、宮室を経営し、つつしんで皇位について人民を治めよう。そして上は天神の国を授けたもうた恩徳にこたえ、下は皇孫（瓊瓊杵尊（ににぎ））の徳治の精神をひろめよう。そして国の中を一つにして都をひらき、八紘（あめのした）をおおって宇（いえ）とすることはよいことではないか。ここから一望すると、あの畝傍山の東南の橿原の地は、けだし国の真中にあたるようだ。ここに都をつくろう。
>
> （『日本書紀』神武天皇即位前紀己未年条）

地理的に国の中心であり、人民支配のうえでも適地であるとして畝傍山東南の橿原が選ばれたとある。そして、神武天皇が橿原宮で即位する。この即位につづく記事が、大伴氏の遠祖にかかわる記事である。

> はじめて天皇が国の政をはじめた日に、大伴氏の遠祖である道臣命（みちのおみ）が大来目（おおくめ）部をひきいて、密計を承り、諷歌（そえうた）、倒語（さかしまごと）で妖気をはらい平らげた。
>
> （『日本書紀』神武天皇元年条）

そして、神武天皇二年の条には、天皇が論功行賞をおこない、道臣命に宅地を賜り、築坂邑に居所を与え、特に恩恵を加えたとある。また、大来目に畝傍山の西の川のほとり、いまの来目邑に居所を賜った。築坂邑は、いまの橿原市鳥屋町のあたり、来目邑は橿原市久米町のあたりである。

これらの記事から、畝傍山の周辺が大伴氏の縁のあった場所であったことが知られるだろう。神武天皇が都をつくって、大伴氏の遠祖に宅地を班給したという記載だが、これまで述べてきたとおり、神武天皇が実在したわけではなく、橿原宮の造営もけっして歴史的事実とはいえない。

そのようななかで、壬申の乱において大和での激戦に勝利したのが、天武天皇側の将軍、大伴吹負である。畝傍山周辺が「建国の聖地」として選ばれたのは、この壬申の乱の勝利があったからこそである。この背景に、大伴氏とその麾下にあった人びとが存在していたと考えられる。大伴氏にとって、橿原宮はみずからの先祖の土地であり、四条古墳群をみずからの先祖の墓と認識していたことが、この「建国の聖地」の造営につながったと考えられるのである。神武天皇陵も橿原宮も、天武天皇のもと、大伴氏によってつくりあげたられたものであった。

「建国の聖地」と軍国主義

二〇一八年は、王政復古の大号令が掲げられた明治維新から一五〇年である。各地でそれを記念する展示がおこなわれた。明治維新は、近世の封建社会や鎖国的政策からの解放ではあったが、天皇主権を根幹とした帝国主義・軍国主義への道のりのはじまりでもあった。

天皇による祖先崇拝を中心とした国家神道をかかげて統治の基本理念とした明治政府は、畝傍山周辺を再び「建国の聖地」として整備した。前述したように神武天皇陵の造営は、江戸時代の文久年間であったが、その南側に橿原神宮が造営されることとなる。

一八八八年（明治二一）、奈良県会議員西内成郷（にしうちなりさと）が、畝傍村字「タカハタケ」が神武天皇の橿原宮の場所だという建言をおこなった。それをうけて、宮内省がこの地を買収する。そして、一八九〇年（明治二三）に神武天皇と媛蹈鞴五十鈴媛（ひめたたらいすずひめ）皇后を祭神にして、官幣大社として創建されたのが橿原神宮である。

その後、伊勢神宮の神苑をモデルにしながら、奈良県庁の主導による周辺整備がすすめられた（高木二〇〇〇）。神武天皇陵と橿原神宮の神域の拡張や神苑域の民家・田地の買い上げ、強制移転などが着々とおこなわれた。一九一七年（大正六）には、被差別部落であった洞村（ほうら）（二〇八戸）の強制移転もおこなわれている。

さらに、前述のとおり、一九四〇年（昭和一五）には紀元二千六百年祝典がおこなわれることとなるが、それに備えて、一大公共事業が畝傍山の東側を中心におこなわれた。

神武天皇陵周辺整備、橿原神宮の改修、橿原神宮駅の改修などとともに、奈良県が寄付金を募って計画したのが、橿原神宮外苑の整備である。ここでは、八紘寮（はっこう）（宿泊施設）、橿原文庫（図書館）、建国会館（式典場・講演会場）、弓道場、野外公堂（野外劇場・スポーツ施設）、大運動場（陸上競技・サッカー場）、紫光館（休憩場・集会場）、橿原農園（農地）と大和国史館（博物館）からなる橿原道場の建設がおこなわれた。

橿原道場の建設に際し、国家総動員法のもと、その労役に従事するための建国奉仕隊が組織された**（図6）**。建国奉仕隊には、学童も参加している。周辺からは、縄文土器が出土することが知られており、奈良県の嘱託であった末永雅雄氏が発掘調査の主任となった。発掘調査の際に、資材置き場を兼ねたバ

図6　建国奉仕隊（奥は畝傍山）

ラックを橿原考古学研究所とし、一九三八年（昭和一三）九月一三日をその創設日とした。そののち、一九四〇年に大和国史館が開館してからは、その裏の小さな木造建物に移転した。

大和国史館の展示は、当時の皇国史観を前面にうちだしたものであった。国史室には、「一、日向国御進発」にはじまり、「五〇、支那事変（其の二）」に至るまで、「神武天皇御即位」「仁徳天皇ノ御仁政」「和気清麿ノ忠誠」「神風」「楠父子の桜井駅訣別」「北畠親房の神皇正統記」「豊臣秀吉の海外統一」「五箇条ノ御誓文」「教育勅語」「満州国独立」など京都帝国大学の西田直二郎氏指導による「肇国精神発揚ジオラマ」が展示されていた。また、聖蹟室が設けられ、神武天皇の「御聖蹟写真」「関係遺蹟写真」、および神武天皇から後醍醐天皇に至るまでの奈良県内に所在する「御陵写真」も展示されていた。

考古資料の展示は、末永雅雄氏が指導した。橿原神宮外苑の発掘調査で出土した縄文土器・土師器・須恵器などの土器や柱、建物の柱根、井戸枠などが展示された。飛鳥時代の柱根が橿原宮に結びつけられていたが、その厳密な年代は示されていない。考古学研究がすすむなか、神武天皇が即位したという紀元前六六〇年は、縄文時代の後半期にあたることがわかってきた。さらに、近年の研究のなかでは、弥生時代にあたるという説も提示されるようになっている。もちろん、日本国も天皇も存在しない。戦前においても、そのことはほぼ明らかではあったものの、神武天皇が実在しないなどということは国史館の展示ではありえなかったのであろう。

いずれにせよ、大和国史館の展示には、戦前における一般的な歴史教育の姿が示されている。軍国主義のもと、一方的な皇室賛美がおこなわれ、歴史教育と歴史研究は政治によって大きくゆがめられた。政治によって歴史がつくりかえられたのである。

近年、こうした歴史観を肯定し、復古的な歴史への修正を求める風潮が、政治家はもとより、歴史教育や歴史研究にまで影響をおよぼしているのは、きわめて残念なことである。「教育勅語」の肯定は論外であるが、昭和史の一方的、一面的な見直しなどについては、政治的な背景を感じずにはおられない。さらに、古代史においてはその真実性を疑うこともなく天皇は万世一系であるとし、神武天皇の実在性や、皇統の一貫した優位性と連続性を説く論者がみられるなど、いまなお戦前にゆがめられ、つくり替えられた歴史が黒い影を落としている。

歴史研究の基本が、史料批判にあることは自明のことである。ここまで述べてきたとおり、天皇が最初から天皇であり、最初から国家を統治していたわけではないことはおわかりいただけたであろう。それでは、次に考古学の成果と中国の史書や金石文から誰が倭国を統治していたかを考えてみよう。

第2章　中国の史書にあらわれた倭国
——奴国と伊都国の時代——

日本国以前の『隋書』倭国伝

前章で『日本書紀』は、「日本国」の成立の事情を記したものであるとした。「日本」の国名を名乗り、天皇が天皇として国を統治したのは早くとも七世紀以降である。壬申の乱に勝利した天武天皇が、飛鳥浄御原宮で『日本書紀』の編纂をはじめた前後にあたる。確実なのは、大宝元年（七〇一）の大宝律令の規定においてである。それまでのわが国の国名は、「倭国」であった。

遣隋使小野妹子（おののいもこ）の派遣と、その答礼の使節である裴世清（はいせいせい）が来朝した『日本書紀』の記事からはじめよう。

推古天皇十五年（六〇七）の秋七月には、大礼小野妹子を「大唐」に派遣し、鞍作福利（くらつくりのふくり）を通訳にしたとある。それにつづくのが、同十六年（六〇八）帰国の記事である。そこでは、小野妹子が「唐国」では蘇因高と呼ばれたこと、「唐」の使人の裴世清ら一二人とともに筑紫に到着したこと、その後、難波津に到着した一行を新しくつくった館に落ち着かせたことなどが記される。さらに、小野妹子が「唐」の帝から授けられた国書を奪い取られたと申告したが、天皇がこれを許したということや、裴世清一行を飛鳥から海柘榴市に出迎えたこと、裴世清がたずさえてきた「唐」の国書を受け取ったことなどが記されている。

ここでいう「唐」「大唐」とは、隋である。北朝の周から禅譲をうけた隋の建国は、五八一年で、五八九年には南朝の陳の都、建康を陥落する。南北朝を統一して、中原の広い範囲を版図とした巨大な帝国がここに誕生した。隋の滅亡は六一八年、つづくのが唐であり、九〇七年まで唐王朝は存続した。

この遣隋使の派遣について、中国の史書にはどのような記述があるのだろうか。

隋の正史は『隋書』であり、そのなかに『隋書』倭国伝がある。それには倭国の位置、漢や魏と倭国との交渉史、倭国の自然環境、習俗、法制、身分秩序などが記されている。このように、隋と交渉したのは「日本国」ではなく「倭国」であった。隋と倭国との交渉は、六〇〇年と六〇七〜六〇八年の二度である。

一度目の六〇〇年については、『日本書紀』に記述がない。倭王の阿海（姓）多利思比孤（名）が隋の高祖文帝に使者を遣わし、朝貢したが、無礼であったと記されている。また、多利思比孤は「阿輩雞弥（おおきみ）」と名乗ったことも記載されている。阿海多利思比孤は、アメノタラシヒコ＝天子の意味である。

二度目の六〇七〜六〇八年の交渉は、『日本書紀』の記載と整合する。倭王多利思比孤が使者を遣わして朝貢した。使者は仏法を学び、その興隆の志を告げ、〝日出るところの天子、日没するところの天子に書を致す。恙無きや云々〟という国書をたずさえてきたので、隋の煬帝の不興を買ったという著名な件がある。さらに、そのあと六〇八年の裴世清の派遣記事がつづく。裴世清の身分は文林郎とある。

この七世紀の倭国の遣使については、五世紀の倭の五王の遣使にくらべると、中国の思想や言葉に対する知識が著しく後退しているという（冨谷二〇一八）。

倭王多利思比孤は、厩戸皇子（聖徳太子）だろう。『隋書』倭国伝のなかには冠位の序列は異なるが、冠位十二階についても触れられている。このほか、倭国の法制や地方制度の記述もある。当時の制度や機構と合致している点もあるが、合致していない点もある。

しかし、『隋書』倭国伝のなかにこうした記述がみられることは、当時の倭国が中国の制度を模範としながら古代国家としての制度を一定程度整えていたことへの裏付けであるといってよい。そして、遣隋使や遣唐使の派遣によって、その歩みが大きく加速するのである。

『隋書』倭国伝には、倭国の王都は耶摩堆で、これが『魏書』のいう邪馬台であるということが記されている。推古天皇の宮は飛鳥の豊浦宮であり、厩戸皇子の宮は斑鳩宮である。確かに大和だが、固有名は記されない。『隋書』倭国伝には『魏書』からの多くの引用があり、それに頼った記述となっている。ここで〝ヤマタイ〟としているのは、あくまで『魏書』によるものであり、正確な情報を得て書かれたものではないということができる。

『魏書』は、中国の魏の正史であり、この『魏書』東夷伝のなかに倭人の条がある。邪馬台国の記述のあるいわゆる「魏志倭人伝」である。三世紀代の邪馬台国の時代が、中国と倭国の長い交渉史のなかでの大きな画期である。

『隋書』倭国伝には阿蘇山の固有名のほか、都斯馬国（対馬）、一支国（壱岐）、竹斯国（筑紫）が国名として記述されている。「魏志倭人伝」に竹斯国の記載はないのに対し、『隋書』倭国伝では、倭国は竹斯国より東と記載されている。竹斯国は律令制度の国名と一致しているが、ここでいう「国」はあくまで倭国の一地方としての国であり、「魏志倭人伝」の王や女王が治めたという「国」とは、その概念が異なる。しかも日本国以前の倭国に、確固たる地方制度は存在していない。竹斯国より東という倭国の範囲も、「魏志倭人伝」の倭国の範囲や律令制度のもとでの日本国の範囲とは異なるものである。

いずれにせよ、東アジアの巨大帝国であった隋にとって、倭国は遠く東に位置する辺境の一小国に過ぎない。この当時の倭国の支配者としての倭国王の存在は明瞭だが、隋にとって倭に対する詳細な情報は、それほど必要なものではなかった。しかし、倭国王にとっては、この隋との交渉が中国を規範とした国家体制を整える端緒となったのである。

それでは、倭国はどのようにはじまったのだろうか。対外的に倭国と認識され、中国との交渉がはじまるのは弥生時代のことであり、中国は前漢の時代であった。

『漢書』地理志と倭

劉邦（りゅうほう）が漢を建国したのは、紀元前二〇二年である。いうまでもなく、漢は東アジアの広大な範囲を版図にして、長安（ちょうあん）、洛陽（らくよう）、許昌（きょしょう）に都をおいた皇帝のもとに中央集権制度を確立した巨大帝国である。七代皇帝の武帝は遠征をかさね、前漢時代では最大の版図をもった。匈奴（きょうど）を征服し、さらに西方の大宛国

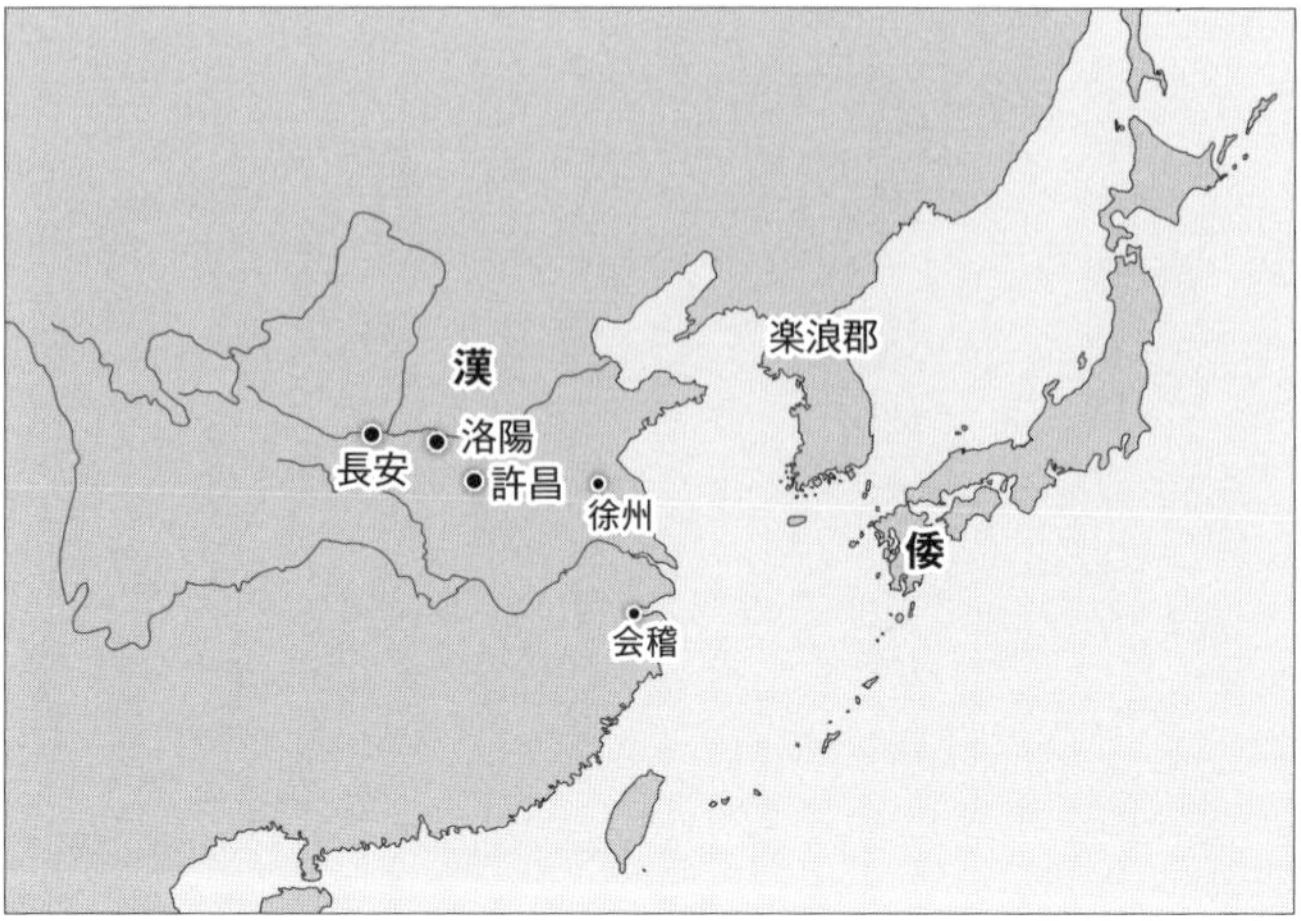

図7　漢と倭

（中央アジア・フェルガナ）を攻撃し、また南方の南越国（ベトナム）に遠征して郡・県をおいた。

朝鮮半島では、武帝は紀元前一〇八年に衛氏朝鮮を滅ぼして、楽浪（らくろう）・臨屯（りんとん）・玄菟（げんと）・真番（しんばん）郡の四郡をおいた。この四郡のうち楽浪郡は、漢から三国時代の魏を経て、西晋までつづく。高句麗（こうくり）の侵攻により楽浪郡が滅亡したのが三一三年である。楽浪郡は約四〇〇年継続した。後漢の末期の建安年間（一九六〜二一九年）に、楽浪郡の南に設置されたのが帯方（たいほう）郡である。帯方郡が、魏と倭国との交渉窓口となった。

前漢王朝の正史として綴られた『漢書』の巻二八に「地理志」があり、遼東（りょうとう）郡、玄菟郡、楽浪郡について設置のいきさつ、戸数や人口、県の数などが記される。また、その歴史、習俗などが記されたあと、その末尾に日本史の教科書にも登場する次の一節がある。

夫れ楽浪海中に倭人あり、分かれて百余国となる。歳時を以て献見するという。

（楽浪郡の海のなかに倭人が住んでいて、分かれて百余の国をつくり、毎年、楽浪郡に使者を送り献見しているとのことである）。

『漢書』の成立は、一世紀の後漢の時代である。倭人について書かれた最初の情報であるが、倭国という国名は登場しない。倭国王の名前もない。倭国は統合されていたわけではなく、小さな部族国家が分立し、部族国家を束ねるような盟主も存在しなかった。

『後漢書』倭伝と倭王

『後漢書』は後漢王朝の正史であるが、その成立は漢滅亡後二〇〇年以上を経過した四三二年以降の南北朝時代であり、ほぼ同時代に書かれた『魏書』の成立からもおよそ一〇〇年以上後れる。『後漢書』には倭の詳細について触れた「倭伝」(東夷伝倭条)があるが、多くは『漢書』地理志や「魏志倭人伝」の記述に基づくものであり、実際の見聞をもとにして書かれたものではない。しかし、その記述は、倭国の形成史を語るうえで欠かせないものである。

そのようななか、『後漢書』には「倭奴国」「邪馬台国」「狗邪韓国」「倭国」「狗奴国」などの国名とともに、「大倭王」「倭王」「卑弥呼」の記載がある。

『後漢書』倭伝の書き出しは以下のとおりである。

倭は、韓の東南方の大海の中にあって、山の多い島に居住し、すべてで百余国である。武帝が朝鮮を滅ぼしたあと、通訳を連れて使者を漢に通わせた国は、三十余である。国にはみな王がいて、代々その系統を伝えている。大倭王は邪馬台国に居住している。楽浪郡の境界は邪馬台国から一万二千里も離れており倭の西北の境界をなす狗邪韓国から七千余里離れている。

まずは、倭のなかに部族国家が乱立しており、そのなかの三〇国に王が存在したことが記述されている。これは弥生時代の北部九州の集落遺跡や墳墓の状況と整合する。福岡県、佐賀県、長崎県などに王都と考えられる大規模な集落遺跡や、王墓と考えられる墳墓が点々と存在する。一方、弥生時代の近畿地方中央部には、大規模な環濠集落は存在するが、王墓と考えられる墳墓は存在しない。

ところで、『後漢書』に記された邪馬台国の大倭王とはどのような存在だろうか。邪馬台国の位置は、その方位や距離からみると大和＝奈良県と考えられる。五世紀に記述された『後漢書』の地理的概念からは当然のことで、五世紀の中国と交渉していたのは、前述の倭の五王であり、そのつながりのなかで邪馬台（ヤマト）国の所在地を割り出したと考えられる。大倭王とは、倭国の統治者を示す表現であろうが、これも五世紀の倭国の見聞を通じての記述であろう。

このあと『後漢書』倭伝には、「魏志倭人伝」から引用した倭人の習俗の記述があり、それを挟んで漢と倭国の通交の記事がある。「大倭王」の名は、ここには登場しない。

〔後漢光武帝〕建武中元二年（五七）、倭奴国が貢物を奉り朝貢した。使者は大夫と自称した。光武帝は印綬を与えた。安帝の永初元年（一〇七）、倭国王帥升らが生口百六十人を献上して、皇帝の接見を願い求めた。

〔後漢末の〕桓帝・霊帝の時代（一四七〜一八九）に倭国は大変混乱し、たがいに戦い、何年もの間主なき有様だった。一人の女子がいた。その名を卑弥呼といい、すでに年かさでありながら未婚で、鬼道をもちいてよく人びとを妖惑していた。そこで〔諸国が〕共に立てて王としたのである。

さらに、卑弥呼の奴碑や宮室・楼観の記述ののち、女王国から東へ海を渡ること千余里で狗奴国があり、狗奴国が倭の種族でありながら女王に従っていないことが記される。「魏志倭人伝」には、さらにくわしい記述がある。そのことは、後述することにして、卑弥呼が登場するまでの状況を述べることとしよう。

「漢委奴国王」の金印

建武中元二年の倭奴国と、永初元年の倭国王の遣使は、『後漢書』の本文にあたる「本紀」の光武帝紀、安帝紀にもそれぞれ記載がある。光武帝紀の記載では、倭奴国は、倭国の極南界、つまり南の果てであったとされている。この建武中元二年の光武帝から与えられた「印」こそ、江戸時代に志賀島で出土したものであり、福岡市博物館で年間十数万人から熱い視線が注がれる国宝の金印である。真贋をめぐる論争は、いまなおくすぶっているが、贋作とすることはむずかしい。

純金製で、蛇の鈕（ちゅう）（つまみ）をもつ金印に陰刻された文字は「漢委奴国王」である（**図8**）。中国皇帝は、臣下に官位に相当する印を与えたが、周辺の異民族にも印を与え、その支配下におくことを示したのである。匈奴など北方民族には駱駝や羊の鈕がついたもの、南方の民族には蛇の鈕がついたものを与えた。

図8　「漢委奴国王」印影

「委奴」は「倭奴」の略字であり、『後漢書』の「倭奴国」と金印の「委奴国」は同義である。ただし、それをどう解釈するかには諸説がある。

「倭（ワ）の奴国（ナコク）の王」としたときは、奴国の王に与えられた印ということになる。金印の出土地は志賀島である。後述するように奴国の所在地は、那津と呼ばれた博多湾であり、志賀島がその湾の入り口にある。大規模集落遺跡である比恵・那珂遺跡があり、中国との交渉を示す遺物も顕著に認められる。弥生時代の奴国の王墓は、福岡県春日市の須玖・岡本遺跡の甕棺墓である。この奴国の王が、漢と交渉し金印を授与されたことになる。

「倭（ワ）の奴（ナ）の国王」とする説が、教科書にのる通説である。倭の国王が、奴という一部族であったというものである。すなわち、奴国が、倭国の外交交渉の代表者であり、それに対して、漢が王の印を与えたとするものである。奴国が倭国のなかでは大きな力をもっていたと理解できる。

「委奴（イト）の国の王」とする説がある。後述するように、伊都国の所在地は福岡県糸島市にある。大規模集落遺跡である三雲・井原遺跡があり、王墓の存在も知られる。中国との交渉の痕跡が明瞭である。さらに「魏志倭人伝」には伊都国に一大率がおかれたことなどが記されている。この伊都国の王に印を与えたとするものである。

最初の説は奴国の漢との独自交渉、後の二説は奴国や伊都国が倭の諸国の盟主的立場であったとするものである。いずれの説をとったとしても、倭国内は諸国が分立しており、北部九州にある一部族国家が漢と交渉していた点では、変わらない。

近年、中国の歴史学者である冨谷至氏は、「倭奴国王」（倭国王）とする説を提示した（冨谷二〇一八）。

『魏志倭人伝』には奴国の記載があるが、それが後漢代にリアルタイムで国名として認識されていたかどうかがわからないこと、そもそも中国の史書では倭国と倭奴国は同義として扱われていること、などをあげて、倭奴国は倭国全体を指す呼称であるとした。また、奴国には二種があり、伊都国につづいて登場する奴国と、辺傍の国の一国で、倭国の最南端の境界をしめす奴国の二回の記載があり、後者の場合は倭全体を示すものであるということもその根拠にあげた。この場合、倭奴国が広い版図をもつ国家だということになる。

しかし、やはり奴国は北部九州の一部族国家である。それは、金印の出土地が明瞭にそのことを物語っている。博多湾の志賀島が、奴国の領域であったことは明白であり、そして博多湾岸には弥生時代中期から古墳時代にかけての奴国の王にかかわる遺跡が厳然とそこに存在している。そして、奴国の王は倭国を統一した支配者ではなく、その地理的な優位性からいちはやく漢との交渉をおこなうことによって、倭国内の部族国家のなかで主導的な位置をしめたのである。奴国の王が、北部九州の三十余国の盟主的存在であったと理解できる。

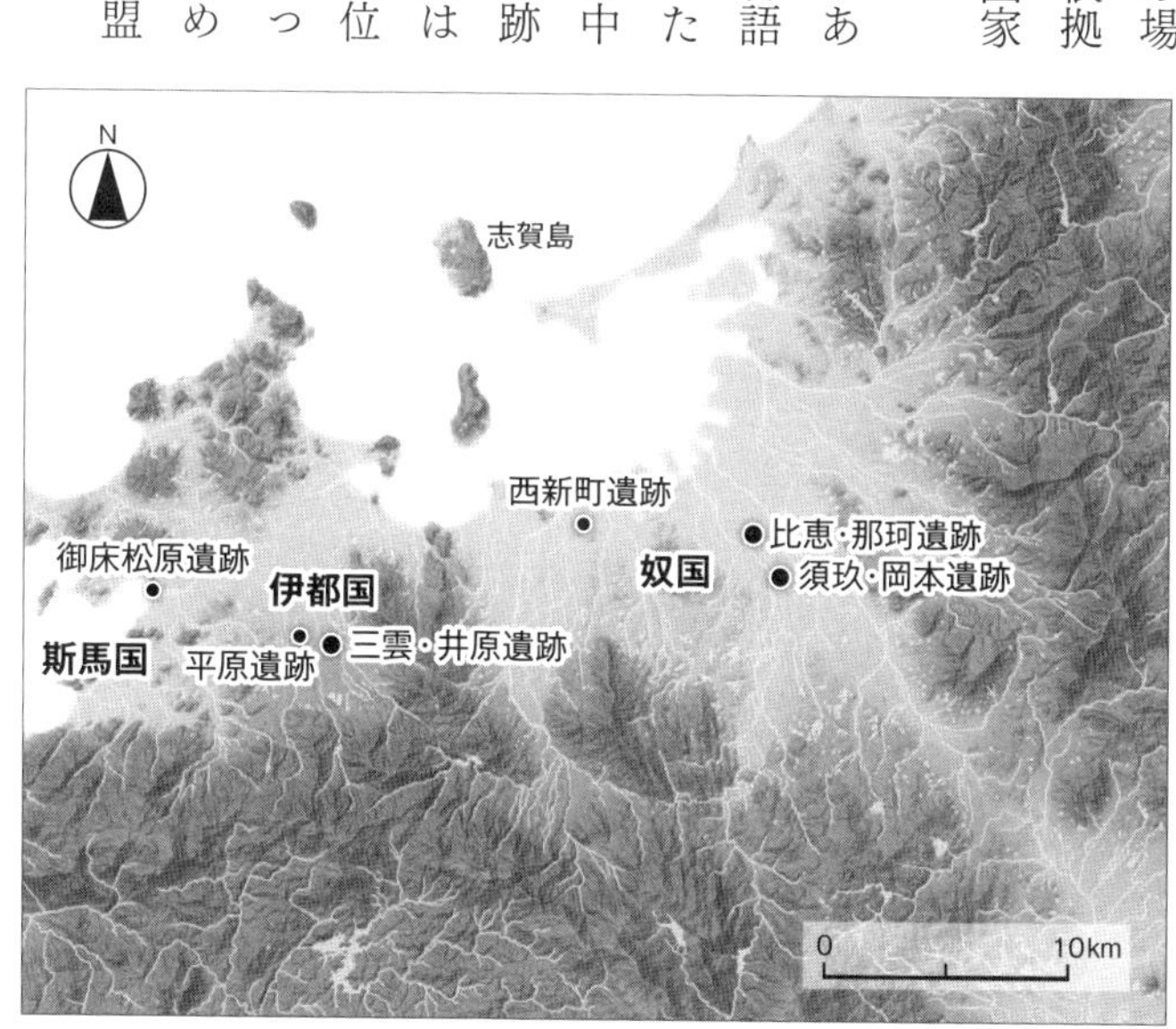

図9　奴国と伊都国

倭国王帥升

永初元年（一〇七）の倭国王帥升の遣使についても諸説がある。「倭国王」と読むと、倭国を統合した支配者が二世紀のはじめに、ついにここで登場したかのようなイメージを受けるが、話はそう簡単ではない。

後世の唐代に著された『通典（つてん）』は、中国の上古から唐時代までの制度史をまとめた大著だが、北宋版の『通典』では、この遣使を「安帝の永初元年、倭面土国王師升等が生口を献じた」とする。時代を経たのちに記述されたものであり、慎重にとり扱う必要はあるが、「面土国」とあるように、これはあくまで倭国のなかの一部族国家との交渉である。ただし、この「面土国」がわからない。

倭面土国を「やまと国」と読み、倭国全体を指すとする説もある。卑弥呼が登場する以前の早い段階に、西日本一帯の広い範囲を統合した倭国王が登場したとするもので、大和にそれを求める考えである。また、弥生時代中期の大型建物や集落が集中する滋賀県の集落遺跡に「倭面土国」を求める説も提示されている（森岡二〇一五）。しかし、奈良県や滋賀県の遺跡において、後漢と直接交渉していたことを証明できるような遺構や遺物が出土しているわけではない。

さらに、後述する楽浪郡の墓制である木槨墓が、楯築（たてつき）墳丘墓（岡山県倉敷市）や西谷三号墓（島根県出雲市）に採用されている事実などから、中国地方の弥生時代後期の大規模墳丘墓に帥升墓をもとめる説もある（松木二〇一五）。

しかしながら、倭国全体を統合する王がこの段階に存在していたことを示す中国史書や金石文は存在しない。部族国家が分立していた状態は、邪馬台国時代にもつづく。倭国の統合は、早くとも五世紀である。

ところで、面土国については「面（回・囙）土（イト）」として伊都国説があり、倭の面土（マト）として末盧国説もあって、戦前から議論が戦わされてきた。

また、『通典』には「王師升等」とある。「王師升」であっても「王師升等」であっても、職名・姓名の区別がつかない。等を複数の意味とするか、「師（師）升（等）〔姓名〕」とするか、「王師（師）〔職名〕」の「升（等）〔姓名〕」とするか、さまざまに解釈する余地がある。

いずれの場合にしても、弥生時代において中国と直接交渉していたのは、あくまで北部九州の諸国である。その場合、建武中元二年（五七）と永初元年（一〇七）では国名が異なっており、建武中元二年の遣使は、金印の出土した奴国によるものであり、永初二年の遣使は伊都国（面土国）によるものだという蓋然性が高まる。

倭国は、北部九州において諸国が分立状態にあり、それぞれが個別に後漢との交渉をおこなっていたが、奴国と伊都国が倭国の盟主として押し出されたということである。奴国や伊都国の王が、この後漢との交渉を背景に強い権力を保持していた。ただし、その支配領域は、限定された狭い地域であった。奴国から伊都国へ権力移譲がおこなわれたのではなく、それぞれの国から王が輩出されて独自に盛んな対外交渉をおこなっていたと考えられる（前田二〇一九）。

奴国の王都と王墓

福岡県春日市に奴国の丘歴史資料館がある。歴史資料館周辺に広がるのが須玖・岡本遺跡である。遺跡の範囲は南北一・八キロ、東西八〇〇メートルにおよぶ。その盛期は弥生時代中期から後期であり、集落縁辺では青銅器生産工房や、甕棺墓・木棺墓・土坑墓などから構成される墓地などが確認されている。とりわけ、数多くの甕棺墓からは、豊富な副葬品が検出されている。

一八九九年（明治三二）、巨石下の甕棺墓から三二面以上の前漢鏡、二点の銅剣、四点の銅矛、一点の銅戈、ガラス璧、ガラス勾玉、ガラス管玉などが出土した。璧は、中国では王の象徴である。そして、圧倒的な量の前漢鏡をはじめとするこれらの副葬品から、この甕棺墓こそ奴国の王墓であり、奴国が漢王朝と直接交渉して、これらの輝かしい副葬品を入手したことは明らかであろう。

こうした王墓と遺構・遺物のありかたから須玖・岡本遺跡が、弥生時代中期から後期における奴国の中心地、つまりその「王都」であったことがわかる（小田・田村監修一九九四）。

そののち、奴国の中心地は那津、つまり博多湾周辺に移る。福岡市博多区の比恵・那珂遺跡である（図10）。かつては、比恵遺跡と那珂遺跡は別の遺跡とされていたが、両者を結ぶ弥生時代後期から古墳時代初頭の時期の延長一・五キロにもおよぶ道路が確認されている。遺跡の範囲は、御笠川と那珂川に挟まれた南北二キロ、東西七〇〇メートルにおよび、須玖・岡本遺跡より広大である。

弥生時代中期後半から大規模集落となり、古墳時代前期まで集落の盛期はつづく。物資の集散のための倉庫群が北側の比恵遺跡の方におかれ、東西・南北方向に屈曲し、倉庫群縁辺を通る運河が掘削されている。遺跡の中枢部は、倉庫群南東にある王の居館である。溝で方形区画をつくり、そのなかに祭祀施設や居住施設をおいた。弥生時代後期から古墳時代前期まで規模を変えながら、同じ場所に居館は営まれている。内部の建物の配置などは明らかにしがたいが、方形区画の規模は一辺七〇メートル、居館の占有面積は二四〇〇平方メートルにおよぶ（福岡市博物館二〇一五）。

図10　比恵・那珂遺跡

遺跡の各所からは、楽浪系土器や三韓系土器が出土する。また、山陰地方の土器や近畿地方の土器も出土しており、上述の倉庫群・運河・道路遺構の存在とあわせ、比恵・那珂遺跡が奴国の王のもと、対外交渉と交易の一大拠点であったことは明白である。

古墳時代前期には、比恵・那珂遺跡から西北七キロの福岡市西新町（にしじんまち）遺跡が対外交渉と交易の一大拠点となり、朝鮮半島西南部を中心とした地域から渡来してきた人びとが居住する場所となる。博多湾が日本列島の玄関口であることは、現在も変わらない。古墳時代の間、最大の外交拠点であったことに間違いない。

比恵・那珂遺跡の南寄りに位置する墳丘長八六メートルの前方後円墳が那珂八幡（なかはちまん）古墳である。後円部墳頂の埋葬施設が調査されており、中心的埋葬施設の北側に位置する木棺を直葬した第二主体から、三角縁神獣鏡と勾玉・管玉・ガラス製小玉、高坏（たかつき）などが出土している。

三角縁神獣鏡については、第7章で詳述するが、ヤマト王権との関連でとらえられる。中心的埋葬施設は、第二主体より古いものであると考えられるが、第二主体の被葬者がヤマト王権の麾下にあったと考えることは早計である。奴国の勢威が古墳時代前期の第二主体の時期までつづき、ヤマト王権とも一定の関係があったとみるのが妥当であろう。その意味で、那珂八幡古墳は奴国最終末期の王墓と意義づけることが可能である。

伊都国の王都と王墓

伊都国の王都と王墓は、福岡県糸島市の三雲・井原遺跡にある。その範囲は東西七〇〇メートル、南北一キロで、約〇・七平方キロである。

三雲南小路（みくもみなみしょうじ）遺跡は、遺跡内の西よりに位置する。ここで検出された墳丘墓の年代は弥生時代中期末葉で、伊都国の初代の王墓と推定されている。周囲に溝をめぐらせた方形の墳丘墓で、その規模は一辺三三メートルである。五七面もの前漢鏡を副葬した二基の甕棺をおさめたのち、その上に高さ二メートルほどの盛土をおこなったと考えられている。一号甕棺からは、江戸時代に三五面の銅鏡が出土したが、ほとんどが失われてしまった。朱の入った壺や銅剣、銅戈、王の象徴であるガラス製璧のほかガラス製勾玉、ガラス製管玉などの遺物は失われていない。さらに、一九七四〜七五年の再発掘で、漢代の金銅製四葉座金具が出土した。二号甕棺からは、二二面の前漢鏡と翡翠(ひすい)製勾玉、ガラス製垂飾、ガラス

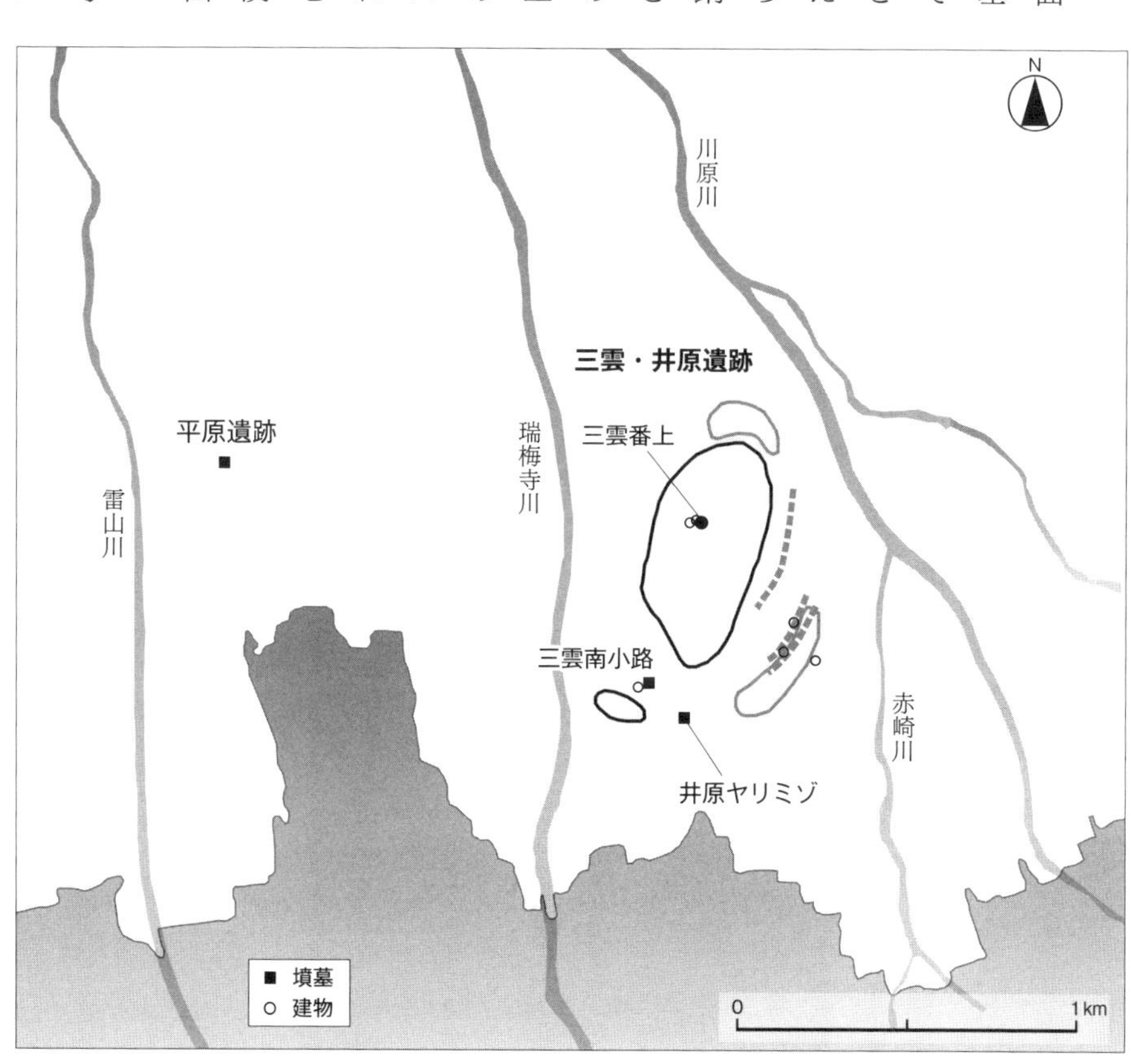

図11　三雲・井原遺跡と平原遺跡

製勾玉などが出土した。垂飾は璧を再加工したものであり、銅鏡はすべて小型品であった。一号甕棺に武器や大型鏡が含まれているのにくらべ副葬品に違いがみられ、一号甕棺に男王、二号甕棺にその妃が葬られたと推定されている（岡部二〇一三）。

三雲南小路遺跡の南一〇〇メートルほどの位置には、井原ヤリミゾ遺跡があり、これも王墓であったと考えられる。江戸時代に後漢初頭の方格規矩鏡一七面、巴形銅器三点、刀剣類、水銀朱などが出土した記録があり、三雲南小路遺跡の後の世代の伊都国の王墓と推定できる。現在、この遺跡の所在地は明らかにはなっていないが、王墓の周辺部と推定できる場所から、八〇基を超える弥生時代後期の墳墓群が発掘調査で検出されている。年代については問題が残るが、この王墓が倭国王帥升の墓であろう（寺沢二〇〇〇）。

また、三雲・井原遺跡の北東部にあたる三雲番上遺跡では、弥生時代後期後半の土坑から楽浪系土器の破片が三〇点以上出土している。また、砥石とされていた石材が硯として使用されたものであると考えられるようになった。後述するように、楽浪系土器は中国との交渉の証であり、三雲番上遺跡における集中度は日本列島で最も高い。「魏志倭人伝」の帯方郡使が伊都国に長期滞在したことが記されているが、それを実証するものである。

三雲・井原遺跡の北西一・五キロにあるのが、平原遺跡である（前原市教育委員会二〇〇〇）。一号墓は東西長一三メートル、南北長一〇メートルの方墳である。埋葬施設は木棺直葬で、割竹形木棺を安置する。直径四六・五センチの超大型内行花文鏡（図12）をはじめとした四〇面もの銅鏡が、多くは破砕されて副葬されていた。内行花文鏡は、円弧による花が開いたような形状の文様を内区にもつ鏡である。中国での名称を連弧文鏡といい、漢代に盛行した。小型化したり、大型化したり、銘文や文様の変更を加えた

（直径：46.5 cm）

図12　平原１号墓出土の超大型内行花文鏡

仿製鏡（日本列島産の鏡）が弥生時代から古墳時代を通じてみられる。また、ガラス製耳璫、ガラス製勾玉、瑪瑙製管玉、ガラス製管玉、同連玉、同丸玉、同小玉と素環頭大刀も副葬されていた。装身具である耳璫が出土していることや、武器類の出土が少ないことから女性が被葬者であると推定されている。埋葬施設の周囲を柵状にめぐる柱穴があり、墳丘の外側には直径七〇センチの大柱の遺構も検出されていて、祭祀がおこなわれたと推定されている。

第7章でも述べるが、平原一号墓の超大型内行花文鏡と同じ大きさの鏡が、ヤマトの桜井茶臼山古墳でも出土している。平原一号墓の出土鏡四〇面のうち、研究者のあいだで中国において生産された鏡（舶載鏡）であると見解が一致しているのはわずか二面で、超大型内行花文鏡を含めた鏡の大半が仿製鏡であるとする見解（柳田二〇〇〇）がある。一方、超大型内行花文鏡については、仿製鏡であるとする見解（岡村一九九三、菅谷二〇〇六）と後漢後期の墓から出土した大型内行花文鏡に類例を求め、中国でも生産が可能であったとする見解（南二〇一九）とがある。ほかの鏡についてもその見解が分かれる。

私は超大型内行花文鏡は、仿製鏡であると考えている。また、平原一号墓から出土した方格規矩鏡の笵型を再利用して奈良県黒塚古墳出土の三角縁神獣鏡が生産されたことが指摘されている（清水ほか二〇一八）。方格規矩鏡を仿製鏡とみた場合、伊都国でさまざまな種類の銅鏡が生産されたと考えるほかはないだろう。ただし、舶載鏡とするなら、三角縁神獣鏡も含めて中国で生産された可能性もある。また、笵型を再利用したかどうかについては議論があり、三角縁神獣鏡の問題については、第7章で詳述することにしたい。

これまで述べてきたとおり、漢代の中国と交渉していたのは、北部九州の諸国である。漢からもたらされた舶載鏡は、奴国や伊都国をはじめとした北部九州の諸国に蓄積されている。ヤマトでは、古墳から多くの漢代の鏡が出土する。これらの鏡は、北部九州の諸国の保有していた舶載鏡と、奴国や伊都国で生産された仿製鏡であり、そのいずれもが古墳時代のヤマトにもたらされていると考えられる。

いずれにせよ、平原一号墓は、伊都国の最終末期の女王墓である。ヤマトともつながった伊都国の勢威がここに集約されている。それでは、次章で少しさかのぼって、弥生時代のヤマトについてみてみよう。

第3章　倭国分立の時代のヤマト
——唐古・鍵遺跡と「おおやまと」の「クニ」——

弥生時代と弥生土器

日本史の教科書では、旧石器時代、縄文時代、弥生時代、古墳時代、飛鳥時代の順に時代区分されるが、古墳時代までは、土器の有無と土器の形態や特徴がその時代区分の指標である。土器は、どの時代の年代を測るうえでも重要な物差しであり、古墳時代の開始までは、その物差しをもって時代を区分しているのである。

弥生時代は水稲耕作が開始され、それが普及した時代である。稲作は「弥生文化」を構成する重要な要素であり、弥生時代の特徴である。しかし、時代を区分するのはあくまで土器であって、稲作ではない。稲作がはじまったのは、縄文時代晩期のことである。

土器を「型式学」「層位学」と呼ばれる方法論に基づき、年代順に並べる。それが、編年である。壺（つぼ）・甕（かめ）など土器の器種（形式＝フォーム）ごとに、その出土状態などを根拠に形態の特徴の変化をとらえて、同年代の「型式（タイプ）・様式（スタイル）」を抽出する。発掘調査をおこなうたびに、その検証作業がつづけられ、精緻な土器編年が完成する。ただし、ここでわかるのは、相対的な前後関係だけである。これを相対年代という。

縄文土器の名は、縄目の文様がついた土器という見た目の特徴に由来するものである。それに対して、弥生土器は、はじめて発見された遺跡の地名に由来するものである。一八八四年（明治一七）本郷向ヶ岡弥生町で有坂鉊蔵（しょうぞう）が発見したものであり、弥生二丁目遺跡（東京都）が史跡に指定されているが、その近接地が出土地とされる。このとき出土した壺形土器は重要文化財に指定され、東京大学博物館に所蔵されている。

近畿地方における弥生土器の編年は、一九三六年（昭和一一）からはじまった奈良盆地のほぼ中心部、奈良県磯城郡田原本町に所在する唐古（からこ）・鍵（かぎ）遺跡の発掘調査を経て確立された。一九四三年（昭和一八）に、その発掘調査報告書が刊行され、出土土器はⅠ～Ⅴ様式に大別された。この唐古・鍵遺跡における土器の変遷は、畿内Ⅰ～Ⅴ様式と呼ばれ、近畿地方中央部に援用されることになった。その後、見直しや再検討もおこなわれたが、大きな変更点はない。

近畿地方中央部における弥生時代とは、畿内Ⅰ～Ⅴ様式の弥生土器が生産されて、それが使用された時代である。また、弥生時代を前期、中期、後期の三時期に区分する方法もある。この方法に基づくと他地域との比較が可能である。その場合、研究者によって異なることもあるが、おおむねⅠ様式が前期、Ⅱ～Ⅳ様式が中期、Ⅴ様式が後期にあたる。

さらにⅠ～Ⅴ様式のなかを時期区分し、Ⅰ様式が古・中・新の三段階に、Ⅲ様式が古・新の二段階に、Ⅴ様式が一～五段階に細分されている。その後、一九八〇年代に、地域ごとに編年の見直しがされ、奈良盆地においては新たに大和Ⅰ～Ⅵ様式を設定し、Ⅰ様式を二段階、Ⅱ様式を三段階、Ⅲ様式を四段階、Ⅳ様式を二段階、Ⅴ様式を二段階、Ⅵ様式を四段階に編年する案が提示された（寺沢・森岡編一九八九）。

弥生時代の暦年代

古墳時代の埼玉県稲荷山古墳出土の鉄剣銘文には「辛亥年」（四七一年）、和歌山県隅田（すだ）八幡神社所蔵の銅鏡銘文には「癸未年」（五〇三年）の紀年銘があり、それと土器編年などから割り出した相対年代などを関連づけて、暦年代を割り出すことができる。

しかし、弥生時代に紀年銘資料は知られていない。北部九州地域を中心に出土している中国の漢代の銅鏡などの青銅器や銭貨、前漢が滅亡して、新が樹立された時の貨泉（かせん）（王莽銭）などは、間接的に暦年代を考えるうえでの資料となる。それらの資料と同時に出土した土器編年などの資料で割り出した相対年代をクロスチェックして暦年代を求める手法がある。これは、もっぱら考古学的な方法論に基づくものであるが、それ以外に自然科学の原理に基づいて年代を測定する方法がある。

放射性炭素年代測定法は、年代の経過とともに炭素の同位体比が減少していくことをもとに年代を測定する方法であり、近年はその測定に、加速器質量分析法（ＡＭＳ法）が活用されている。また、樹木の年輪幅が年次ごとに異なることをもとに、それをパターン化して年代を測定する年輪年代法なども用いられる。その測定に酸素同位体比の変化を活用する方法もある。ただし、ＡＭＳ法で測定した年代を年輪年代法によって較正したところ、弥生時代のはじまりは紀元前一〇世紀とする結果も提示されており、これまでの方法で割り出された年代とは、七〇〇年におよぶ大きな差違が生じている。現在、議論になっており、いまだ決着をみない。まだまだ弥生時代の年代観は不明確である。

そうしたなか、大阪府和泉市の池上曽根遺跡で検出された独立棟持柱をもつ大型建物のヒノキの柱材が、年輪年代法で紀元前五二年＋α、同五六年＋αと測定されたことは、その後の研究に大きな影響をおよぼした。この柱材の周囲からは、弥生時代中期後半（Ⅳ様式）の土器が出土している。そのほかの年代測定法や、先の考古学的な検討をあわせると、弥生時代中期は紀元前から紀元後一世紀、弥生時代後期を一世紀から二世紀とすることがおおむね可能となっている。

池上曽根遺跡の大型建物

池上曽根遺跡は、近畿地方を代表する弥生時代の大規模集落遺跡である。竪穴住居や掘立柱建物などで構成される居住区と方形周溝墓と呼ばれる一般層の墓があり、その縁辺部に、何重にも濠がめぐっている環濠集落である。集落の最盛期となる弥生時代中期後半の集落規模は、南北四五〇メートル、東西二八〇メートル、面積は約一三万平方メートルに達する。

柱材が出土した大型建物は集落の中心部に位置し、「神殿」としての意義をもつもので、東西一〇間（一九・二メートル）×南北一間（六・九メートル）、床面積は約一三三平方メートルである。高床構造が想定

図13　池上曽根遺跡の復元された大型建物

され、絵画土器をもとに復元されて、現在は史跡公園のシンボルとなっている。独立棟持柱は神社建築にもあり、この柱をもつ建物は、のちの古墳時代の集落遺跡では中心建物として造営された。

大型建物の前には広場があり、広場の中心に井戸がある。その井戸枠は、直径二メートルのクスノキの巨木をくり貫いたものである。集落の中心となる神聖な建物と井戸であり、人びとが広場に集まって盛大な祭祀をおこなっていたことは想像に難くない。

池上曽根遺跡のような環濠集落ひとつひとつが、『漢書』地理志に記されたような倭のなかで分立した部族国家とみることも可能である。ただし、池上曽根遺跡の人びとが漢と直接交渉した痕跡は認められない。漢の交渉窓口は、朝鮮半島の楽浪郡であったが、その対象は北部九州の諸国にとどまっていた。前述したように、北部九州の弥生時代の遺跡では、楽浪系土器をはじめ前漢鏡や璧など、漢との外交交渉をうかがわせる考古資料が多数出土している。一方、近畿地方以東の弥生時代の遺跡では、前漢との交渉を示す資料はほとんど知られていない。『漢書』地理志に記された百余国の国は、北部九州に所在する部族国家を主に指していることは、明らかである。

池上曽根遺跡の集落を司り、支配した人物は、確かに存在しただろう。中国の史書に書かれた「国」と区別して、この集落と集落に居住した人びとの墓地の範囲を「クニ」と呼び、それを支配した人物を「オウ」と呼ぶこととしよう。大型建物と井戸を管理し、そこに集う人びとを統治していた人物が「オウ」である。ただし、祭祀を実行していた人物とその「オウ」が同一人物であったかどうかは検討が必要である。近畿地方の弥生時代中期に「クニ」や「オウ」は存在していたが、中国と直接交渉はおこなってはいなかった。

また、遺跡内とその周辺においては、一般層の墳墓はあるが、王墓といえるような卓越した規模や特別な副葬品をもつような墳墓は存在しない。北部九州の「国」とは、根本的にそれが違う。弥生時代において、近畿地方にどのような「クニ」や、どのような「オウ」が存在したのだろうか。奈良県磯城郡田原本町、奈良盆地の中央部に所在する唐古・鍵遺跡のありかたから検討してみよう。

唐古・鍵遺跡の「オウ」

一九三六年（昭和一一）、紀元二千六百年の奉祝記念事業に関連し、国道15号線（現在の国道24号線）の敷設（ふせつ）にともない唐古池の土取りがおこなわれることになって、唐古・鍵遺跡の発掘調査がはじまった。京都帝国大学と奈良県による共同の調査である。そして、現在まで発掘調査がつづけられ、遺跡の実態・内容が次第に解明されてきた（藤田三郎二〇一九）。

唐古・鍵遺跡の大規模集落としてのはじまりは、弥生時代前期である。中期には、池上曽根遺跡と同じように多条の環濠が掘削され、最盛期をむかえた。環濠は洪水などにより幾度も埋もれたが、何度も掘削された。そして、環濠集落として長く継続する。その期間は七〇〇年以上にもおよぶ。このように、弥生時代を通じて存続した大規模集落が、拠点集落（母集落）である。その最大規模は南北七七〇メートル、東西六九〇メートル、面積は約一八万平方メートルに達する。

池上曽根遺跡の建物とは構造が若干異なり年代も古いが、独立棟持柱をもつ大型建物も検出されてい

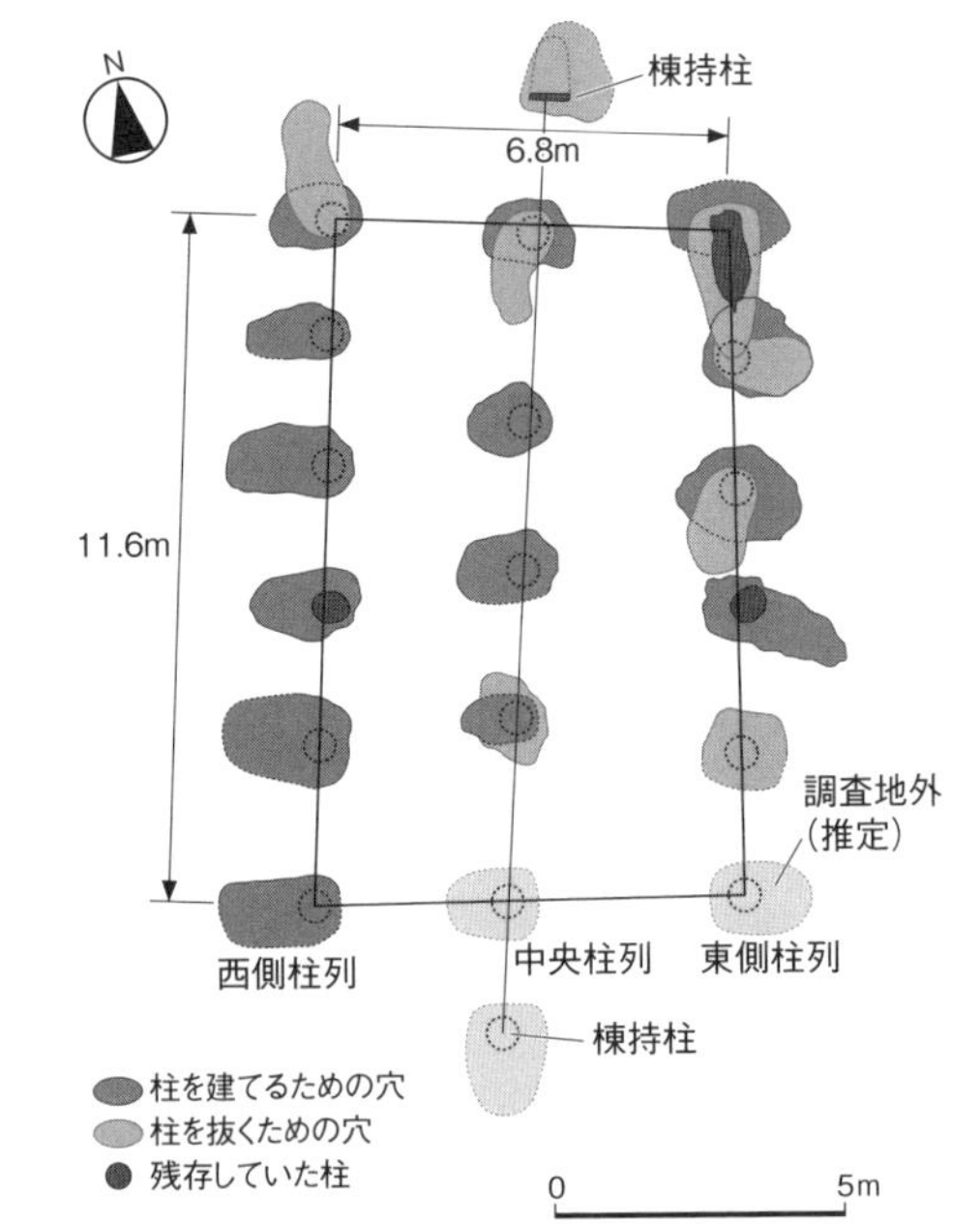

図14　唐古・鍵遺跡の大型建物の復元模型と柱穴

る（図14）。その位置は、集落中心からはかなり西側に寄った位置である。南北五間（一一・六メートル）×東西二間（六・八メートル）、床面積は約八〇平方メートルである。その年代は中期初頭にまでさかのぼる。ケヤキやヤマグワの柱材が残っていた。さらに、それから時期を経て中期中頃に、大型建物が集落中心部北寄りで造営される。北東から南西方向に主軸をもつ総柱の建物で六間（一三・二六メートル）×二間（六・二メートル）、床面積は約八二平方メートルである。独立棟持柱はないが、豪壮な高床建物であり、周辺の未調査部分に建物群が広がる可能性が指摘されている。二〇一八年に唐古・鍵遺跡は史跡公園として開園したが、その公園のエントランス施設のなかに、この遺構は展示されている。

独立棟持柱をもつ大型掘立柱建物は、池上曽根遺跡のそれと同じく「神殿」としての意義をもつものである。人びとが集い、その周辺で盛大な祭祀が挙行されたと考えられる。また、中期中頃の建物は、生産物を集積する集落の中核施設であり、豊穣を祈念する祭祀も周辺でおこなわれたものと考えられる。また、唐古・鍵遺跡からは、屋根飾りをもつ二層の高楼を描いた絵画土器が出土している。遺構として検出されたわけではないが、「オウ」がここに登って、集落全体を見渡して統治をおこなうために建てられたものであり、集落内に実在したものであっただろう。唐古池の堤防上にその建物が再現されている（図15）。

集落でおこなわれた祭祀の様子も、土器に描かれている。祭祀の中心は、嘴（くちばし）を頭上に、翼を脇につけて鳥に化身した巫女である。また、盾や戈をもった戦士も鳥の羽をつけていた。これらは「オウ」の姿そのものではないが、「クニ」を統合する「オウ」のもとで祭祀がおこなわれたことが把握できる。

唐古・鍵遺跡では、中期から後期前半の時期にかけて集落内で銅鐸、小型銅鏡、銅鏃などの青銅器生産がおこなわれていた。また、ガラス生産の痕跡もある。これらをはじめとした木製品や石器、石製品

図15　復元された楼閣

など盛んな手工業生産を統括し、「クニ」を支えた農業生産を統括したのも「オウ」である。

中期の遺構から出土した新潟県の姫川原産の翡翠製勾玉をおさめた褐鉄鉱（かってっこう）の容器は、中国の神仙思想である不老不死を願う祭祀に用いられたものである。これもまた「オウ」のために捧げられたものだろう。

さらに、北陸地方を原産地とする碧玉製の管玉、原産地は未確定だがガラス製小玉、水晶製小玉などの装身具や祭祀に用いられた遺物の出土もある。弥生時代後期以降も、これらの遺物から「オウ」の存在を知ることが可能である。

唐古・鍵遺跡の対外交渉

唐古・鍵遺跡では、遠隔地の土器が出土している。東は、中部（トオトウミ、シナノ）地方、西は北部九州地方におよぶ。近隣の近畿地方ではキイ、カワチ、セッツ、オウミ、ハリマ地方の土器が多く出土しており、東ではオワリ、ミカワ、イガ地方、西ではサヌキ、キビ地方の土器がみられる。前述の玉の石材の産地が日本海側の遠隔地にあり、遺跡から出土する石器が二上山産サヌカイト、紀ノ川産結晶片岩などであることとあわせ、唐古・鍵遺跡に日本列島各地から物資や人が集まってきたことを示すものである。唐古・鍵遺跡は交易の拠点であり、多くの移住者も受け入れていたと考えられる。

中国との直接交渉を示す遺物は知られていないが、絵画土器に描かれた楼閣の意匠は中国に源流があり、褐鉄鉱の背景には中国思想がある。しかし、中国と関連する遺物はこれだけであり、中国との直接交渉の証拠とはいえない。また中国からの渡来系集団を受け入れていた痕跡はなく、盛んな交渉のあった北部九州地方を介して、その意匠や思想が流入したものと推定される。

また、唐古・鍵遺跡の北北西約六〇〇メートルには、清水風（しみずかぜ）遺跡がある。唐古・鍵遺跡の環濠の外ではあるが、川によって両者はつながっていて、清水風遺跡は唐古・鍵遺跡の下流部にあたる。

清水風遺跡では、弥生時代中期の川の中から多量の絵画土器が出土し、唐古・鍵遺跡でおこなわれた祭祀の様子がそこに描かれている。一般層の墓である方形周溝墓や建物などの遺構も検出されており、唐古・鍵遺跡と清水風遺跡は、川を介して緊密な関係にあることから、唐古・鍵遺跡と清水風遺跡をあわせ、両者を一体として、唐古・鍵遺跡群ととらえることができる。

この清水風遺跡から出土した遺物に、前漢鏡の破片がある。近畿地方の弥生時代の遺跡から中国製品が出土するのはめずらしく、銅鏡の破片や貨泉（王莽銭）などの銭貨がわずかに認められる程度である。清水風遺跡の前漢境の破片は、中国との盛んな交渉のあった北部九州地方を介して、唐古・鍵遺跡の「オウ」が、入手したものであろう。

唐古・鍵遺跡の「オウ」の統治範囲

さらに、唐古・鍵遺跡を中心に、その周辺二キロ程度の範囲に小規模な集落遺跡や墳墓群が点在する。これらは唐古・鍵遺跡を母集落として、そこから派生し、分村して生まれたものである。こうした分村は、現代の都市になぞらえて、「衛星集落」と呼ばれている。

この「衛星集落」は、弥生時代中期に栄えた。唐古・鍵遺跡を囲むように、田原本町内に法貴寺斎宮前（ほうきじさいぐうまえ）遺跡、小阪榎木（こさかえのき）遺跡、小阪細長（ほそなが）遺跡、阪手（さかて）遺跡、八尾九原（やおくはら）遺跡、小阪里中遺跡・羽子田（はごた）遺跡、法貴寺北遺跡などがある。また、北西部の三宅町に

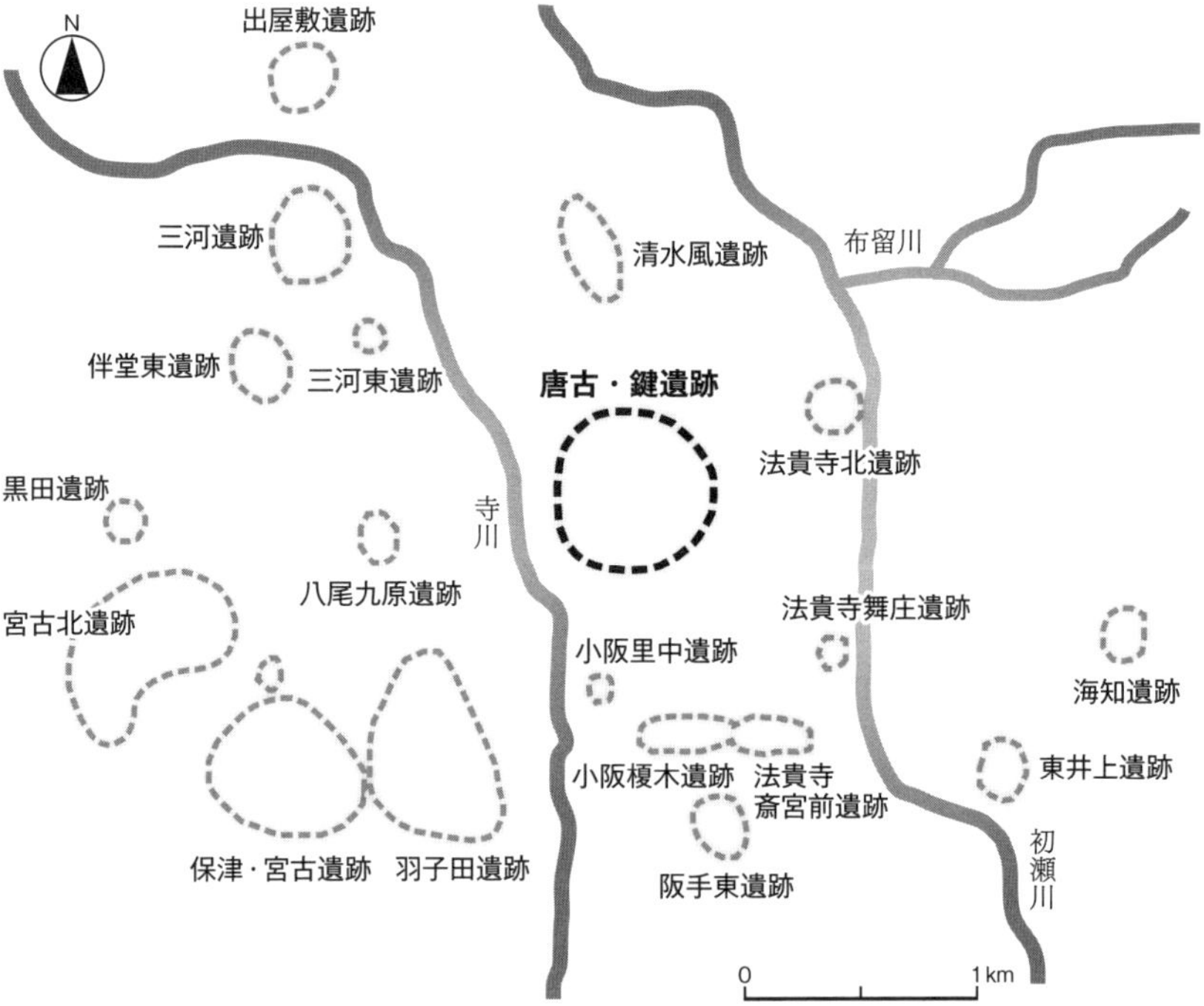

図16　唐古・鍵遺跡の「オウ」の統治範囲

は三河遺跡、伴堂東遺跡がある。かつて拠点集落とされていた田原本町保津・宮古遺跡も、宮古北遺跡とあわせ、唐古・鍵遺跡から分村した「衛星集落」と位置づけることができる。これらは、環濠集落内で暮らしていた人びとが、人口の増加などにともなって新たな生産や生活の場や、墓地を求めた結果生まれたものである。

唐古・鍵遺跡の「オウ」が統治していたのは、環濠集落の内部ばかりではなく、その周辺部の約二キロにおよんでいた。それが唐古・鍵遺跡を中心とした「クニ」の範囲である。

では、唐古・鍵遺跡を中心とした「クニ」の周辺部からみてみよう。

「おおやまと」地域の「クニ」

奈良盆地は、南北二七キロ、東西一四キロほどで、南北に長い（図17）。

奈良盆地を流れる川は、すべてがひとつとなって大阪湾に注ぐ。大和川である。周辺の山地に端を発したその支流は盆地北部からは南流し、盆地南部からは北流して、現在の磯城郡川西町、北葛城郡河合町や王寺町など奈良盆地の東北部で合流する。そして、亀の瀬と呼ばれる狭隘部を経て、大阪湾に注ぐ。

大和川の本流は、初瀬川で桜井市初瀬を上流部に西北方向に流れる。一方、その西を流れるのが寺川である。上流部では西北方向に流れるが、橿原市や田原本町付近では真北方向に流れる。飛鳥時代から奈良時代には、上ツ道、中ツ道、下ツ道と呼ばれる直線道路が奈良盆地の南北を貫いていたが、真北方向の現在の寺川の流れは、下ツ道の位置にあたっている。藤原京や平城京をつくる段階の都市計画で、川が制御され、付けかえられた可能性がある。

弥生時代の川の流れは、発掘調査によって所々で検出されており、現在の川の流れや川幅とは大きく異なっている。大きな堤防は築かれることはなく、微高地の間の谷にあたる部分が幾筋もあって、そこに大小の川が流れていた。奈良盆地の東南部を上流とする川は、現在の初瀬川の流れと同じように、自然地形に沿っておおむね西北方向へ流れていた。

弥生時代は前述したように、稲作が重要な文化的要素となった時代である。小河川から水を引き入れることが水田開発の起点であり、その周辺の低地部で水田を経済基盤とする集落が経営されることによって、地域社会が形成された。弥生時代には水田経営と水利基盤の整備を主導することこそが、「オウ」の果たすべき重要な役割であった。そして、このような水田経営を経済基盤とする社会は江戸時代までつづくのである。

弥生時代において、唐古・鍵遺跡とその周辺の「衛星集落」にかかわる河川の上流部や下流部にあたる場所が、奈良盆地において最も生産力の高い場所であった。それは、唐古・鍵遺跡と同じような、弥生時代前期から後期まで継続する拠点集落がこの流域に集中していることから明らかである。

同じ田原本町内には、多(おお)遺跡がある。また、南東部の桜井市には芝(しば)遺跡、桜井市と橿原市にまたがって坪井(つぼい)・大福(だいふく)遺跡、橿原市に四分(しぶ)遺跡がある。これらの遺跡は幾筋にも分流していた旧初瀬川や旧寺川の流路にあたっており、後述する纒向遺跡と「おおやまと」古墳群が形成される地域であって、この地域を序章で述べたとおり、本書では「おおやまと」地域と呼ぶ。**図17**で示すおよそ東西八キロ、南北八キロほどの範囲である。本書の主張する「おおやまと」古墳集団を生む母胎となった地域である。

弥生時代の「おおやまと」地域において、唐古・鍵遺跡は「衛星集落」の範囲まで含めるとその規模

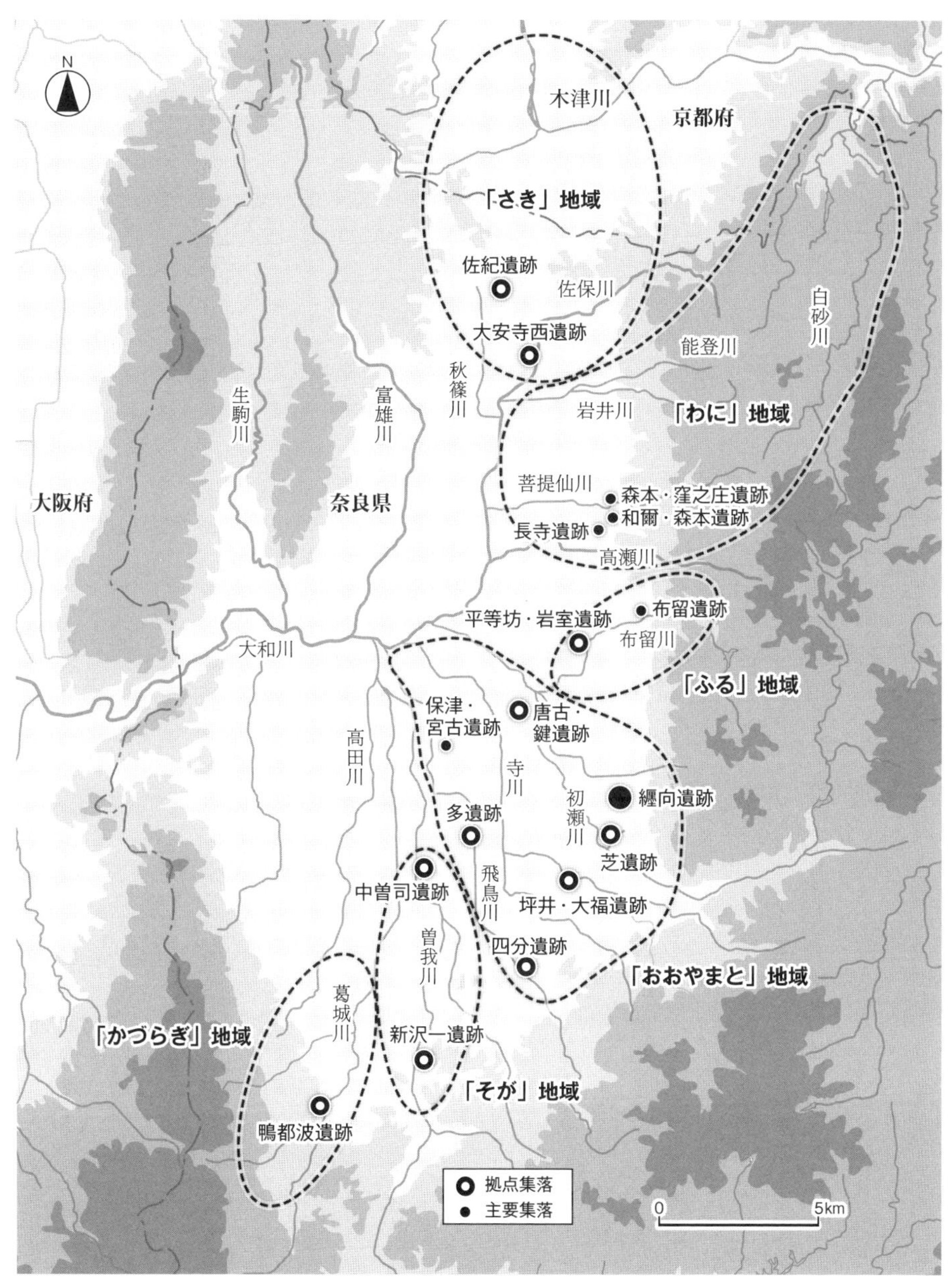

図17　弥生時代の拠点集落・主要集落と纒向遺跡

は突出している。しかしながら、唐古・鍵遺跡以外のそれぞれの拠点集落において、環濠を形成したり、銅鐸の祭祀をおこなったり、独自に青銅器・木工・石器生産などの手工業生産を集落内でおこなったりしていることからすれば、唐古・鍵遺跡の「オウ」が、「おおやまと」地域全体を統治していたとは考えられない。突出した規模の墳墓がこの地域で認められないことも、そのことを裏づけている。

また、それぞれの拠点集落に「オウ」の存在を裏づけるような大型建物は確認されていない。また、「オウ」とのかかわりが想定される遺物も少ない。しかし、それぞれの集落ごとに「クニ」が形成され、それを統治する人物が必ずや存在したであろう。そして、その人物が唐古・鍵遺跡の「オウ」と利害が対立することもあったであろう。

つまり、弥生時代において、奈良盆地の「おおやまと」地域は、「クニ」としては統合されていなかったのである。

奈良盆地の「クニ」と「オウ」

奈良盆地において弥生時代の拠点集落や大規模集落は、「おおやまと」地域のほかは、散在して分布している。

奈良盆地北部では、南流もしくは西南流する河川流域において拠点集落が形成された。現在の河川でいえば佐保川の支流の秋篠川上流にある奈良市佐紀(さき)遺跡と平城京の下層、西南流する佐保川流域にある奈良市大安寺西遺跡である。この地域を本書では「さき」地域と呼ぶ。後述する佐紀古墳集団を生む母胎となる集落が形成された地域である。

奈良盆地東北部では、西流する河川流域において大規模集落や拠点集落が形成された。まず、現在の高瀬川および菩提仙川上流部の扇状地末端の湧水地にあたる天理市和爾・森本遺跡、長寺遺跡、天理市と奈良市にまたがる森本・窪之庄遺跡などである。拠点集落として位置づけることはできないが、後述するように弥生時代後期から古墳時代に継続する。天理市の和爾遺跡や和爾古墳群などを生む母胎となった地域である。この地域を本書では「わに」地域と呼ぶ。

また、西南流する布留川中流域の拠点集落が、天理市の平等坊・岩室遺跡である。この上流部には布留遺跡がある。後述する布留遺跡や西山古墳などを生む母胎となった地域である。この地域を本書では「ふる」地域と呼ぶ。

奈良盆地南部では、北流する曽我川中流域に橿原市の中曽司遺跡、中・上流域に拠点集落が形成された。橿原市の新沢一遺跡がある。後述するスイセン塚古墳・イトクの森古墳や新沢五〇〇号墳などを生む母胎となった地域である。本書では「そが」地域と呼ぶ。

奈良盆地西南部では、東北流する葛城川上流域に拠点集落が形成された。御所市の鴨都波遺跡である。古墳時代には、後述する鴨都波一号墳などが築造されるほか、秋津遺跡などが形成された地域であり、本書では「かづらぎ」地域と呼ぶ。

弥生時代における奈良盆地の「クニ」の範囲は、それぞれの地域における拠点集落もしくは大規模集落とそれにかかわる水田や墓地のみに限られたものであって、広域支配を実現した「王」はいまだ登場していなかったのである。次章では、こうした弥生時代のヤマトの状況をふまえながら邪馬台国の所在地を考えてみたい。

第4章　邪馬台国の所在地

古式土師器「庄内式」「布留式」

近畿地方中央部における弥生時代後期の土器の特徴は、壺・甕などの底部は平底であり、甕においては「タタキ」とよばれる技法を使用するものであった。タタキとは板状の工具に刻み目を入れ、土器の表面をその工具で叩いて成形する技術のことである。第3章六一ページで述べたとおり、弥生時代後期は土器編年のV様式にあたり、そこからこの系統の甕はV様式系甕と呼ばれる。

一方、古墳時代以降の素焼きの土器は、「土師器（はじき）」と呼ばれている。古墳の出現と土器の変化は連動している部分もあるが、それを一変させるほどではない。その意味で、弥生土器から土師器への変化は漸次的である（図18）。そして、その変化の過程が明らかになったのは、比較的近年のことである。

土師器の甕は丸底で、外面「ハケ」、内面「ケズリ」の技法を使用し、器壁が薄くなるように仕上げ、口縁部の端部の内面が玉縁状になっている。「ハケ」は、刷毛でなでたような痕跡が残るものであり、これは板状の工具の小口を刻んで土器を擦って成形・調整したものである。「ケズリ」は、土器の表面にある砂粒が移動する痕跡が残るものであり、鉄刀子（ナイフ）などを用いて、土器の表面をそぎ落とす技術である。こうした特徴をもつ甕を代表的なものとした古墳時代前期の土器は、一九三八年（昭和一三）に天理市布留遺跡で発見された土器をもとに、布留式土器と命名されることとなった。布留式（型式）の代表的な形式（器種）が、布留式甕である。

図18　弥生土器から土師器への甕の変化

また、古墳時代の祭祀に使用される「ミガキ」と呼ばれる技法を多用する小型器台、小型丸底壺、小型丸底鉢など「小型精製土器」と呼ばれる土器のセットが成立する（図19）。「ミガキ」は、土器の表面にマッチ棒で擦ったような痕跡が残るものであり、細い棒状の工具で土器の表面を美しく飾る技術である。古墳時代前期に流行した布留式甕とこの小型精製土器が、土器型式としての布留式の特徴である。

さらに、田中琢氏によって「布留式以前」という論文が発表され、V様式と布留式の中間の庄内式が位置づけられることになった（田中一九六五）。命名の由来は、大阪府豊中市の庄内遺跡である。庄内式甕の特徴は、V様式系甕と布留式甕の中間的な形態をもち、底部は尖底、外面はV様式系甕のタタキの技法と布留式甕のハケの技法が併用されていた。内面は土師器の技法のケズリであり、器壁が薄い。口縁部端部はつまみ上げたように短く突出する。

こうして、近畿地方の弥生時代から古墳時代への土器の編年は、弥生V様式→庄内式→布留式へ移行していくことが明らかになった。庄内式と布留式は、あわせて古式土師器と呼ばれている。

古墳との関係を明らかにするなら、第5章で述べる「纒向型前方後円墳」には、墳丘や濠から庄内式の土器が出土しているものがあり、庄内式の年代（以下、庄内式期と表記する）に造営されたものがあると考えられている。ただし、築造年代を示す古墳に埋納されたり供献されたりした土器はあまり出土していない。

最初の大型前方後円墳である箸墓古墳は、布留式期のはじめ頃に築造されたと考えられる。墳丘上に並べられた底部に孔をうがった二重口縁壺と呼ばれる土器などが採集されている。このことは、第6章で詳述しよう。箸墓古墳の築造以降、つまり布留式期以降に大型前方後円墳がつぎつぎと造営される。庄内式期は、大型前方後円墳が出現する以前の胎動期にあたり、弥生時代に含める研究者と古墳時代に含める研究者とに分かれている。

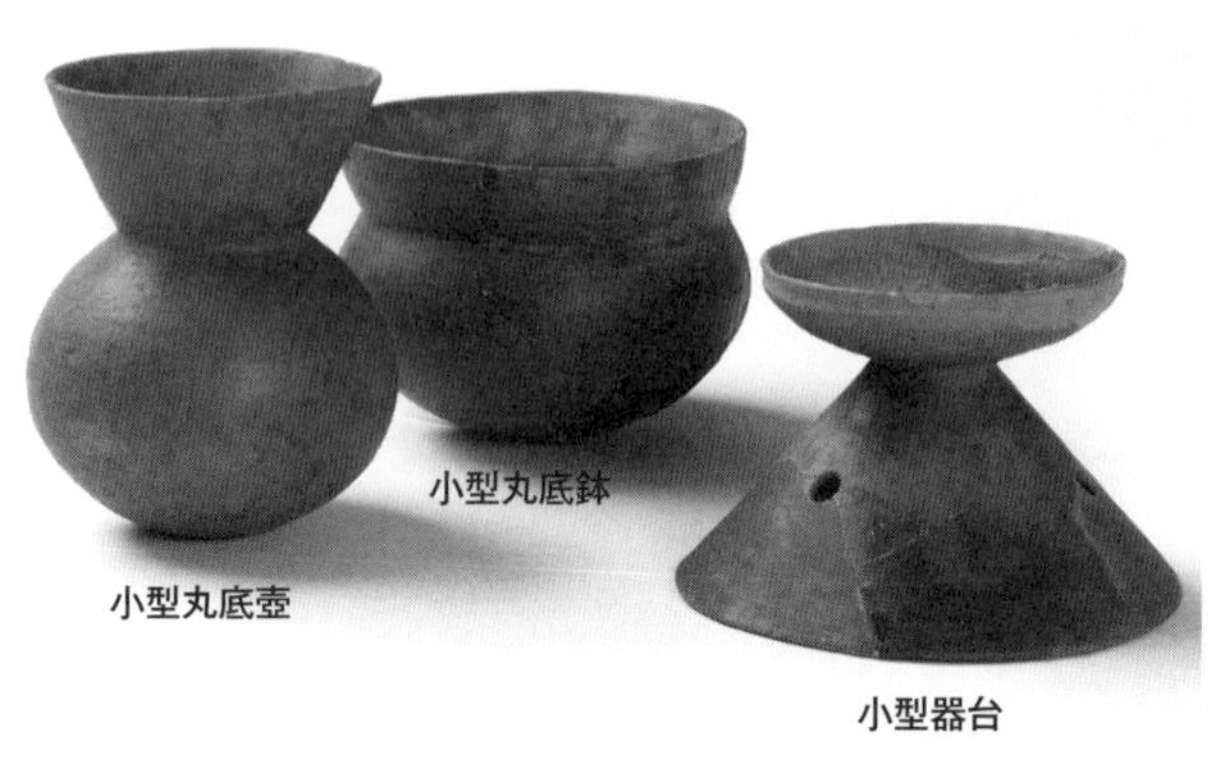

図19　纒向遺跡出土の小型精製土器

庄内式期・布留式期の型式細分もすすんでいる。庄内式は1〜3式、布留式は0〜4式に時期区分されている（寺沢一九八六）。ただし、その変化は漸次的である。また、庄内式甕が布留式期はじめにもみられ、Ｖ様式系甕が庄内式期から布留式期のはじめにもみられるなど、古い形式が新しい時代にまで残る。つぎつぎと新しいものに変化していったわけではなく、時代が新しくなっても古いものがつくりつづけられるのである。そのため、一点の土器だけでは年代を判断できないことが多い。庄内式や布留式がどの程度つづいたか、そのあいだにどの程度の時期区分ができるのか、まだまだ謎が多い。

さらには、庄内式が発展した地域とそうでない地域がある。また、その形態や製作技術の地域色も顕著である。カワチが先進地域であり、つぎつぎと新しい型式を生んでいるが、ヤマトでは古いものがつくりつづけられた。こうしたことから、研究者のあいだでも、実際の土器をみたときにその位置づけについては、しばしば、その意見が大きく分かれてしまう。

庄内式期や布留式期の暦年代についても議論がつづいている。そうしたなか、中国製の銅鏡や後述する三角縁神獣鏡の製作年代などを根拠に、土器編年に関連づけると、庄内式の年代の中心が三世紀前半にあたり、邪馬台国の時代と重なっていることがほぼ確実となってきた。先のＡＭＳ法で測定した年代を年輪年代によって較正する方法でも、庄内式が二世紀頃から三世紀半ばまで、布留式が三世紀半ば以降という年代がおおむね得られている。弥生時代と古墳時代のあいだにあたる庄内式期が、三世紀代の邪馬台国の時代にあたるということを確認して、再び中国の史書の記述をみてみよう。

「魏志倭人伝」の三〇国

邪馬台国の所在地論争はいまなお熱い。

「魏志倭人伝」の書き出しは、次のとおりである。

　倭人は帯方郡の東南、大海のなかにある。山島により、国邑をなす。もと百余国、漢の時代に朝見するものがあった。今、使訳を通ずる所は三十国。

この三〇国の内訳は、くわしい記述のある「対馬国」「一大（一支）国」「末盧国」「伊都国」「奴国」「不弥国」「投馬国」「邪馬台国」「狗奴国」の計九カ国と、くわしい記述がなく国名だけが列記される辺傍の国二一カ国である。

出発地は、帯方郡である。

まず狗邪韓国（金官加耶、韓国金海付近）へ、そこから海をわたり対馬国（対馬）、また海をわたり一支国（壱岐）、さらに海をわたり末盧国（松浦、佐賀県唐津市）、陸行して伊都国（福岡県糸島市）、さらに陸行して奴国（那津、福岡市博多区・春日市付近）に至る行程が示される。それぞれ、その所在地名とそれに対応する遺跡が明瞭である。

ところが、次に登場する不弥国についてはその所在地に諸説がある。地名から宇瀰（うみ）（福岡県糟屋郡宇美町付近）、あるいは穂波郡（福岡県飯塚市付近）にあてる説がある。

さらに、「南に水行二十日」とあるのが投馬国である。邪馬台国大和説では南を東に読みかえて、鞆（広島県福山市）、出雲、但馬、都万（隠岐）などにあてる。九州説では、そのまま方位は南である。玉名（熊本県）、妻（宮崎県西都市）、三潴（福岡県）、薩摩などにあてる説がある。また、値嘉嶋（長崎県五島列島）説もある。

そして、次に女王の都する所として登場するのが邪馬台国である。里程は、「南に水行十日、陸行一月」である。邪馬台国大和説では、南を東に読みかえる。

つづく記載は、〝それから以北は戸数や里程は記載できるが、それ以外の辺傍の国は遠く隔たりくわしく知ることはできない〟として、斯馬国以下の二一カ国が羅列される。戸数や里程は記載できるとしながら、その記述がない。二一カ国のうちどれが辺傍の国にあたるのか、あるいはすべてがそうではないのかさだかではない。そして、四九ページで述べたように、この二一カ国の最後に「奴国」が再登場して、ここが女王国の境界の尽きるところとされる。

邪馬台国大和説では、辺傍の国の〝それから以北〟を以東と読みかえることとなる。九州説では読みかえることは不要だが、果たしてこの二一カ国のすべてが実態をともなうものであったのか疑問が残る。

それに対して、伊都国の記載は特別である。長官として爾支、副官として泄謨觚・柄渠觚の両名が存在すること、その戸数のこと、代々の王が存在し、女王国に統属されていること、帯方郡使が往来し、常駐していることが記されている。さらに、「魏志倭人伝」の中ほどに倭人の風俗を記載したのち、伊都国が再び登場して、女王国より北に「一大率」がおかれ諸国を巡検し、諸国がそれを恐れはばかったこと、「一大率」は常に伊都国で治めたという記述につづく。前述のとおり、伊都国の王都、王墓が遺跡として確認されている。

一方、対馬国・一支国・末盧国・奴国・不弥国・投馬国などの記述では、長官名、副官名、人口、風俗の記述などはあるものの、王の存在や女王国との関係性は明示されていない。

邪馬台国およびそこに服属する諸国と対立していたのが、男子を王とした狗奴国である。辺傍の国の「奴国」が女王国の境界の尽きるところで、その南に位置していた。狗奴国の所在地は、邪馬台国大和説では南を東と読みかえて毛野（群馬県）や、対応する遺跡の状況から東海地方（濃尾平野）にあてる場合と、南のまま読んで熊野（三重県）にあてる場合とがある。邪馬台国九州説では、球磨（熊本県球磨郡）、城野（熊本県菊池郡）、熊襲などにあてる説がある。

倭国の大乱と卑弥呼の登場

第2章の四六ページで述べたとおり、『後漢書』倭伝では、桓帝・霊帝の時代（一四七〜一八九）に倭国が大いに乱れて、王が不在になり、それをおさめるため、諸国に共立された女王が卑弥呼であった。卑弥呼が倭の諸国の女王として担ぎ出されたわけで、卑弥呼を共立した諸国は、「邪馬台国連合」などと称されている。ただし、厳密にいえば、邪馬台国が倭国の盟主となったわけではなく、卑弥呼が倭国の女王となったのである。

卑弥呼についての「魏志倭人伝」の記載は、次のとおりである。

その国、もとは男子が王であった。ところが七、八十年前に倭は乱れ、国々は長年の間互いに攻撃し合っていた。そこで〔国々は〕相談しあって、一人の女子を立て王とした。名を卑弥呼といい、鬼道に仕え、〔その霊力で〕能く人びとを惑わしている。すでにかなりの年齢であるが、夫をもたず、弟がいて政治を補佐している。王となってからは、彼女を見た者は少ない。婢千人を侍らせ、ただ一人の男子が飲食を給仕し、またその言葉を〔人びとに〕伝えるため居室に出入りしている。宮室、楼観、城柵が厳かに設けられ、また常に兵器をもった人びとが守衛している。

分立し、戦闘をくり返していた倭の諸国は、特別な力をもった女性の力をもって、ようやくここにきて戦いがおさまったのである。

この記事は伊都国に「一大率」をおいて、諸国を巡検したという記載につづくものである。伊都国の南に位置する女王国に対立していたのは狗奴国であり、女王国に服属していたのは合計二九カ国である。女王国が南にあり、北にある諸国を統治していたという地理と、卑弥呼が共立される前もその後も、倭において諸国が分立していたことをもう一度確認しておこう。

さらに、卑弥呼の宮室・楼観・城柵の記載のあと、「魏志倭人伝」には女王国の東に、倭種があり身長三、四尺の侏儒国、その東南に裸国、黒歯国があるという記事がつづく。

そして、その文末が、倭の外交記事であり、卑弥呼と台（壱）与による魏および西晋への遣使と、魏および西晋の使節の来倭を記している。

卑弥呼と台与の遣使

「魏志倭人伝」では、景初二年（二三八）が、卑弥呼による最初の遣使である。後述する『日本書紀』の記事などからみて、実際は景初三年（二三九）のことであるとするのが通説だが、景初二年とみる説もある（仁藤二〇〇九）。

景初二年六月、倭の女王は、大夫難升米を魏に遣わした。まず〔帯方〕郡へ行って、天子に拝謁し、朝献したいことを希望した。〔帯方〕郡太守の劉夏は、役人を派遣し〔難升米らを〕引率して〔魏の〕王都（洛陽）へ送らせた。

そして、この年の一二月に、魏の明帝から詔がだされた。

親魏倭王卑弥呼に任命する。

その使者である難升米と都市牛利は、はるばる遠くから男の生口（一般人）四人、女の生口六人、班布二匹二丈を献じてきたので、親魏倭王として金印と紫綬を与える。これらを包装して帯方郡太守に託して汝に授けるので、孝順を尽くせ。

難升米と都市牛利の苦労を認め、それぞれ率前中郎将、率前校尉とし銀印青綬を与える。

絳地交竜の錦（蛇・竜の模様のある濃い赤地のつむぎの錦）五匹、絳地縐粟の罽（羽毛がついた濃い赤地の毛織物）十張、蒨絳（茜染めの織物）五十匹、紺青五十匹を与える。これらは、汝らが献じてきたものに相当する価値のものである。

また、特に、紺地句文の錦（紺色の地に曲線の文様を入れた錦）三匹、細班華の罽（細い斑ら文様の入った毛織物）五張、白絹五十匹、金八両、五尺刀二口、銅鏡百枚、真珠・鉛丹それぞれ五十斤を与える。すべて包装し、難升米と都市牛利に託したので、この詔と照合して受け取るようにせよ。ことごとくそなたの国中の人に示し、魏は汝を慈しんでいることを知らせよ。丁重に汝に、好い品を与えるのである。

これにつづくのが正始元年（二四〇）の記事である。

正始元年、〔帯方郡〕太守弓遵は、建中校尉悌儁らを遣わし、詔書と印綬をもたせて倭国に行かせた。〔使者は〕倭に至り、倭王に謁見して〔魏の斉帝の〕詔書と金帛と錦罽、刀・鏡、色美しい品物を贈った。

このの ち倭の答礼があり、正始四年（二四三）に倭からの朝貢と倭の使節への叙位、そして同六年（二四五）に〝倭の難升米に黄幢を与えた〟とある。さらに、後述する正始八年（二四七）の狗奴国の男王との対立に対して、魏の張政が派遣されてその仲裁にあたるという記事があり、卑弥呼の死と墳墓造営の記事へとつづく。

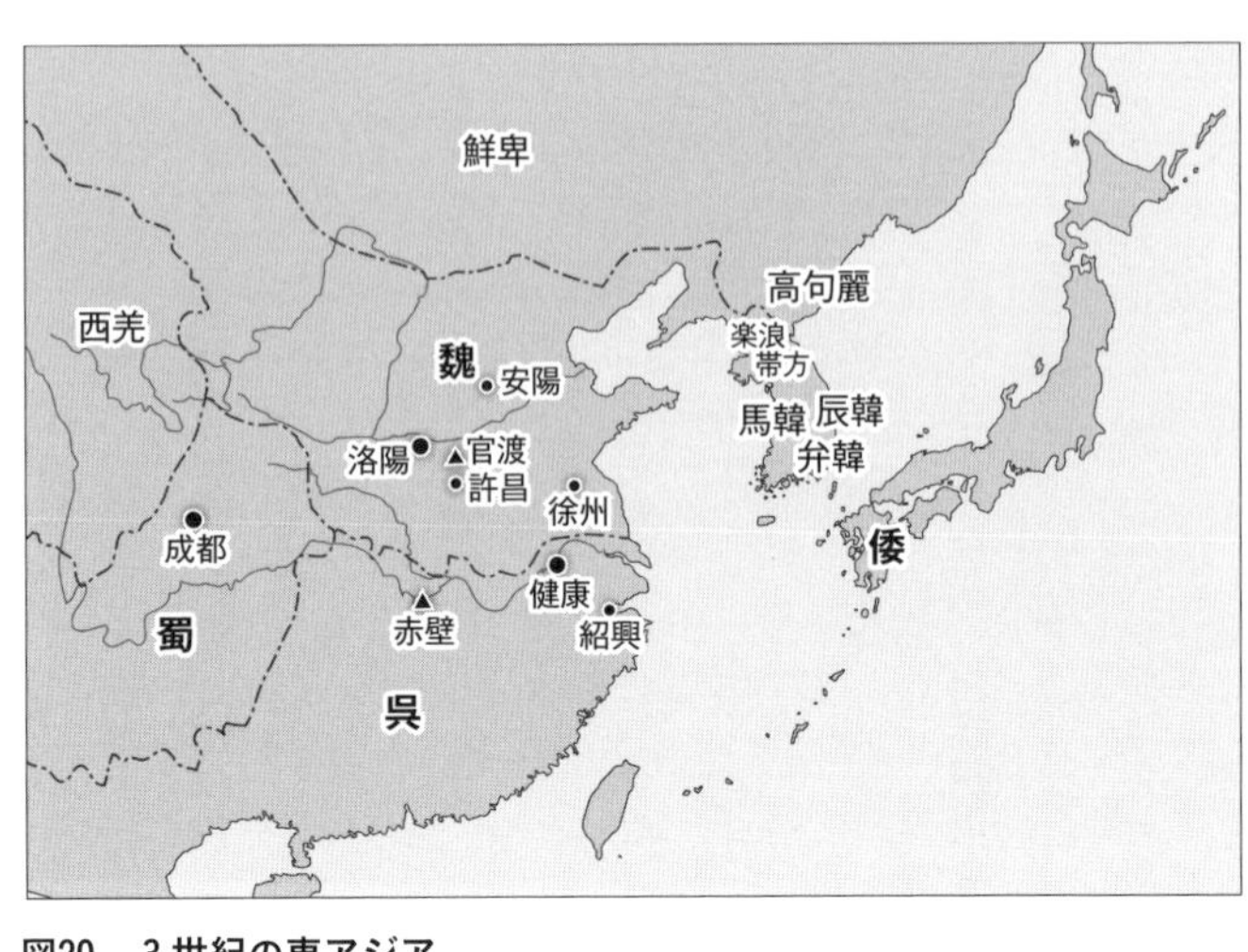

図20　3世紀の東アジア

卑弥呼の死後は男王が立ったが、国中が服属せず、再び争乱がおこり、千人におよぶ殺戮がおこなわれた。その後、卑弥呼の宗女台与が立ち、ようやく国が治まったという。ここでも、なお倭の諸国は分立しており、特別な女性の力をもって、ようやく統治されるようになったと記されていて、倭のなかで諸国の分立状態がつづいていることがわかる。

さらに、つづくのが台与による外交記事である。魏の張政の告諭によって、台与もまた魏へ使節を派遣し、張政を帰国させるとともに、男女生口三〇人、白珠五千孔、青い大勾玉二枚、異文の雑錦二〇匹を貢納している。この暦年は書かれていないが、『晋書』武帝の泰始二年（二六六）に倭の朝貢記事があり、これにあたると考えられる。

卑弥呼は倭女王としてまず景初三年に魏に遣使し、その後の遣使では倭王と記載されている。魏や西晋との関係を背景に、倭国の主導権を握っていたのが卑弥呼と台与である。

親魏倭王の金印が出土すれば、倭女王卑弥呼の姿を確実にとらえることができる。それがかなわないなら、魏から下賜されたもののうち、それとわかるものが出土すれば、卑弥呼の存在を確認できるであろう。

そのなかで、景初三年、正始元年の紀年銘を入れた銅鏡が各地の古墳から出土している。これらが、年号どおりにつくられ、魏から下賜された銅鏡であると考える研究者もいる。それなら話はたやすいが、問題はそう単純ではない。卑弥呼の遣使からさかのぼること三年前の青龍三年（二三五）の紀年銘を入れた銅鏡、景初四年という実際にはありえない紀年銘を入れた銅鏡、あるいは魏と対立していた呉の赤烏元年（二三八）、同七年（二四四）を刻んだ銅鏡なども各地の古墳から出土している。そして、布留式期以降、これらの暦年から短い場合は三〇年から、長ければ一〇〇年以上を隔てて、一地域に集中することなくあちこちの古墳から出土しているのである。この銅鏡の問題は、第7章で触れることにしよう。

卑弥呼の墓

「魏志倭人伝」には、卑弥呼の墓について以下の記述がある。解釈がさまざまであるので、原文（乾隆四年）に句点のみを付す。

其八年。太守王頎到官。倭女王卑弥呼与狗奴国男王卑弥弓呼素不和。遣倭載斯烏越等詣郡。説相攻撃状。遣塞曹掾史張政等。因齎詔書黄幢拝仮難升米為檄告喩之。卑弥呼以死。大作冢。径百余歩。狥（殉）葬者奴碑百余人。

正始八年（二四七）の記載である。

「卑弥呼以死」の「以」を「すでに、もって」と読み、前の文章とつながらず、この間に死んだとみる説がある。この場合、『北史』倭国伝にも、正始中という記載があることから、卑弥呼の没年は、正始七〜九年と推定できる。

一方、「もって死す」と読み、前の文を受けて死んだとみる説がある。この場合は、卑弥呼の没年は正始八〜九年である。倭女王と狗奴国男王との間の争乱があり、倭からの遣いに対して、魏がその仲裁にあたる。魏は塞曹掾史（そくそうえんし）という役職にあった張政に詔書を託して、倭女王の大夫であった難升米に対して、檄をとばして告諭したのである。中国正史に書かれた「以って死す」の事例は、非業の死を遂げたという事例が大半であり、魏から檄文を受けとった卑弥呼は、この責任をとって自死したと考えられるという（森二〇一〇）。

また、「すでに死す」と読み、戦死したとみる説もある。戦争の責任を負い、殺されたというものである（奥野一九八一）。このほか、「おもうて死す」と読み、寿陵としてこれをつくったとする説もある（渡辺二〇〇一）。

「冢」は、墓に限らず、土を高くもったものという意味であり、塚と同義である。「墳」も同じであるが、「塚」や「冢」より規模が大きいものを指す。本書で参考にしている東洋文庫、あるいは岩波文庫でも、その訳文は「大きな冢を作る」であるが、「大きな」は「大いに」として「盛んに」と読むのがよい。そうすると、「径」の記載から規模の小さな丸い形の盛土（マウンド）をもつ墓を指すものであることがわかる。

規模は百余歩とあるが、正確に記載されたものであるかどうかわからない。また、奴婢を殉葬する風習は、弥生時代や古墳時代の日本列島にはない。このことからみれば、墓の規模と殉葬については真実味がとぼしい。

仮に一歩＝六尺、一尺＝二四センチとする説にもとづけば、百余歩は一五〇メートル以上となる。ただし、次項で述べるように、帯方郡の太守クラスの墳墓は一辺三〇メートル程度であり、それとの規模の較差は大きすぎる。庄内式期に、直径一五〇メートルの円墳は存在しない。

いずれにせよ、卑弥呼の墓は「魏志倭人伝」の記述によるかぎり、前方後円墳であるとはとても考えられないし、規模もそれほどのものではなかったと考えられる。

帯方郡と帯方太守

卑弥呼や台与の使節は、帯方郡から洛陽にむかい、帯方郡からは倭にむけて使節が派遣された。倭国にとっては、帯方郡が中国政府との直接交渉の窓口であった。四四ページで述べたとおり、前漢の武帝は、朝鮮半島に楽浪郡をはじめとした四郡を設置した。そして、後漢の時代に楽浪郡の南側に、新たに建安年間中（一九六〜二一九年）に設置されたのが、帯方郡である。

北朝鮮のピョンヤンのすぐ南にあたる黄海北道（ファネボクド）鳳山（ポンサン）郡沙院（サウォン）里に智頭（チダン）里土城がある。一九一一年（明治四四）に、その北方八キロから横穴式の塼室（せんしつ）墓と呼ばれる塼（レンガ）を積んだ埋葬施設をもつ一辺三〇メートル、高さ五メートルほどの方墳が調査され、塼の銘文に「使君帯方太守張撫夷塼」と記されたものが出土している。帯方郡の長官が太守である。

郡を統治する役所、中国政府の地方出先機関ということになるが、それが郡治である。智頭里土城が帯方郡治で、この方墳が帯方太守の「張撫夷」の墓とみなすことが可能である。しかし、これには異論もある。

方墳からは「戊申」と書かれた銘文塼も出土しているが、中国皇帝の発した年号が記されていない。これはきわめて異例であり、「太守」は詐称ではないかというのである。戊申を東晋の穆帝の永和四年（三四八）とし、高句麗の侵攻によって楽浪郡が滅亡する三一三年のあとにこの古墳が築造されたとみる考え方である。

一方、「戊申」を西晋武帝の太康九年（二八八）とすれば、まさにこれが帯方郡太守の張撫夷の墓とみなすことができる。さらに、これをすすめて、張撫夷の撫夷は職名であり、「魏志倭人伝」に正始八年（二四七）に使者として倭にわたり、卑弥呼の死後、泰始二年（二六六）に帰国した張政であるとする説（森二〇一〇）もある。

いずれにせよ、次に述べる楽浪郡治の位置からみて、智頭里土城が帯方郡治であることは動かないであろう。

楽浪郡と楽浪系土器

ピョンヤン市内の大同江（テドンガン）南岸にある楽浪（ナンナン）土城が、楽浪郡治である。一九三五年（昭和一〇）と一九三七年（昭和一二）に朝鮮古蹟調査会によって楽浪土城が発掘調査され、その資料は東京大学にある。そのなかに「楽浪礼官」と刻まれた瓦や「□（楽）浪大尹章」と記した封泥（公的な荷物を相手に届けるときに、荷物を封印するために貼り付けられた粘土塊）が含まれており、楽浪郡治であることが確定した。楽浪大尹章は、新の王莽が始建国元年（紀元後九）に太守の名称をあらためて設置したものである。

楽浪土城など楽浪郡で生産され、使用された土器が楽浪系土器である。胎土に滑石が含まれている軟質土器に加え、ロクロを使用し窖窯で焼いた瓦質土器がある。また、植木鉢（花盆）形、鼎形、甑形、壺形などその器形にも特色が

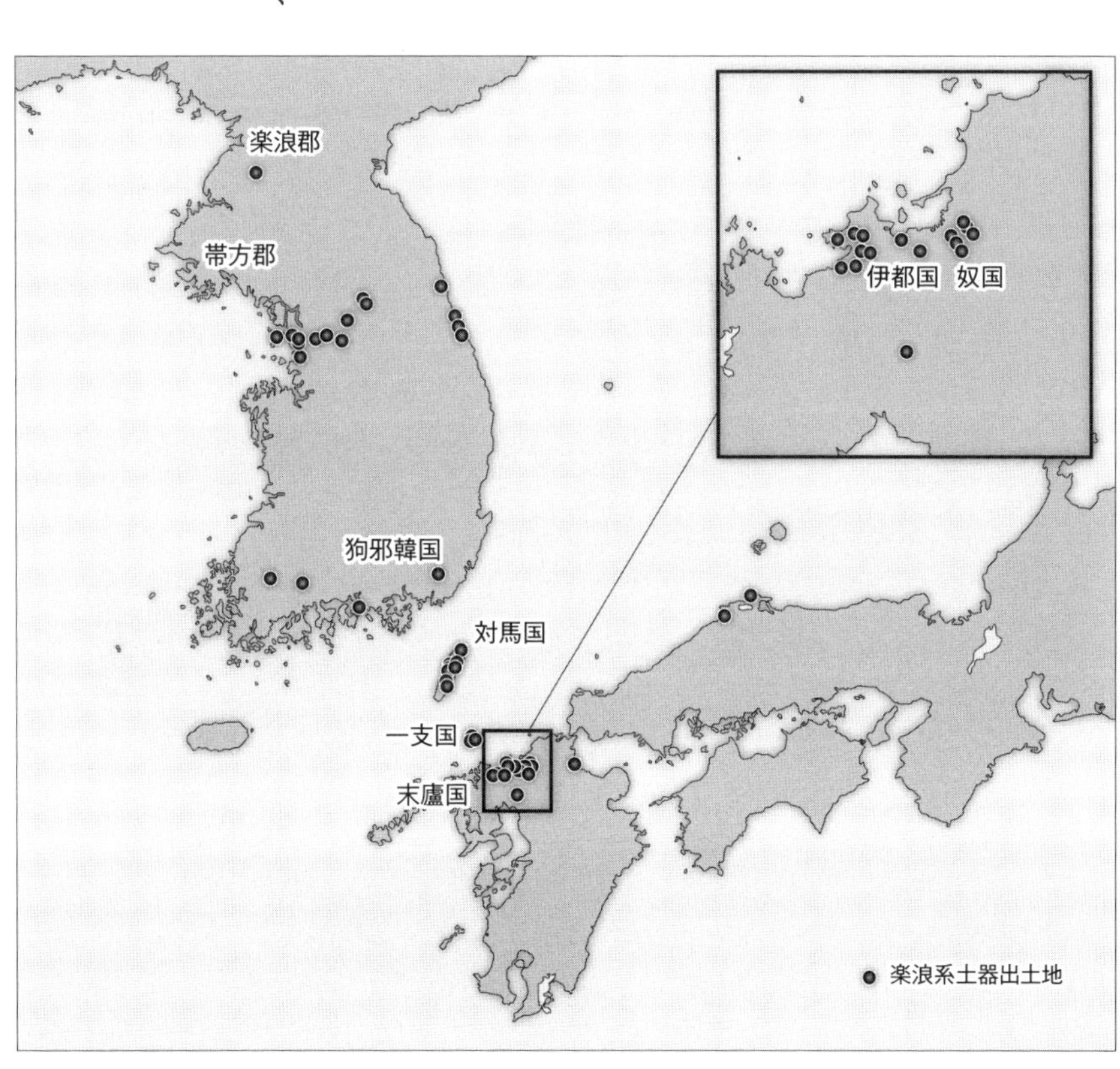

図21　楽浪系土器の出土地

ある（図22）。

倭の領域においては、対馬国、一支国、奴国、伊都国などにおいて楽浪系土器が出土している。対馬国では三根遺跡、一支国ではカラカミ遺跡、原の辻遺跡など、王都や港に関連した遺跡で出土しており、「魏志倭人伝」に「南北に市糴する」と記された交易拠点として、これらの遺物が、魏との交渉を実証している。

また、前述のとおり奴国の領域ではその王都である比恵・那珂遺跡、伊都国の領域では三雲・井原遺跡での出土が顕著である。このほか、糸島市域での出土量が多い。御床松原遺跡、一の町遺跡は、旧志摩郡にあり、辺傍の国二一カ国の冒頭に記された「斯馬国」の領域にあたっているとも考えられる。

北部九州以外では、島根県出雲市の

図22　楽浪土城出土の土器

山持遺跡から出土した平底壺（図23）のほか、松江市鹿島町の御津港沖の海中からひきあげられた同形の壺がある。日本列島における楽浪系土器の分布の東限である。直接搬入されたものか、北部九州を経由して間接的に搬入されたものか、二説が考えられるであろう。

ともかく、楽浪郡との直接交渉を実証する資料は、これより東では知られていない。くり返し述べるが、楽浪郡を分けその南に設置されたのが帯方郡である。そして魏や西晋との交渉を実証する楽浪系土器の出土が、松江市以東ではまったく知られていないのである。

図23　山持遺跡出土の平底壺

楽浪漢人の墓制

楽浪土城の南側一帯は、高層アパートや住宅が密集するピョンヤン市ナンナンと呼ばれる住宅街である。その南の丘陵に古墳群がある。戦前は朝鮮古蹟調査会が石巖里古墳群・貞柏里古墳群・梧野里古墳群を調査し、戦後は北朝鮮の社会科学院が楽浪地区古墳群として合計九〇〇基以上の古墳を発掘調査した。住宅開発などで市街地部の古墳は失われてしまったが、一部は古墳公園として整備されている。

発掘調査された古墳のなかには、前漢鏡、櫛などの中国製品とともに、王根・王雲・王光・王旴など王氏の人名を記した銀印・銅印・木印をおさめるものがあった。楽浪土城に出仕した漢人官僚、王氏の墓である。

埋葬主体は、板材で周囲をおおう墓室をつくり、そのなかに木棺をおさめる構造の木槨墓（もっかくぼ）である。こうした構造の埋葬主体は、朝鮮半島南部に影響を与えたと考えられる。さらには、五〇ページで述べたように楯築墳丘墓や西谷三号墓も埋葬主体部は木槨墓であり、それとの関連も考えられる（高久二〇一一）。しかし、楽浪郡の直接的影響を受けているわけではなく、受けたとしてもあくまで間接的な影響にすぎない。

狗邪韓国

『後漢書』においては、倭国の西北の境界を狗邪韓国とし、狗邪韓国を倭国の領域内としている。しかし、「魏志倭人伝」では、倭の北岸とし、「魏志韓伝」では、「狗邪国」の記載がある。これらの記述のとおり、韓の領域の弁辰（弁韓・辰韓）の一二カ国のひとつと考えられる。この狗邪韓国の後身が「金官加耶国」である。『三国史記』は、高麗時代の一一四五年に成立した後世の歴史書である。その「地理志」には「金官小京、金官国（一云伽羅、一云加耶）」と記されている。

狗邪韓国の所在地は、朝鮮半島東南部、洛東江河口部の西側、金海（キメ）付近である。河口部の東側が、釜山（プサン）市の中心部である。

金海には、一〜三世紀に盛期をもつ良洞里（ヤンドン）古墳群がある。埋葬施設は、木棺墓から木槨墓に変化する。

大型木槨墓には、王墓と考えられるものがある。後漢鏡・銅鍑（どうふく）・五銖（ごしゅ）銭などの中国製品に加え、多量の鉄製武器や農工具などが副葬されている。

また、金海から東南東八八キロの泗川（サチョン）市三千浦（サムチョンポ）に勒島（ノクド）遺跡がある。対馬・壱岐に近いこの場所では、多くの楽浪系土器をはじめとする中国系遺物、弥生土器をはじめとする倭系遺物が出土している。朝鮮半島南部の東西および楽浪郡・帯方郡と倭を結ぶ結節点の位置にあり、一〜三世紀における朝鮮半島南部最大の交易拠点であった。倭人と中国人が交易のため訪れ、長期にわたって逗留したのである。当然、移住した人びとも多くあったのだろう。

ここから海を渡った対馬からが、倭国の領域である。倭国は、卑弥呼を共立した

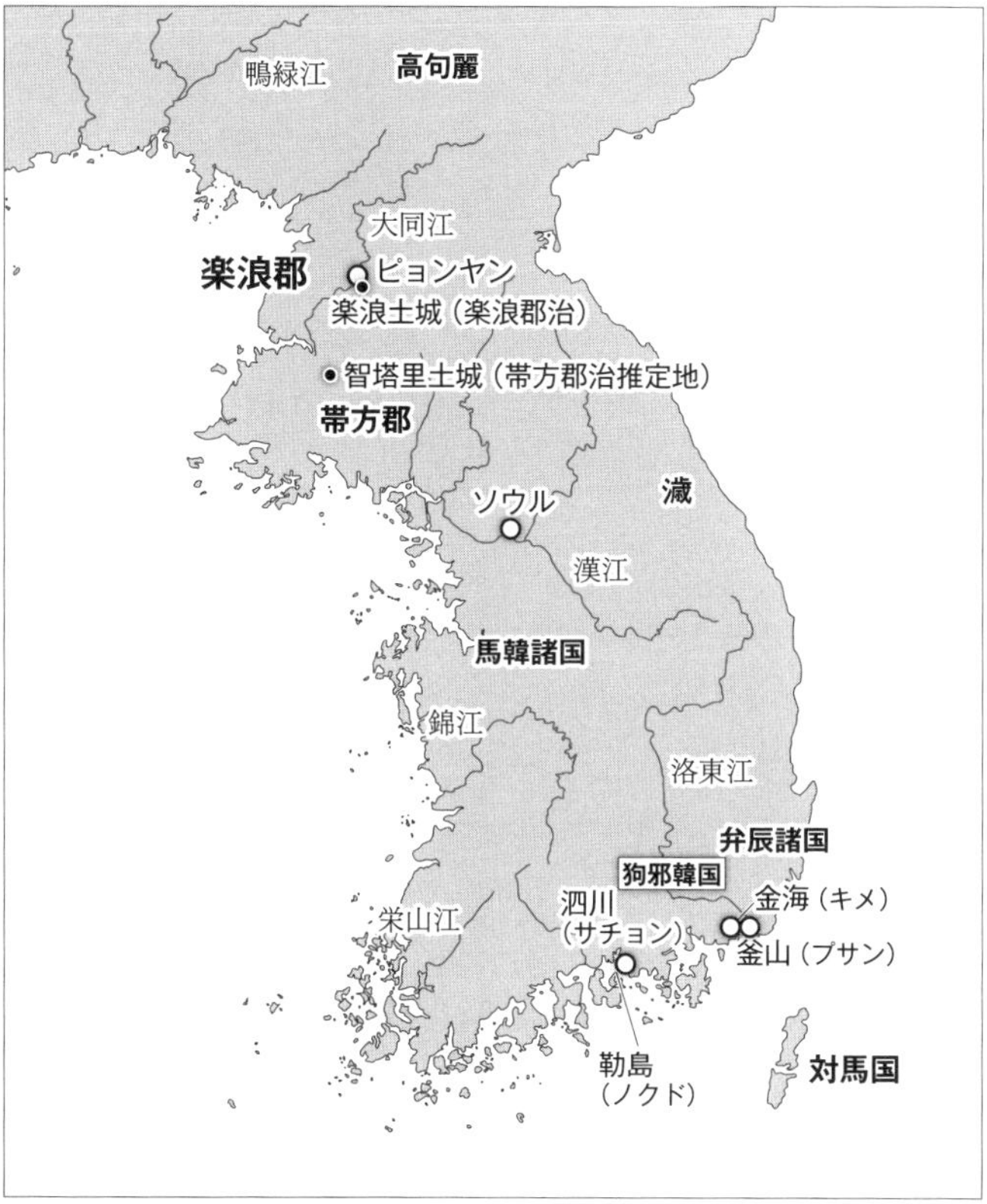

図24　狗邪韓国と周辺諸国

二九カ国とそれに対立していた狗奴国であり、諸国は分立状態にあった。

女王国の統治の範囲

邪馬台国大和説とはすなわち、「倭国の大乱」後に、卑弥呼を共立した二九カ国が、西日本一帯に広がるというものだ。庄内式期に、倭国の統合が大きく進んだというものである。邪馬台国もヤマト王権も政権の所在地は同じである。邪馬台国からヤマト王権へ生産基盤と権力が直接的に継承されたことになる。

近年の古代史や考古学の研究者の多くがこの説をとる。とくに、考古学者は前方後円墳や銅鏡の分布から、ヤマト王権はごく初期の段階から、強大な実力と影響力を保持していたと考える研究者が多い。邪馬台国とヤマト王権は、いずれも広大な版図をもち、順調に権力委譲がなされたと考えるのである。しかし、ヤマト王権は、布留式期に日本列島各地に強い影響力を行使することをはじめたのであって、初期のヤマト王権の版図は、きわめて限定されていたとみるべきである。そのことは、第5章でもくわしく述べよう。

一方、邪馬台国北部九州説は、卑弥呼を共立した二九カ国が、北部九州に留まるというものだ。庄内式期に倭国の統合は少し進んだものの、邪馬台国とヤマト王権は別個の存在であると考えるものだ。諸国が分立していた時代が長くつづく。

私は、後者の邪馬台国北部九州説にたつ。

これまで述べてきたとおり、弥生時代中期から後期の近畿地方においては、中国との直接交渉を示す資料はほとんど知られていない。楽浪系土器は北部九州に集中し、松江市以東にはまったく認められない。

邪馬台国の時代、すなわち庄内式期においても、魏と交渉し、西日本一帯に影響力をおよぼしたような存在が、奈良盆地にはみあたらない。邪馬台国の所在地の第一候補とされる纒向遺跡の庄内式期の遺跡の規模は貧弱であり、魏との交渉にかかわる遺物がない。ただし、纒向型前方後円墳が一定の影響力をおよぼしたことは考えられる。庄内式期に築造されたものは、「オウ」のレベルにとどまり、また布留式期に築造されたものが多くあって、倭国の王墓とみなすことはできない。

さらには、女王卑弥呼の居所は、出入りするものは男子が一人いただけであり、そこに宮室・楼観・城柵が厳かに設けられ、常に人がいて、兵が守衛するような場所であったと記されるが、纒向遺跡にそのような場所を認めることはできない。

そののちの布留式期以降に、新しく中国交渉の最前線にたったのがヤマト王権である。墳丘長二〇〇メートルを超える大型前方後円墳がつぎつぎと造営され、纒向遺跡の規模も拡大する。大型前方後円墳の嚆矢が箸墓古墳である。銅鏡をはじめとした中国との交渉を示す資料が顕在的になるのも布留式期以降である。

それでは、ヤマト王権について具体的に述べてみよう。

第5章　ヤマト王権の誕生

古墳時代のはじまり

古墳時代のはじまりは、前方後円墳の出現である。墳丘長二〇〇メートル以上の大型前方後円墳の出現、すなわち、奈良盆地東南部にある箸墓古墳の造営をもって古墳時代の開始とみる研究者と、その前の胎動期にあたる時期に、同じく奈良盆地東南部で墳丘長一〇〇メートル前後の纒向型前方後円墳が造営され、全国各地で纒向型前方後円墳や墳丘墓と呼ばれる大型の墳墓が造営された時代を、古墳時代の開始とみる研究者に分かれる。箸墓古墳については第6章で、纒向型前方後円墳については、一〇五ページで詳述する。

第4章で述べたように、縄文時代と弥生時代の区分の基準が土器であるのに対し、古墳という構築物を新しい時代区分の基準として、ここではじめて用いることになる。時代区分の論理が異なっており、前後で整合しない。また、古墳は、あくまでも権力者を葬った墓であって、権力を行使した場でもなく、生産活動をおこなった場でもない。古墳で時代を語るには、権力を行使し、生産活動をおこなった遺跡と古墳との関係を究明していくことこそ必要である。これまでの考古学研究において、最も欠けていた視点である。

しかし、古墳造営が倭国の国家形成と連動し、その出現、展開、終焉という過程によって時代を画していることからみれば、時代区分としては有効かつ適当なものといえる。また、政治の中心地が固定化される飛鳥時代までの間の客観的な日本史の時代区分ともいえる。こうして、古墳時代は広く使用されることになった。

そして、古墳は高度に政治的な構築物である。墳丘長二〇〇メートル以上の大型前方後円墳を頂点に、古墳の墳形とその規模により、ヒエラルキーが形成されており、古墳の墳形と規模をみるだけで、被葬者の階層的位置がわかるのである。社会体制や国家秩序そのものが古墳に体現されているという説もある（都出一九九一、広瀬二〇〇三）。しかし、前方後円墳の数はあまりに多い。また、大型前方後円墳が必ずしも隔絶した存在であるとは限らない。時期によっては、同時に大型前方後円墳が二〜三基存在している場合があって、これをもって唯一の王の存在証明とはならない。地域支配を貫徹した王が同時期に存在し、その連合によって王権が成立していたとも考えられる。もちろん、そのことを証明するためには、古墳ばかりではなく、権力を行使した場である地域を支配するための拠点が二カ所存在することを明らかにしなければならない。

また、大型前方後円墳の出現と統一国家の成立はイコールではない。考古学者のなかには、大型前方後円墳の成立と国家の成立を結びつける見解をもつ人もあるが、そのことはまったく証明されていない。前方後円墳の分布と版図を結びつける見解についても同様である。一定の影響関係は認められるものの、古墳時代になっても諸国が分立していた時代は長くつづいた。前方後円墳を中心とした秩序が先に成立し、そののちにヤマト王権が成立したとする見解もある（吉村二〇一〇）。

しかし、序章で述べたとおり、五世紀に倭国の統治をおこない、中国南朝との交渉をおこなった大王が、いずれかの大型前方後円墳に葬られたことは、歴史的事実といえるだろう。そしてそれをさかのぼる古い時代にあっても、大型前方後円墳の被葬者がヤマト王権の王、またはそれに近い地位にあった人物であったと想定することができる。

古墳時代は、前期（三世紀後半〜四世紀）・中期（五世紀）・後期（六世紀）に三分されるが、前期において卓越した規模の前方後円墳が集中するのは、奈良盆地東南部の「おおやまと」古墳群である。そのなかで、隔絶した規模をもつ前方後円墳として、最初に築造された箸墓古墳の被葬者は、弥生時代の「クニ」の範囲を打破し、日本列島各地に政治的な影響力を行使することを開始した人物である。弥生時代の「オウ」は、古墳時代にようやく「王」となって国土の平定にあたった。奈良盆地東南部に誕生したヤマト王権である。

庄内式期の「おおやまと」地域

庄内式期の「おおやまと」地域は、弥生時代よりさらに生産力を高めた。この地域には庄内式期から布留式期にかけての遺跡が集中している。

今から二〇年ほど前までは、「おおやまと」地域では庄内式期から布留式期の遺跡はあまり知られていなかった。その後、奈良盆地の中央部を国道24号線バイパスや京奈和自動車道が南北に縦断することとなって、発掘調査がおこなわれて、つぎつぎと庄内式期から布留式期の遺跡が発見されることとなった。田原本町の矢部遺跡、十六面・薬王寺遺跡、保津・宮古遺跡、三宅町の伴堂東遺跡、三河遺跡、天理市の

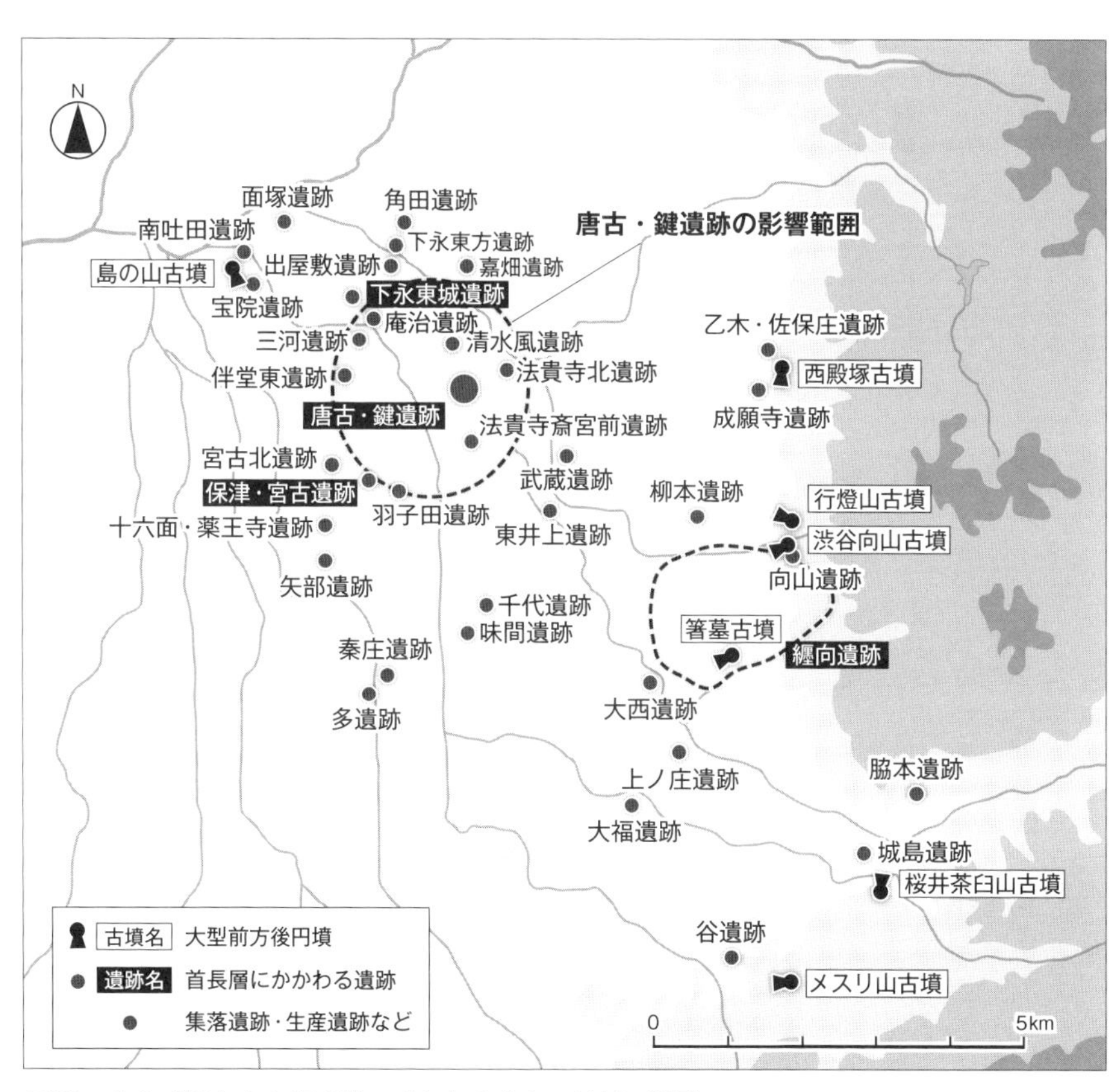

図25　庄内式期から布留式期の「おおやまと」地域の遺跡

庵治遺跡、川西町の下永東城遺跡、下永東方遺跡などである。

このなかで、伴堂東遺跡では大量の庄内式期から布留式期の土器をおさめた土坑が検出された。その土器は土坑ごとに、地域ごとの外来系土器の割合が異なっており、特定地域から移住者を受け入れていたことがわかった。「おおやまと」地域の庄内式期から布留式期にかけては、弥生時代以来の豊かな生産基盤を継承し、これまでより高い生産をおこなうため、在来の人びとばかりでなく外部からの移住者をむかえ、新たな開発が進捗したのである。

唐古・鍵遺跡は、弥生時代後期において一旦環濠は埋められたが、庄内式期に再掘削され、布留式期におよんでいる。環濠の幅は三メートルと狭くなっているが、集落全体の規模は維持されている。ただし、遺物の量は極端に減少している。

また、唐古・鍵遺跡の周辺部では、前述の伴堂東遺跡と三河遺跡のほか、田原本町内の清水風遺跡、法貴寺斎宮前遺跡、羽子田遺跡、法貴寺北遺跡などにおいて庄内式期の遺構・遺物が顕著にみられる。弥生時代時代から継続しているもの、一定期間断絶したのち再開したもの、庄内式期に新しくおこったものがある。そのなかで唐古・鍵遺跡は、庄内式期にあっても規模において周辺部を圧倒しており、唐古・鍵遺跡に居住した「オウ」は、周辺遺跡に対して一定の影響をおよぼしていたものと考えられる。

そして、唐古・鍵遺跡の上流部で、庄内式期にあらたにおこった大規模な集落遺跡が、纒向遺跡である。庄内式期の唐古・鍵遺跡は、纒向遺跡より集落規模は大きい。しかし、後述するように纒向遺跡が庄内式期に大規模な開発がされたのにくらべると、唐古・鍵遺跡が劣勢にあることは明らかである。庄内式期からは、「おおやまと」地域の地域開発の主導権は、新たに台頭した纒向遺跡の集落範囲内を統治した「オウ」が握ることになったものと考えられる。

纒向遺跡のはじまり

纒向遺跡は、奈良盆地東南部の三輪山麓の扇状地に広がる大規模な集落遺跡である。本格的な発掘調査は、一九七一年に開始された。アパート、県営住宅、纒向小学校の建設工事にともなう発掘調査がおこなわれ、多くの遺構・遺物が検出された。

初期の調査で検出されたのは微高地を分断する纒向大溝と呼ばれる大規模な人工水路（運河）である**（図26）**。現在、纒向小学校の運動場となっている場所で、箸墓古墳の方向へ直線的にむかう南溝と、東西方向の北溝が合流する。溝の幅は五メートル、深さ一・二メートルで、北溝は延長六〇メートル以上、南溝は延長一四〇メートルが検出されたが、このまま箸墓古墳までつづくとなると自然の川を

図26　纒向大溝の検出状況（奥は箸墓古墳）

またいで総延長一・三キロにおよぶ直線水路であったと考えられる。溝の合流点には井堰（いせき）が設けられ、南溝には護岸用の矢板（**図27**）と集水桝（ます）が設けられていた。弥生時代から古墳時代の日本列島内で、こうした矢板を打ち込んだ大規模で直線的な水路は他に例をみない。

纒向大溝の掘削は庄内式期にはじまり、布留式期まで機能する。溝の中からは多くの土器や木製品が出土した。纒向遺跡の立地条件は、地形的にみて扇状地で農地には不利な条件である。弥生時代には、大規模な開発はおよんでいなかったが、庄内式期になってこの纒向大溝の掘削がおこなわれることにより、巨大集落遺跡としての纒向遺跡が成立する条件がはじめて整ったと考えられる。

唐古・鍵遺跡の上流部において、庄内式期に鍬が入り、土地開発と大型前方後円墳を造営する基盤がここに整うこととなったのである。

図27　大溝護岸用の矢板

纒向型前方後円墳とその被葬者

◆纒向型前方後円墳とは

纒向型前方後円墳の特徴は、前方部が低く短いこと、後円部が不定形なことなどである。纒向遺跡内には、墳丘長八〇～一〇〇メートル前後の纒向型前方後円墳が五基ある。纒向大溝の周囲にある纒向石塚古墳・矢塚古墳・勝山古墳、その南方にある東田大塚古墳、箸墓古墳の東側にあるホケノ山古墳である（図38）。さらに、それより小規模な同様の特色をもつ前方後円墳が、遺跡内に集中している。

そして、東は千葉県から西は福岡県におよぶ地域に同様の形状をもつ古墳が分布している。五四ページで前述した奴国最終末期の王墓とした、福岡県の那珂八幡古墳も纒向型前方後円墳の一つである。纒向遺跡のそれが最もさかのぼり、日本列島各地に影響を与えたともいわれている。しかし、周濠から出土している土器からは、築造年代を確定することはできない。庄内式期の築造とみた場合、たしかに墳丘の規模において日本列島最大クラスの古墳である。その場合、邪馬台国を象徴する古墳ともいえるが、それを超えた東日本にもおよんでいる。しかし、纒向遺跡内にある事例は、その築造年代や内容が不分明なものが大半で、その評価は不確定である。

◆纒向石塚古墳の被葬者像

纒向石塚古墳は墳丘長九九メートルである。後円部は南に張り出したいびつな偏円形を呈し、中軸線上での直径が約七二メートル、前方部幅は三一メートルである。墳丘の周囲に馬蹄形の周濠がめぐる。発掘調査がおこなわれたが、埋葬施設は後世の削平と改変により確認することはできなかった。周濠からは土器のほかに、鋤などの土木具や鶏形木製品・弧文円板（図29）などの木製品、柱材など建築部材が出土した。

鶏形木製品は、西の周濠の外縁に近いところから出土した。厚さ一・一センチのヒノキ材で全面に朱彩が施されている。弥生時代の遺跡からは鶏形の土製品が出土することがあるが、古墳に関連する木製品として、きわめてめずらしいものである。

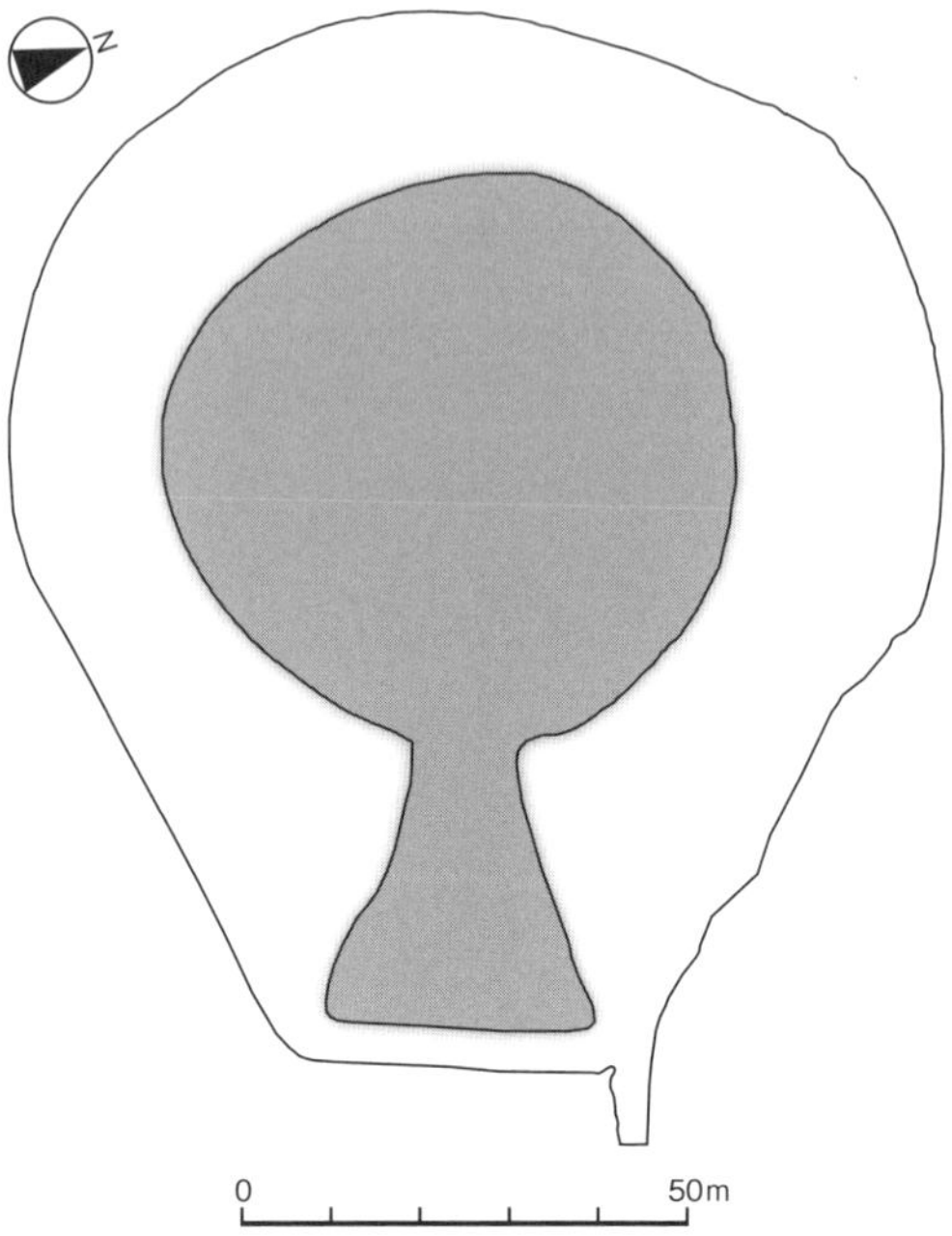

N
0　50m

図28　纒向石塚古墳の墳丘復元図

図29　弧文円板

弧文円板は、南側の周濠くびれ部寄りの位置から出土した。キビ地方の特殊器台の文様と関連する弧帯文が板材に描かれている。直径は、五六センチに復元される。後述するように、特殊器台が円筒埴輪に変化するなかで、纏向石塚古墳の弧文円板は、弧帯文のなかでも古い特徴をもっている。

周濠や墳丘から出土した土器から、築造年代をめぐる論争が今もつづいている。V様式期とみて、前方後円墳のなかで最もさかのぼるものとみる見解と、庄内式期とみて箸墓古墳の造営より一段階さかのぼる時期とみる見解に分かれている。

纏向石塚古墳を初代のヤマトの倭国王墓とする見解もある（岸本二〇一四）。纏向石塚古墳は纏向型前方後円墳の初現ともされている。円筒埴輪の起源と深いかかわりのある弧帯文を施した弧文円板の出土からも、纏向石塚古墳の造営が最初の大型前方後円墳である箸墓古墳の成立をうながす背景のひとつとなったといえる。

しかし、纏向型前方後円墳と箸墓古墳の間には、古墳そのものをみた場合でも、その規模、規格、影響力において大きな断絶があり、箸墓古墳の造営に直接的につながっているとは考えられない。

纏向石塚古墳と庄内式期の纏向遺跡の規模、集落範囲などを関係づけたとき、纏向石塚古墳の被葬者は、庄内式期の纏向遺跡内を統括する「オウ」のレベルであったと考えられる。

◆勝山古墳の被葬者像

勝山古墳は、纏向石塚古墳の北西に所在する。発掘調査がおこなわれたのは、周濠およびその周辺部である。墳丘裾部の調査がおこなわれただけで、埋葬施設の調査はおこなわれていない。実態は不明だが、墳丘長一一五メートル、後円部直径七〇メートル（南北）・六七メートル（東西）、前方部幅四四メートルの規模で、箸墓古墳の外形に近い墳丘復元図が作製されている(図30)。周濠は馬蹄形だが、東北部分が広がる。前方部が長い形態は纒向型前方後円墳としては異例である。

くびれ部付近の調査では、片面に鋸歯文と弧状の線刻を刻んだコウヤマキ製のU字形木製品が出土した(図31)。黒塚古墳に同形態の鉄製品があり、用途はわからないがその関連性が注目された。また、同時に出土したヒノキの板材や柱材の年輪年代が測定され、西暦一〇三〜一九八年の測定結果が得られた。あくまで木材の伐採年代を示すものであるが、これに近い年代に古墳が築造されたとする考えもある。

周濠部周辺では土師器、木製品、石製品など多量の遺物が出土している。木製品のなかでは、首長の威儀の具である

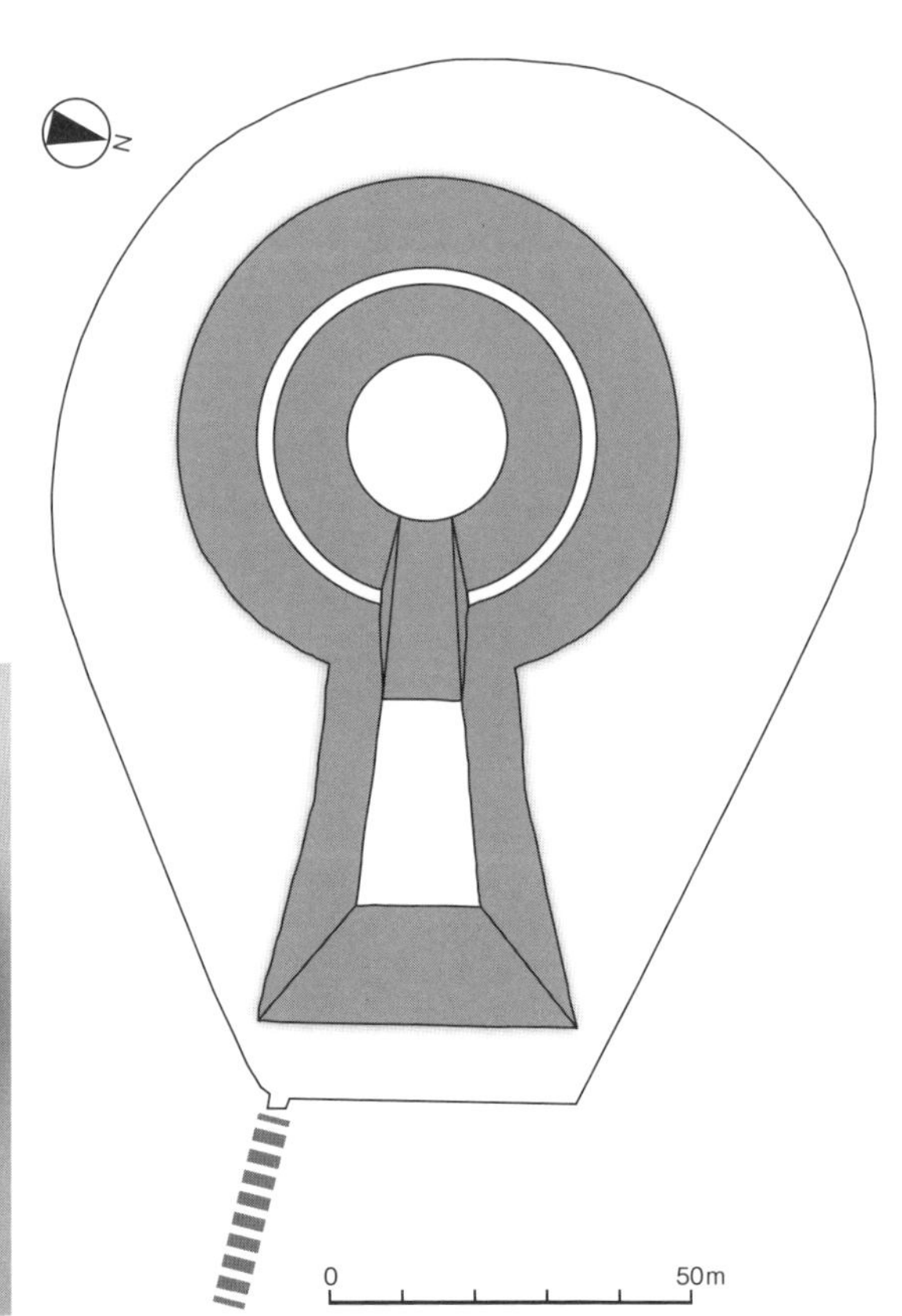

図30　勝山古墳の墳丘復元図

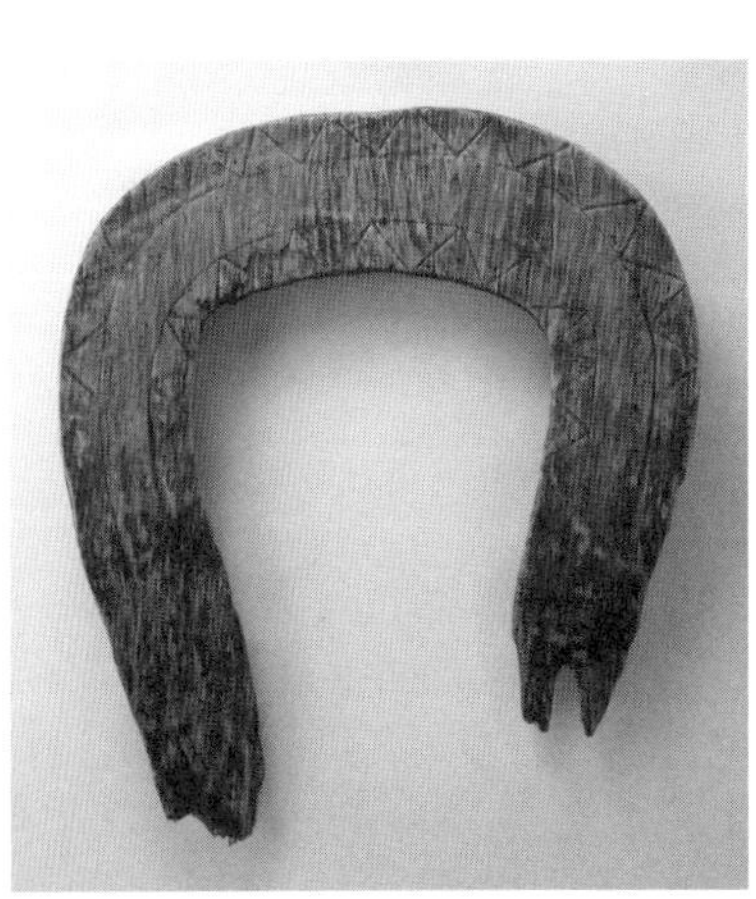
図31　U字形木製品

団扇が含まれていたことが注目できる。また、石製品に砥石・石臼・磨石があり、朱の精製に使用されたものと考えられる。また鍛冶関連遺物や朝鮮半島南部産の陶質土器が含まれた土坑も検出されている。これらは勝山古墳造営後の布留式期の纒向遺跡に関連する遺構・遺物であると考えられる。

古墳の築造年代は不確定だが、周濠内の土器に布留式期初頭の土器があることや、箸墓古墳の外形に近いということなどから、箸墓古墳とほぼ同時期の築造とみることが可能である。その場合、箸墓古墳の被葬者の膝下にあった人物の墳墓であったと考えられる。

◆ホケノ山古墳の被葬者像

ホケノ山古墳は纒向遺跡の南東部、箸墓古墳のすぐ東側に位置する。墳丘長約八〇メートル、小さく低い前方部をもつ「纒向型前方後円墳」である。墳丘には葺石が施され、北西側には周濠状の遺構がめぐるが、南西側についてはその存在が明確ではない。

後円部の埋葬施設は「石囲い木槨」と呼ばれる特異な構造である。枕木や添え柱などでつくられた木槨内に木棺を安置し、木槨の周囲に石積みを設け、木蓋でおおうことで二重に木棺を保護する構造であった。前述した楽浪郡の木槨墓との関連が想起される構造であるが、周囲に石積みを設けており、新たな施設を付加して日本列島内で変容したものといえる。

盗掘を受けていたが、副葬品として完形の画文帯神獣鏡**（図32）**一面、画文帯神獣鏡の破片や内行花文鏡の破片、銅鏃、銅滴、直刀、素環頭大刀、鉄剣、鉄鏃、「へ」字形鉄製品、鉄鑿、鉄鉇、鑓形鉄製品などが出土した。

画文帯神獣鏡は、平縁の外周に画文帯と呼ばれる文様帯があり、神仙世界の宇宙観とその情景が描か

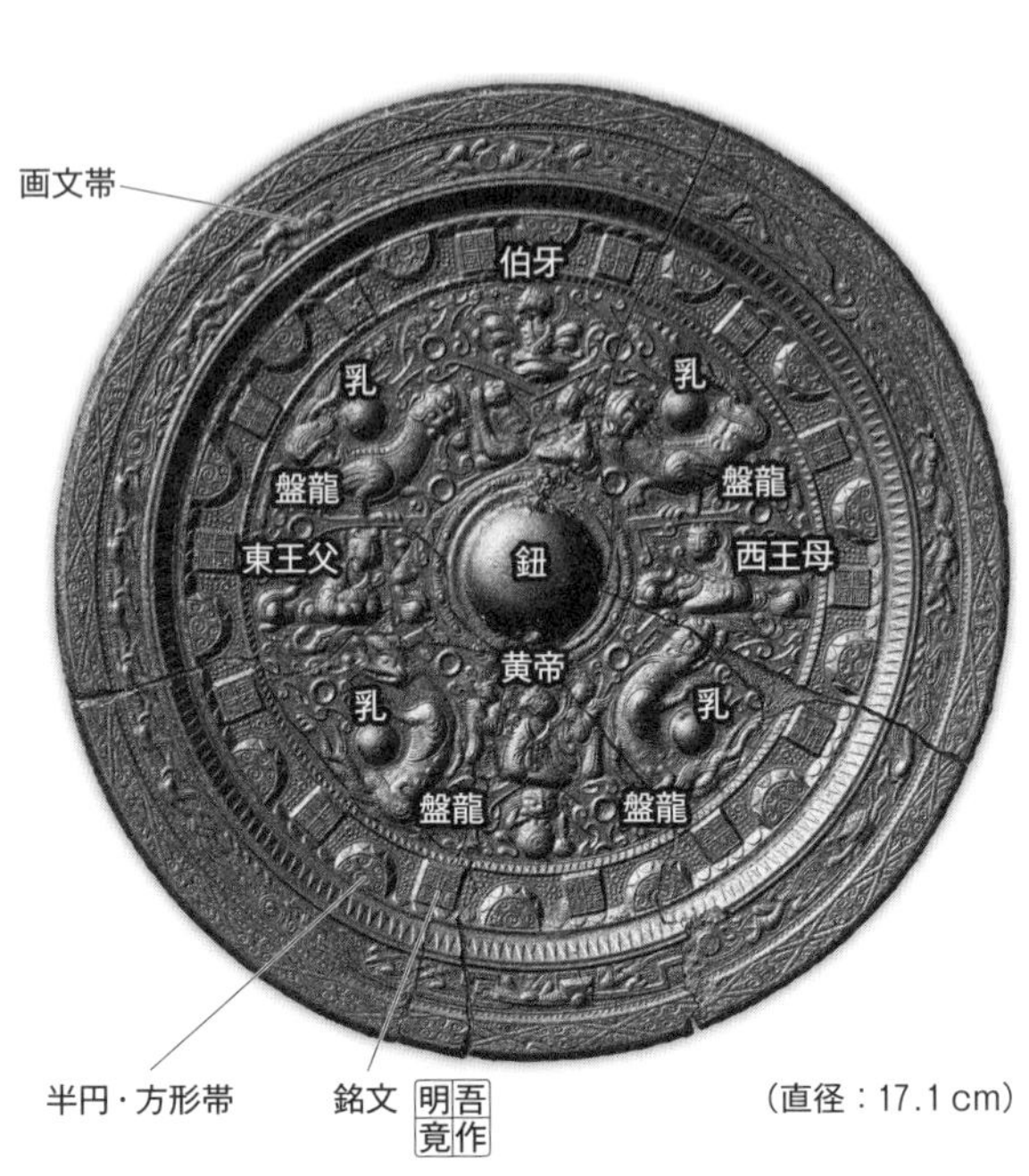

図32　ホケノ山古墳出土の画文帯神獣鏡

れる。内区の神獣の間には半円方形帯がある。中国では漢代に盛行した鏡で、その大きさは大小さまざまである。

ホケノ山古墳の完形の画文帯神獣鏡は、直径一七・一センチで、鈕を挟んで左に東王父、右に西王母、上段に伯牙と鍾子期、下段に黄帝と侍仙などの神仙像と、四カ所の乳をめぐる盤龍を配する同向式神獣鏡である。半円方形帯の一四カ所の方形区画内には四文字ずつ「吾作明竟」「幽煉三剛」などの文字が刻まれている。外区は精緻な画文帯で、雲車や龍、走獣、飛鳥、亀などが時計回りに配置されており、外縁部には菱雲文が描かれる。二世紀後半代、後漢末期の銅鏡である。破片の画文帯神獣鏡は神像や盤龍、銘文などから四乳と盤龍を配する舶載の画文帯求心式神獣鏡と推定されている。これは完形の画文帯神獣鏡よりさらに年代がくだり、三国時代の魏の領域で三世紀前半代に生産されたものと推定されている。

また、埋葬施設上面に配置された東海（オワリ地方）系の二重口縁壺、くびれ部の西部瀬戸内（イヨ・ブンゴ地方）系の壺棺など、東アジア世界と日本列島各地の交渉の証がここに集約されている。布留式期初頭の小型丸底土器も出土していて、その築造時期は、布留式期初頭に位置づけるのが妥当であり、箸墓古墳と同時期で、その被葬者は勝山古墳と同様、箸墓古墳の被葬者の膝下にあった人物の墳墓であったと考えられる。

以上、ある程度内容のわかる三古墳をみてきたが、築造年代、規模いずれの点をとっても、広域支配をおこなった王の墓としての条件は整えていないといえる。

庄内式期の纒向遺跡

纒向遺跡は、唐古・鍵遺跡のような環濠集落ではない。東西に流れる自然の川がいくつも流れており、その川と川に挟まれた狭い微高地上に集落が点在している。川によって集落は分断されているが、纒向大溝がその間を貫く構造となっている。

邪馬台国の時代である庄内式期において、前半期にトリイノ前地区で溝による区画が設けられている。東西五〇メートル、南北三〇メートル以上、一五〇〇平方メートルほどを占有する「オウ」の居館であった可能性がある（図41①）。次に述べる庄内式後半期の「オウ」の居館とあわせ、これらは纒向型前方後円墳のうち、庄内式期にさかのぼる可能性がある纒向石塚古墳の被葬者の居館であったとも考えられる。

さらに、庄内式期の後半に、同じトリイノ前地区で東西方向に並ぶ大型建物群が造営されている（図33）。庄内式期の遺跡の中心部であり、最大の総柱構造をもつ大型建物は、四間×四間（一九・二×一二・四メートル）に復元され、その床面積は二三八平方メートルに達する。この建物を中心に周囲には塀がめ

図33　トリイノ前地区の庄内式期における大型建物の遺構表示

ぐらされており、東西四〇メートル以上、南北三〇メートル以上、占有面積は一二〇〇平方メートル以上である（図41②）。

この大型建物南側の土坑からは、桃核二七六五点をはじめとした瓜類、麻、ヒメコウゾ、稲などの種子、真鯛などの魚や、鴨などの鳥、猪・鹿・蛙などの動物の骨などの自然遺物と土器や木製品類が出土している。土器は、直口壺のほか、東海系のS字状口縁をもつ台付壺の小型品および手づくね土器などが多数出土している。木製品には、黒漆塗りの弓や竹製籠が含まれていた。単純なゴミを廃棄した土坑ではなく、祭祀にともなうものであったことは明らかである。

大型建物の主人は、纒向遺跡の集落範囲を統治した「オウ」であって、その「オウ」が執行した祭祀であろう。大量の桃核は、中国の道教思想によるものであるとする見解もある。桃核と土器の付着物について放射性炭素年代測定がおこなわれており、前者では一三五～二三〇年、後者では一点から、一二七～二三七年という値が得られている（中村二〇一八、近藤二〇一八）。「魏志倭人伝」に記述された卑弥呼の兵士に守られた城柵、宮室・楼観にあたるとする考えもあるが、建物には楼観にあたるものがみあたらない。

トリイノ前地区の西北に隣接する辻地区では一九七一年、県営住宅の建て替えにともなって発掘調査がおこなわれた。湧水点を掘り抜く大型の土坑が多数検出されている。井戸として使用され、完形の土器と祭祀遺物が投棄された「水の祭祀」の土坑である。庄内式期の前半期から掘削が開始され、布留式期のはじめまで土坑の掘削がつづいた。土坑4は、松明（たいまつ）のように使用したと考えられる末端が焦げた木端（燃えさし）と船形や鳥形の木製品が出土しており、明かりをともしながら、井戸の回りで木製品を使った豊穣を祈る祭りがおこなわれたと考えられる。庄内式後半期に掘削され、布留式期のはじめに完全に埋もれたとする考えと、布留式期はじめまで使われていたとする考えがある。

この辻地区を含めた庄内式期の纒向遺跡の範囲は、約一平方キロほどである。西日本の集落遺跡のなかでは比較的大型といえるだろうが、大和川が河内湖に流入するあたりの河内平野には、これにまさる庄内式期の大規模集落遺跡がある。大阪市平野区から八尾市にかけて萱振（かやふり）遺跡・東郷（とうごう）遺跡・小阪合（こざかあい）遺跡・中田（なかた）遺跡など、別々の遺跡名がついているが、これらはすべて庄内式期の一連の集落遺跡である（**図34**）。南北三・五キロ、東西一キロにわたってつながっている。これらは一括して中田遺跡群と称されるべきものだ。また、そのすぐ西側にも大阪市の加美（かみ）遺跡と八尾市の久宝寺（きゅうほうじ）遺跡があり、ここでも庄内式期の集落域と墓域が隣接して展開している（大阪府立弥生文化博物館二〇一五）。近畿地方における庄内式期の先進地域はここである。同時期の北部九州の福岡県三雲・井原遺跡群や比恵・那珂遺跡群の規模や地形環境も、もちろん纒向遺跡にまさっている。前述したように比恵・那珂遺跡群は、庄内式期の道路遺構が検出されていて、纒向遺跡との規模の格差は大きい。

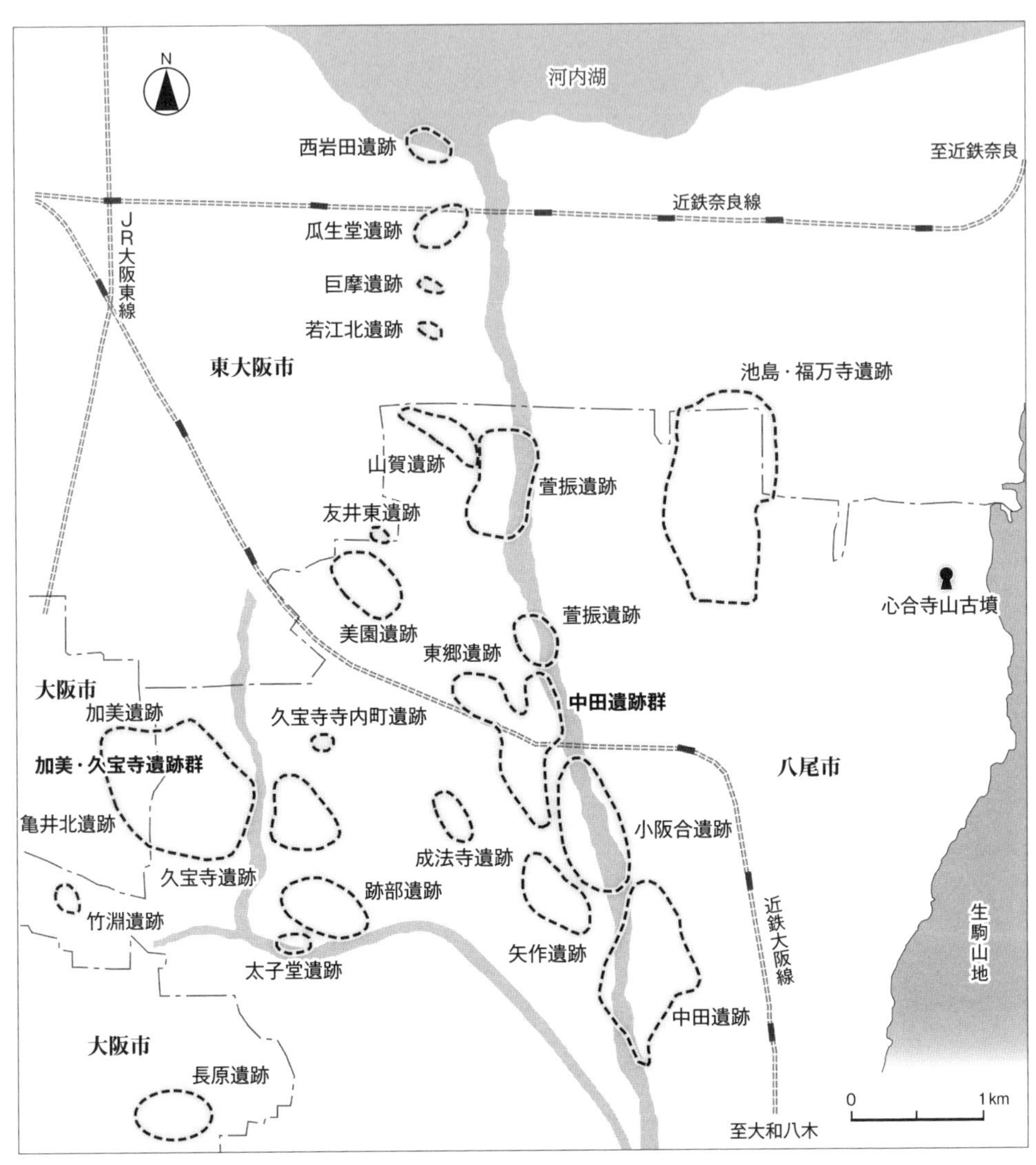

図34　河内湖南部における大規模集落

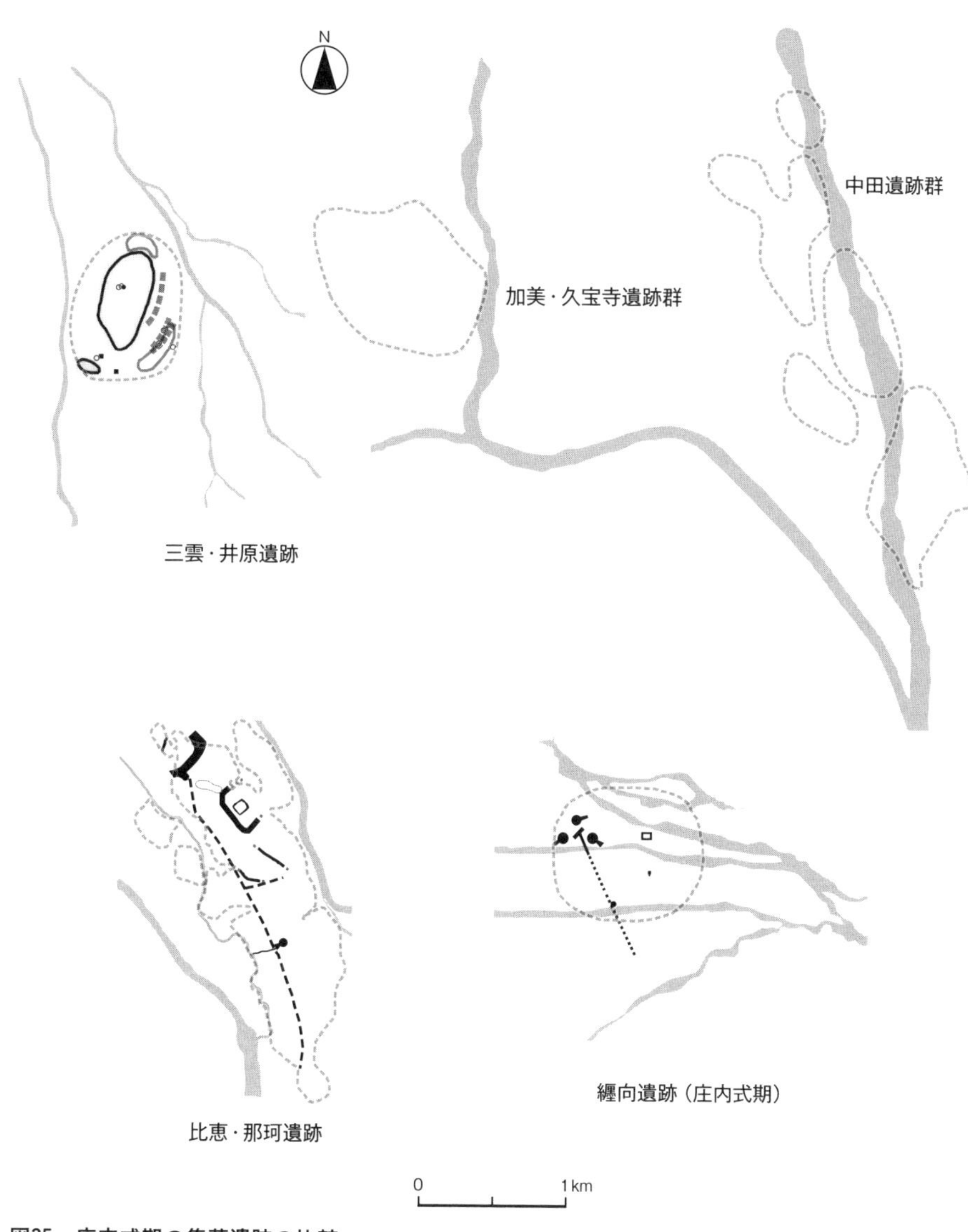

図35　庄内式期の集落遺跡の比較

纒向遺跡と外来系土器

纒向遺跡には、全国各地から人や物資が集まってきたといわれる。その証拠が外来系土器である。庄内式期から、多くの外来系土器が搬入されている。ただし、外来系土器の搬入については、この時期の遺跡では、どこでも普通にみられる。前項で述べた河内湖岸の中田遺跡群においては、キビ地方の土器が多く出土しており、瀬戸内海を通じた交流があったことがわかる。庄内式期から布留式期のはじめの頃には、日本列島の東西・南北において盛んな物資と人の移動があったことは事実として認められるが、纒向遺跡が最大の核となっていたわけではない。

纒向遺跡で最も多い外来系土器は、カワチ地方の土器とイセ地方の土器である（図36）。つまり、いずれも纒向遺跡の近隣地域である。このほか、東海（オワリ）地方、北陸（コシ）地方、オウミ地方、サヌキ地方、キビ地方、イヅモ地方、西部瀬戸内地方（イヨ・ブンゴ）などの土器の存在が明瞭である。ただし、北部九州地方からの土器については明瞭ではない。

ただ、纒向遺跡内では、わずかながら朝鮮半島南端部および西南部の三韓系土器が認められる。奈良盆地内では最も早い段階の資料だが、すべて小破片である。鍛冶関連遺物などをともなう場合もある。朝鮮半島在来の土器製作技術である格子タタキ、縄蓆文（じょうせき）タタキと日本列島在来の技術であるハケがひとつの土器のなかに認められるものがあり、この土器は洛東江河口部の狗邪韓国、金官加耶の範囲内となる釜山・金海周辺で盛行した。また、高温の窖窯（あながま）で焼かれた灰色を呈する陶質土器の壺の口縁部の破片もある。これも洛東江河口部で生産されたものだろう。このほか、朝鮮半島西南部にみられる耳付土器の破片もある。これらは、纒向遺跡に朝鮮半島南端部および西南部に出自をもつ渡来系技術者がやってきた証拠である。鉄器生産にあたって、技術的指導をおこなったのだろう。

ただし、纒向遺跡の鉄器生産は、鉄鏃など小型の鉄製品の生産に限定されている。「おおやまと」古墳群で副葬品として出土している鉄刀・鉄剣・甲冑など大型の鉄製武器の多くは、布留式以降の中国または朝鮮半島産で、中国および朝鮮半島との交渉の成果である。

カワチ地方の土器（庄内式甕）

イセ地方の土器（台付甕）

図36　纒向遺跡から出土した外来系土器

「おおやまと」古墳群と磯城・磐余古墳群

纒向遺跡の南側には、最古の大型前方後円墳である箸墓古墳がある。箸墓古墳の東側のホケノ山古墳、纒向大溝周辺の纒向石塚古墳などの纒向型前方後円墳については前述したとおりであり、これら箸墓古墳周辺の古墳群の名称が、箸墓（纒向）古墳群である。箸墓（纒向）古墳群の各古墳は、箸墓古墳より前に築造されたとみられるものもあるが、その多くは同時期、もしくはそのあとに築造されたものが多い。

箸墓（纒向）古墳群の北側にあるのが、柳本古墳群である。大型前方後円墳として、天理市柳本町所在の行燈山古墳（墳丘長二四二メートル）、同渋谷町所在の渋谷向山古墳（墳丘長約三〇〇メートル）がある。渋谷向山古墳は、纒向遺跡の東北端に位置している。柳本古墳群には天神山古墳（墳丘長一〇三メートル）、黒塚古墳（墳丘長一三〇メートル）など多数の銅鏡が出土した中型前方後円墳がある。

さらに、柳本古墳群の北側に、大和古墳群あるいは萱生古墳群と呼ばれる古墳群があり、そのなかの大型前方後円墳が、天理市萱生町所在の西殿塚古墳（墳丘長二三〇メートル）である。ほかに中山大塚古墳（墳丘長一三〇メートル）、下池山古墳（墳丘長一二〇メートル）などの中規模の前方後円墳、前方後方墳がある（**図43参照**）。

箸墓（纒向）古墳群の南側、鳥見山周辺では古墳時代前期の大きな古墳群が形成されるにはいたっていないが、桜井市外山に桜井茶臼山古墳（墳丘長二〇七メートル）、同高田にメスリ山古墳（墳丘長二二四メートル）がある。

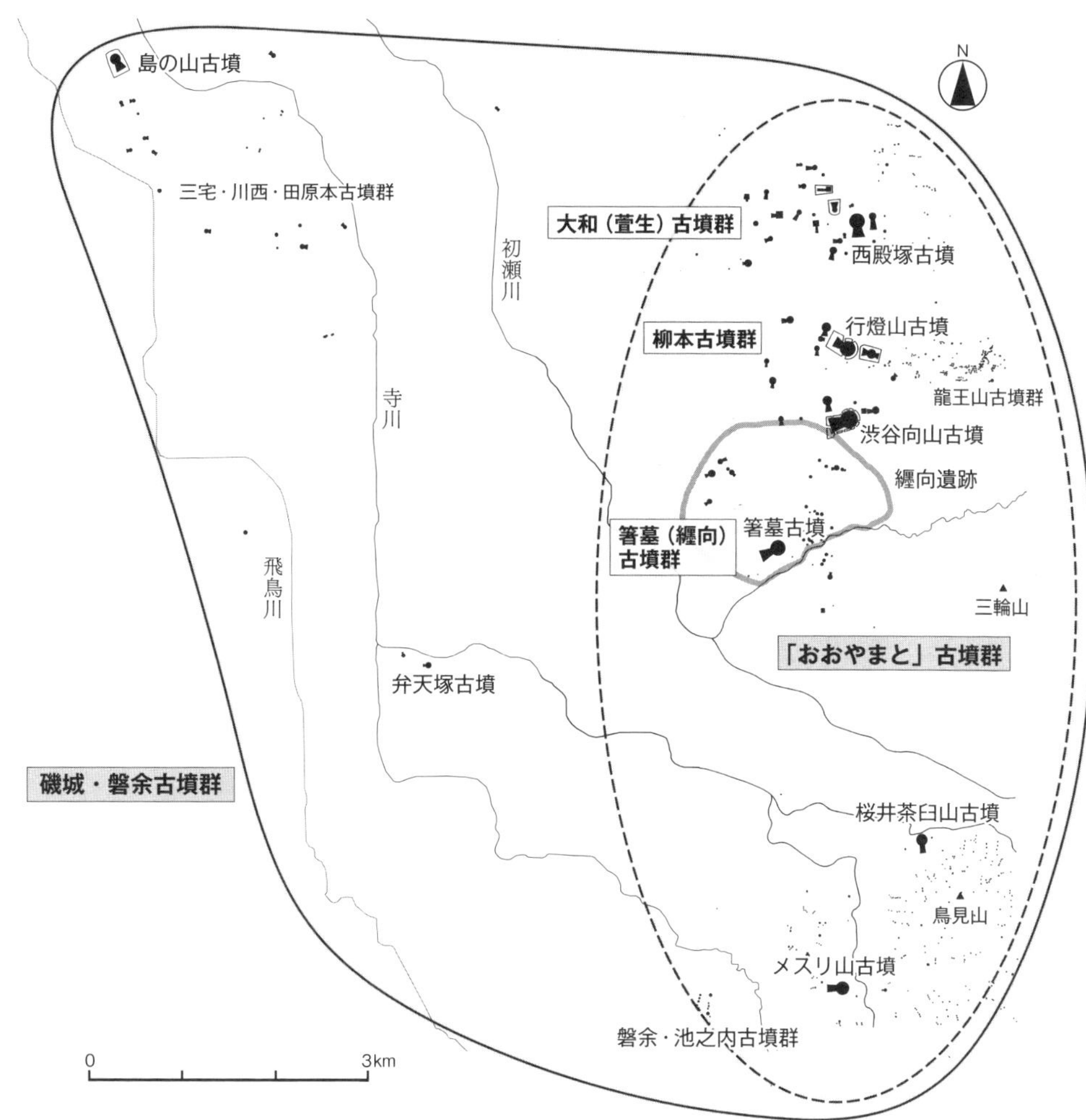

図37 「おおやまと」古墳群と磯城・磐余古墳群

箸墓古墳をはじめ、行燈山古墳、渋谷向山古墳、西殿塚古墳、桜井茶臼山古墳、メスリ山古墳の六基の大型前方後円墳は、すべて古墳時代前期に築造されたものであることがわかっている。一方、奈良盆地東南部以外には、古墳時代前期の墳丘長二〇〇メートル以上の大型前方後円墳はまったく存在しない。ヤマト王権の歴代の王墓がここにおいて、つぎつぎと造営されたのである（図37）。

序章で述べたとおり、私はこれらを総称する名称として「おおやまと」古墳群の呼称を用いる。また、この古墳群の下流部にあたる奈良盆地中央部の磯城郡川西町に、古墳時代前期末に築造された島の山古墳（墳丘長二〇〇メートル）がある。さらに、桜井茶臼山古墳の上流部には、キビ地方との交渉を示す「宮山型」特殊器台が出土した弁天塚古墳（墳丘長七〇メートルの前方後円墳か）がある。これらを含めて本書では、磯城（しき）・磐余（いわれ）古墳群と呼ぶ。

磯城・磐余古墳群の分布範囲が、すなわち「おおやまと」地域であり、ここは弥生時代には奈良盆地における最も生産力の高い地域であって、ここで連続的に古墳時代前期（布留式期）の大型前方後円墳が造営されていることが重要である。

ヤマト王権の誕生

纒向遺跡の範囲が広がり、日本列島で最大規模になったのは布留式期である。庄内式期からは、東西南北方向いずれの方向にも広がり、約三平方キロに達した。布留式期における日本列島最大規模の集落遺跡である。

まず、遺跡の中心となるのは巻野内地区である（図38・39）。庄内式期の中心部であったトリイノ前地区からは、東側の珠城山古墳群などが立地する丘陵へさしかかる高所にある。土塁をもつ断面V字形の濠が、方形にめぐる可能性が考えられる。調査範囲が限られているため、詳細は不明だが一辺九〇メートル、一八〇〇平方メートルほどの占有面積をもつ王の居館であったと考えられる。「おおやまと」地域を広域支配した王が支配地域全体を見渡して、その支配権を確認するための「高殿」が存在した可能性が考えられる。

さらに、その南側に水路があり、その水路の下流部で木製の

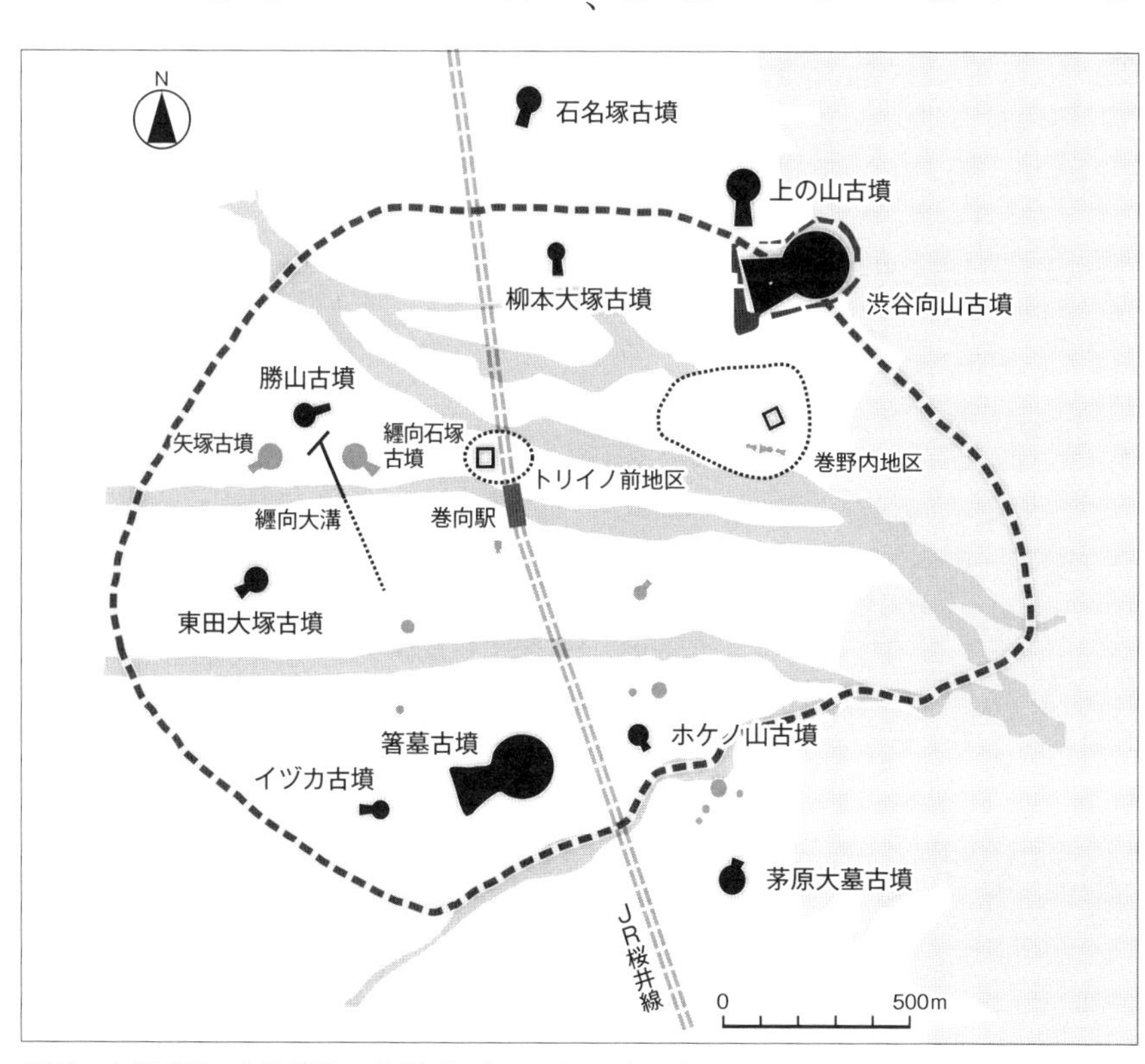

図38　布留式期の纒向遺跡の範囲（黒塗りが布留式期の築造）

槽と樋を連ねた大型導水施設が検出されている（図40）。御所市の南郷遺跡群で検出されている大型導水施設と同種のものであり、古墳時代の水の祭祀が執行されたものと考えられる。南郷遺跡群の祭祀は、五世紀の葛城氏へと連なる有力地域集団（後述二一六ページ）によるものであり、纒向遺跡の場合はヤマト王権の王による祭祀である。祭祀の様子は、古墳に樹立された埴輪にも表現されており、古墳被葬者となった王や首長がこの祭祀を実践していたことが明らかである。王権を継承する祭祀であったとする

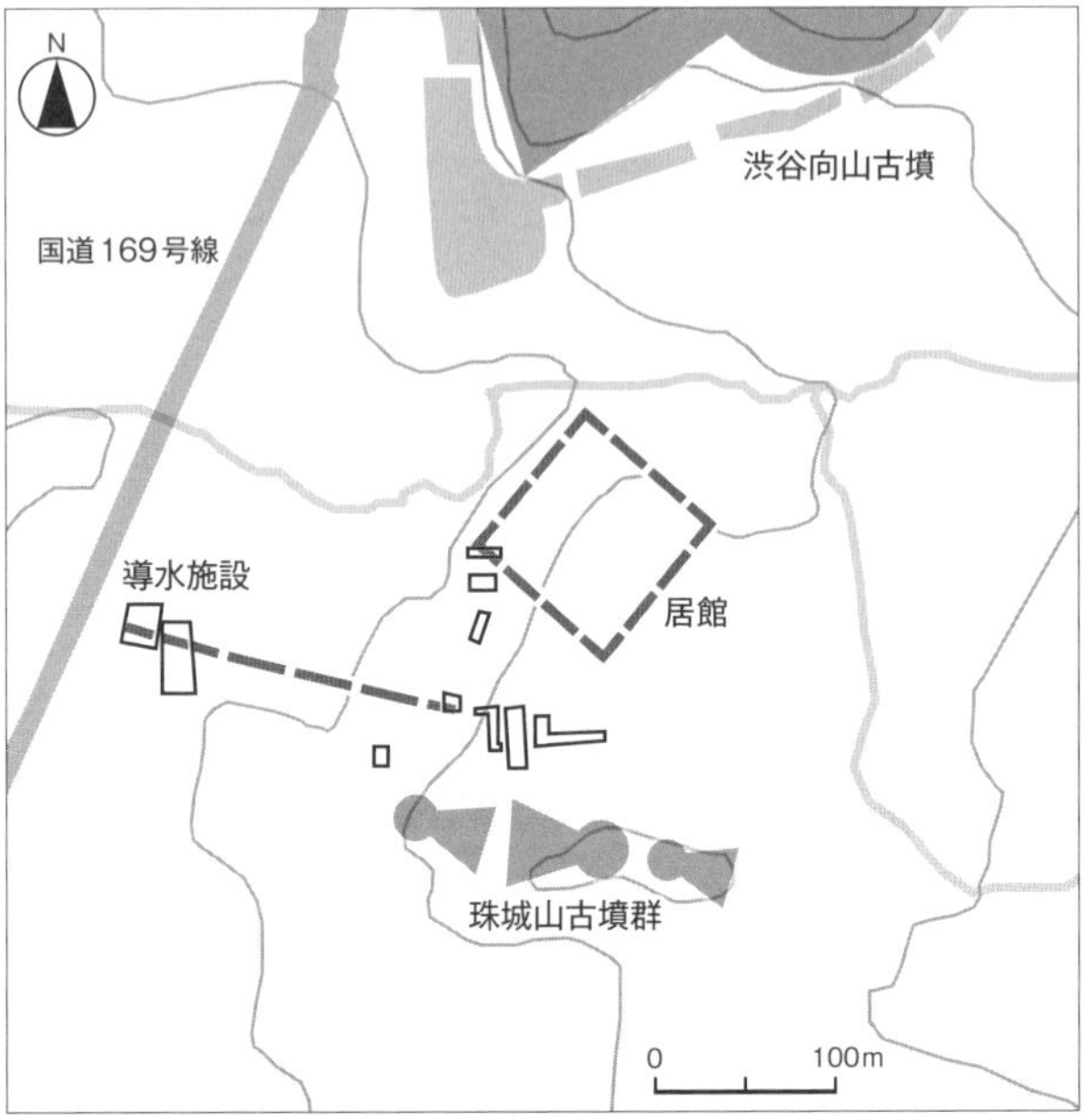

N
渋谷向山古墳
国道169号線
導水施設
居館
珠城山古墳群
0
100m

図39　纒向遺跡巻野内地区の居館

図40　纒向遺跡巻野内地区の導水施設

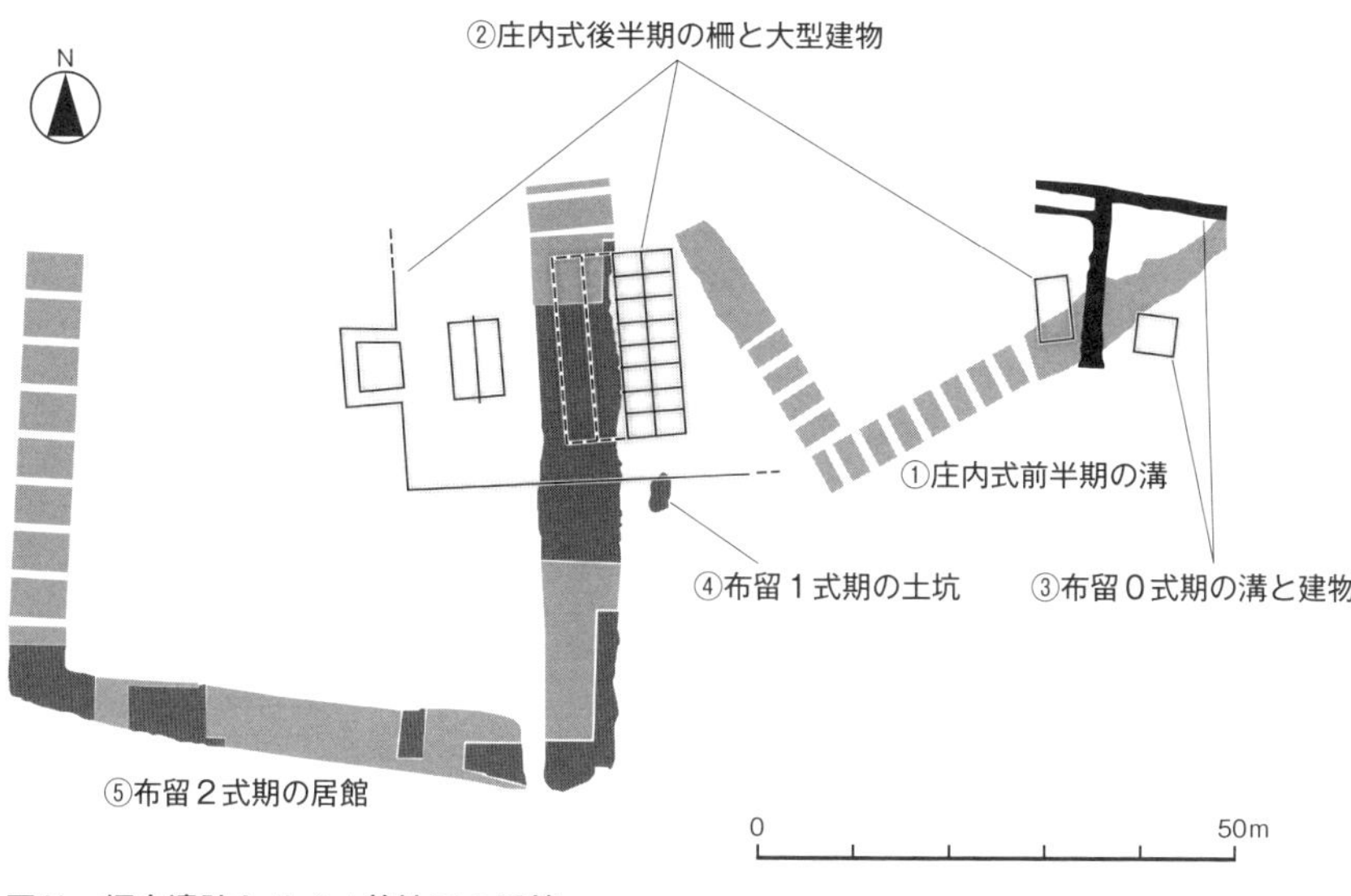

図41　纒向遺跡トリイノ前地区の居館

説、豊穣を祈念する祭祀であったとする説、殯説(もがり)などがある。巻野内地区では、弧帯文を刻んだ板、巾着などのほか、鉄器生産関連遺物、三韓系土器なども出土している。

その後、再び遺跡中心部はトリイノ前地区に移動する。庄内式後半期に大型建物が検出された東側において、建物・溝などが確認されている。さらに、布留2式期には、庄内式後半期の大型建物と同じ場所で、最大幅八メートルほどの濠で、一辺五四×五七メートル、二五〇〇平方メートル以上を占有する方形区画が営まれる（**図41⑤**）。区画の内部は、後世に削られているため不明ではあるが、建物が配置されていたと考えられ、王の居館であったと考えられる。纒向遺跡の「オウ」は、ここに「おおやまと」地域一帯を支配領域とする「王」に成長したのである。

纒向遺跡の南北には、ヤマト王権の歴代王墓のうち初代王墓である箸墓古墳と、「おおやまと」地域における最後の王墓である渋谷向山古墳が築造される。箸墓古墳の被葬者の居館は纒向遺跡のどの場所であったか断定はできないが、最後の王墓である渋谷向山古墳の被葬者の居館は、その占有面積からすれば、布留2式期のトリイノ前地区であった可能性が高い。このように、纒向遺跡はこれら歴代王墓が築かれるあいだ、これらの王の居住地であったと考えられる。奈良盆地東南部において、地形条件からみても、このような王の居住地が確保できるのは、纒向遺跡をおいてほかにない。

纒向遺跡はまさに、「おおやまと」の王の都であり、ここに広域支配を実現し、日本列島各地に影響をおよぼしたヤマト王権が誕生したことが、遺跡のありかたから実証される。

布留式期の「おおやまと」地域

布留式期に「おおやまと」地域の各集落も発展する。庄内式期において大規模集落であった唐古・鍵遺跡は、布留式期にも継続する。環濠がもう一度掘削され、布留式甕や外来系土器の出土も顕著である。唐古・鍵遺跡の首長は、「おおやまと」古墳群内の中規模古墳などに葬られたものと推定される。

唐古・鍵遺跡の衛星集落と位置づけた保津・宮古遺跡では、布留式期の溝による東西一〇〇メートルという大規模な方形区画が検出されている。南北方向についてはさだかではないが、仮に一〇〇メートルとすれば、一万平方メートルという面積を占有するものであり、王の居館に相当する規模となる。保津・宮古遺跡では、木製短甲などの遺物もあり、ヤマト王権の歴代の王の居館である可能性がある。唐古・鍵遺跡にかわり、布留式期においては周辺集落の中心的な存在となったものと考えられる。この人物は、「おおやまと」古墳群の大型前方後円墳、または中規模古墳に葬られたものとみられる。

また、弥生時代の拠点集落遺跡である多遺跡でも、庄内式期から布留式期の遺構・遺物が検出されている。それ以降の古墳時代中期から後期におよぶ遺構・遺物も検出されている。古墳時代の拠点的な集落として継続的に維持されていたと理解できる。こうした集落遺跡を統括した首長も「おおやまと」古墳群の中規模古墳に葬られたのだろう。

天理市の乙木・佐保庄遺跡は、大和（萱生）古墳群のすぐ北側に位置する集落遺跡である。集落の本体にあたる部分については未調査だが、下流部の自然流路から庄内式期後半から布留式期初頭の比較的限定された時期の多量の土器と、木製品が出土した。注目されるのは、木製品の内容で、木製威儀具・精製容器・祭祀具・武器・大型建築部材などがその中に含まれ、王の政治・祭祀空間がその上流に想定される。とりわけ、ここで出土した翳形は権威の象徴であり、首長である証として特定の人物しか持ちえなかった道具であろう。また、出土土器は在地系の土器のほか、山陰系・東海系・北陸系などの外来系土器が含まれていたが、山陰系土器の占める割合が圧倒的に高かった。乙木・佐保庄遺跡を統括した首長は、すぐ南の大和（萱生）古墳群の中規模古墳に葬られたと考えられる。

下永東城遺跡は、旧初瀬川南岸に展開する集落遺跡で、古墳時代前期の掘立柱建物・溝・井戸・土坑などが検出されている。布留式後半期の南北方向の区画溝は、北端部で東西方向に屈曲しており、南北四・五メートル、東西一五メートル以上の方形区画を形成している。方形区画の占有面積は七〇〇平方メートル以上と推定され、古墳の副葬品である石釧が出土したことから、ここに古墳の被葬者層が居住していたと推定される。島の山古墳からは、多くの石釧が出土しており、島の山古墳の造営に関連した首長の居館と推測される。

「おおやまと」古墳集団

以上のように、纒向遺跡に「おおやまと」地域を支配した王の居館があり、「おおやまと」地域の各集落においても、大型前方後円墳の造営に関連した首長の居館の存在が認められる。「おおやまと」地域の巨大集落である纒向遺跡と「おおやまと」地域から「オウ」や首長が輩出され、磯城・磐余古墳群の被葬者となったのである。磯城・磐余古墳群の被葬者は、「おおやまと」地域の出身者であったことが、鮮明である。

このように、「おおやまと」地域を支配し、その範囲内に墓域を設けた政治的集団が、日本列島各地に強い影響力をおよぼすようになったわけで、この集団が「おおやまと」古墳集団である（伊達一九九九）。なお、「おおやまと」古墳集団は、伊達宗泰氏の提唱によるものだが、政治的集団の呼称ではなく、古墳群の呼称として使用されている。

これまで述べてきたとおり、奈良盆地のなかで、最も高い生産力をもった地域集団が政治的集団として成長し、発展したのである。一方、奈良盆地内には、このほかに「さき」「わに」「ふる」「そが」「かづらぎ」の地域集団も同様にそれぞれ政治的集団として成長する。これらは、のちに「おおやまと」古墳集団と一体化する「さき」地域集団と、のちに和邇氏、物部氏、巨勢氏、葛城氏などと呼ばれた政治的集団に分かれる。つまり、奈良盆地内には地域集団が割拠し、それぞれがそれぞれの地域で政治的集団として発展しながら、その支配範囲を確定していったのである。そのなかでいちはやく、そして順調にその支配範囲を拡大していったのが「おおやまと」古墳集団ということになる。「おおやまと」古墳集団が、布留式期のはじめに箸墓古墳を造営し、纒向遺跡において集落規模が拡大したとき、まさにヤマト王権が誕生した。このときのヤマト王権が直接統治し、支配していた範囲は「おおやまと」地域に限定される。このようにみるなら、ヤマト王権の王が、すなわち倭国の王であったとはいえないだろう。そのことは、後述するとして、奈良盆地の地域集団すべてが、地域の生産力と対外交渉を背景に、その地域のなかから輩出されたのであって、血縁系譜を原理として出発したものではないことを、ここでもういちど確認しておこう。

第6章　「おおやまと」の王墓
――「おおやまと」古墳群の形成――

『日本書紀』と纒向遺跡

『古事記』『日本書紀』の記述からみれば「おおやまと」地域の古い遺跡や古墳を天皇の祖先のものと関連づけることもできる。しかし、それは『古事記』や『日本書紀』の編纂者が、天皇の祖先とこれらの遺跡や古墳を強引に引き寄せて、解釈した結果である。ただし、第1章で述べた神武天皇陵のように新しく創造したのではない。伝承や記録と古い遺跡や古墳をつなげて解釈したものと考えられる。

まず、纒向遺跡である。

『日本書紀』垂仁天皇二年条の冬十月に、〝更に纒向に都をつくる。これを珠城宮（たまきのみや）という〟と記載されている。『古事記』では垂仁天皇の宮は「師木（しき）の玉垣宮（たまがきのみや）」である。

さらに、『日本書紀』には、垂仁天皇九十九年条の秋七月に百四十歳で〝纏向宮〟で亡くなり、冬十二月に菅原伏見陵（『古事記』では菅原御立野）に葬ったとある。そして、次代の景行天皇即位前紀においては、垂仁天皇九十九年の春二月に垂仁天皇が亡くなったとあり、景行天皇の即位へと記事がつづく。三年の紀伊国行幸、四年春二月に美濃に行幸し、〝冬十一月に帰還して、すぐにまた都を纏向につくった。これを日代宮（ひしろのみや）という〟とある。

ちなみに、纏向の日代宮は、『古事記』の雄略天皇条のなかで、長谷の大樹のもとで伊勢の采女と交わした歌に〝纏向の日代の宮は朝日の日照る宮、夕日の日翔る宮（以下略）〟などと、詠まれている。

まず、纏向遺跡の場所とこの纏向珠城宮や纏向日代宮が関連するかの検証が必要ではあるが、時系列

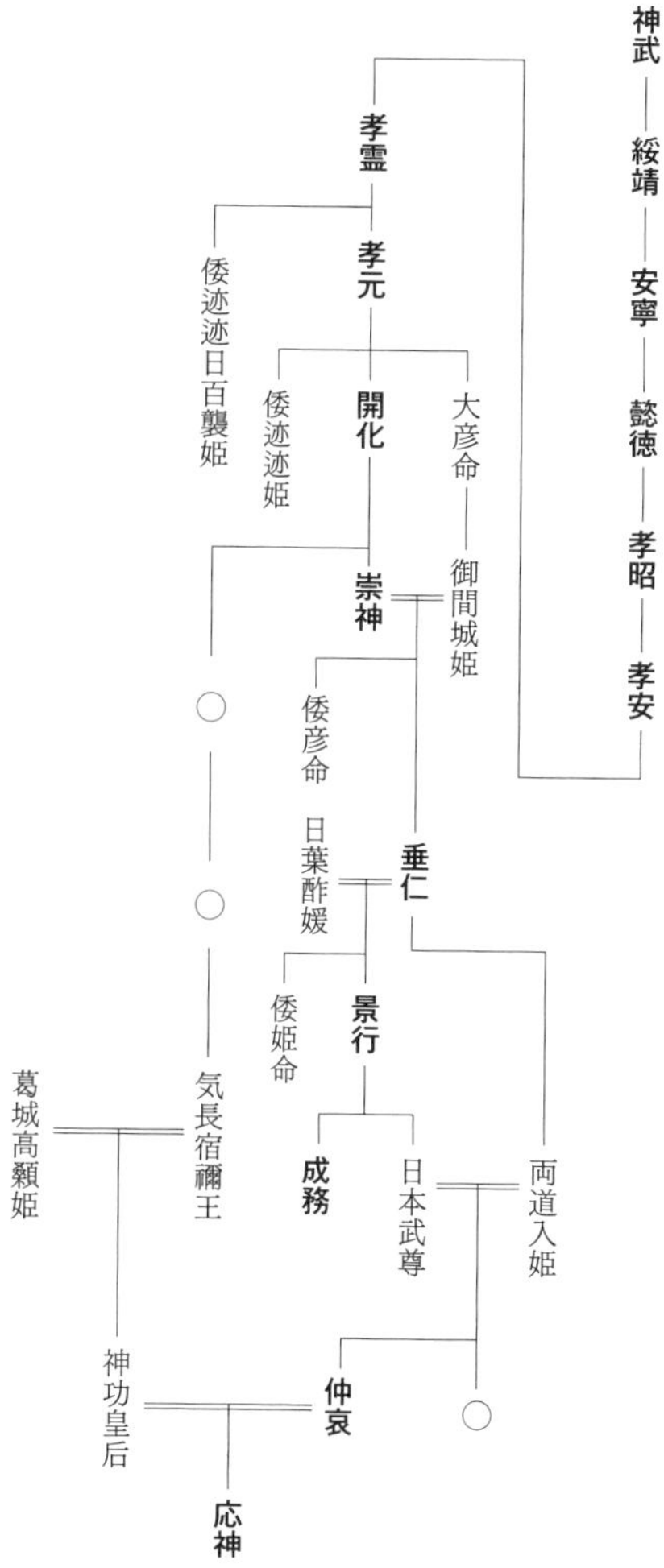

図42　神武から応神までの天皇系譜
（太字が歴代天皇。『日本書紀』による）

的にみて『日本書紀』の編纂時点において、天皇の遠い祖先にかかわる「遺跡」としてこれが受け継がれた結果と考えられる。ちなみに、崇神天皇の宮は磯城瑞籬宮(しきみずがきのみや)であり、磯城の名称によればその位置は奈良盆地東南部である。

このように、崇神・垂仁・景行という初期の天皇の三代の系譜のなかに同一地域の「遺跡」が受け継がれている点は、『日本書紀』の記述と時系列が一致し、整合的である。

周知のとおり『日本書紀』では、崇神天皇から武烈天皇までで系譜は一旦断絶し、応神天皇の五世孫という継体天皇を奈良時代の天皇の直接の祖先として位置づけている(**図84参照**)。つまり、崇神・垂仁・景行天皇は、あくまでも遠い存在であったのである。そして、崇神天皇、垂仁天皇、景行天皇という百歳以上の天皇の直系系譜とその事績の記述については、それをそのまま歴史的事実として認めることはできない。この時代に「天皇」も「宮」も存在しないことは明白である。天皇が居住し、政治をする場所を宮と呼ぶが、宮が成立したのは、飛鳥時代である。

『日本書紀』と崇神・垂仁・景行天皇陵

崇神天皇および景行天皇について、『日本書紀』ではその陵をいずれも山辺道上陵とする。『古事記』では崇神天皇陵の所在地を山の辺の道の勾(まがり)の岡の上、景行天皇陵を山の辺の道の上とする。

崇神天皇、景行天皇の陵は奈良盆地東南部のすでにあった古墳をこれにあてたのであり、初期の天皇のうち二名に関しては、どの古墳であるかは別として、その実態と記述に一定の整合性が認められる。

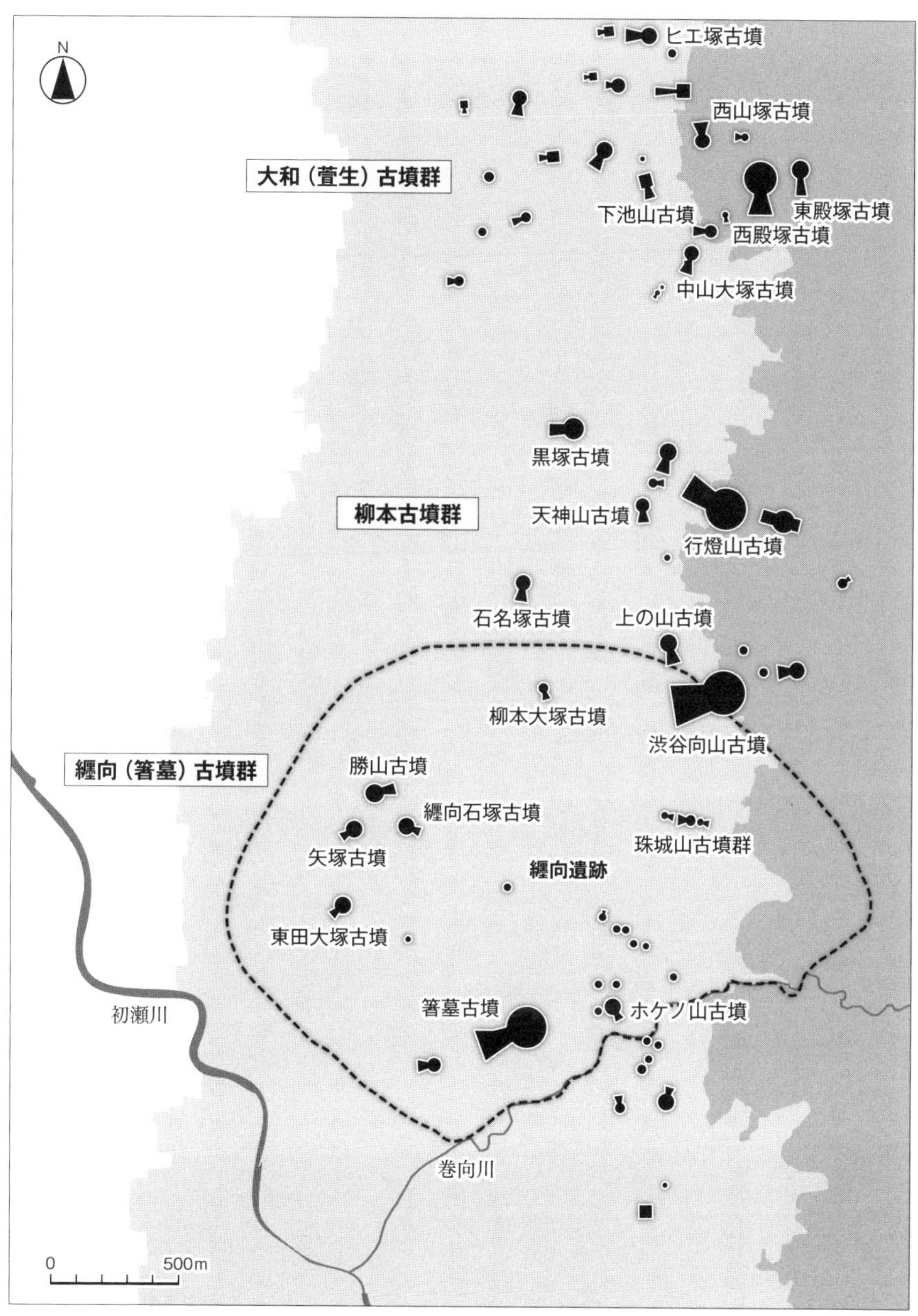

図43　大和（萱生）古墳群、柳本古墳群、纒向（箸墓）古墳群

このように、宮や陵墓の記述の双方に、一定の整合性があるのは、ヤマト王権の歴代王墓と王都が、発祥した場所であるがゆえであって、その歴史的な事実はともかくとして、「おおやまと」古墳集団をもって、すなわち天皇の遠い祖先としなければならない必然性があったからである。

ところで、奈良時代の絵図『額田寺伽藍并条里図』には、「船墓　額田部宿禰の先祖」という記載がある。船墓古墳（奈良県大和郡山市所在の墳丘長四〇〜五〇メートルの前方後円墳）を奈良時代に額田部氏の先祖の墓と認識していたわけだが、実際に先祖の墓であったかどうかはわからない。天皇陵についても、それはまったく同じであり、律令国家が天皇の先祖の墓として陵墓の管理をはじめたことが確認できるのみで、実際の先祖の墓であったかどうかは、別の問題である。

現在宮内庁は、行燈山古墳を崇神天皇陵、渋谷向山古墳を景行天皇陵に治定している。近年まで、これを正しいものとして古墳の年代決定をおこなっていた（斎藤一九七五）。しかし、それは考古学の年代決定法としては明らかな誤りである。特定の被葬者がわからない以上、それを年代決定の基準として使用することはできない。また、前方後円墳には、墓誌など人物名を記載してその被葬者を特定できるものをおさめる風習はない。墓誌をおさめるのは、貴族・僧などが火葬された奈良時代になってからである。古墳の年代は、その外形、埋葬施設、副葬品、埴輪、土器などを手がかりに推定していくほかはない。

江戸時代の元禄年間には、崇神天皇陵は所在不明とされ、景行天皇陵は御墓山古墳（天理市上総町所在の墳丘長七四・四メートルの前方後円墳）とされていた（秋山・廣吉一九九四）。享保年間には、崇神天皇陵が渋谷向山古墳、景行天皇陵が行燈山古墳にあてられた。その後、文久の修陵の際、『延喜式』における陵戸の記載を根拠に、両者が入れ替わって現在に至っている。

図44　行燈山古墳と渋谷向山古墳（北西上空から）

それでは、ヤマト王権の初代の王墓である箸墓古墳は、『日本書紀』にどのように記述されているのだろうか。

『日本書紀』と箸墓古墳

◆倭迹迹日百襲姫命と箸陵

『日本書紀』においては、箸墓古墳は、闕史八代の天皇の一人、孝霊天皇とその妃の倭国香媛（別名は絙某姉）の間に生まれた子（『日本書紀』孝霊天皇二年二月条）であり、大物主神の妻となった倭迹迹日百襲姫命の墓とする。『日本書紀』には、箸墓の命名の由来が記載されている。

大物主神は、いつも昼に現れないで夜にだけやってきた。倭迹迹日百襲姫命は、夫に語り、

「あなたは昼間に来られないので、顔をはっきり見ることができません。どうぞしばらくの間留まってください。明朝に謹んで美しい容姿を見せていただきたいと思います」

と言った。大神は、それにこたえて、

「道理はよくわかった。私は明朝に、あなたの櫛笥に入っていよう。どうか私の姿に驚かないでくれよ」

と言われた。倭迹迹日百襲姫命は心のなかで密かに疑った。朝になるのを待って、櫛笥をみたところ、美しく小さい蛇が入っていた。長さや太さは衣紐のようだった。倭迹迹日百襲姫命は驚き叫んだ。大

神は恥辱を感じ、たちまち人の形になった。そして妻にむかって、
「あなたは我慢できないで、私に恥をかかせた。私は報復としてあなたに恥辱を加えるだろう」
と言った。そして、大空を舞って御諸山（三輪山）に登った。倭迹迹日百襲姫命は御諸山を仰いで後悔しながら急に座った。このとき、箸が陰部に突き刺さって亡くなった。そこで大市に葬った。だから、時の人はその墓を名付けて箸墓というのである。この墓は、昼は人がつくり、夜は神がつくった。大坂山の石を運んで築造した。そのとき、山から墓に至るまで、人民が立ち並んで、手から手へ石を渡して運んだ。

（『日本書紀』崇神天皇十年九月条）

その内容は、夫が大物主神で、その実際の姿は蛇であるとあり、神話的といえる。また、倭迹迹日百襲姫命が箸で陰部をついて亡くなると書かれており、物語的である。この背景に、いかなるものが存在したかを追い求める必要はあるが、倭迹迹日百襲姫命が実在した人物であるとは、とても考えられない。しかし、少なくとも『日本書紀』編纂時点において、箸墓古墳の被葬者は倭迹迹日百襲姫命であると考えられていたことは確かである。

また、『日本書紀』には、壬申の乱における大和での激戦の記載において箸陵が登場する。

天武軍で、上ツ道の守りにあたった三輪君高市麻呂と置始連菟が箸陵のほとりで、近江軍を撃破し、勝ちに乗じて廬井鯨の背後を切断した。鯨の軍は逃走し、多くの部下が殺され、鯨は白馬に乗り逃げたが、馬が泥田に落ち込み動けなくなった。これをみた大伴吹負が甲斐の勇者に「あれが廬井鯨だ。追って討て」と命じた。甲斐の勇者は馬をはせて鯨を追ったが、鯨に追いつこうとしたとき、鯨

図45　箸墓古墳と三輪山（北西上空から）

がはげしく馬に鞭をあてたので馬は泥から抜け出し、駆けて逃れることができた。吹負は、また本営に帰って、兵を集めたが、これ以降、近江の軍はもはや大和には侵攻してこなかった。

（『日本書紀』天武天皇元年七月条）

箸墓古墳は南北に直線的にのびる上ツ道に接し、古墳に接する部分だけが、円弧状に迂回している。この箸陵が箸墓古墳であることは、疑う余地がない（**図3参照**）。

この記載ののちに、第1章で述べた神武天皇陵が登場する。この前に、天武天皇が神武天皇陵と地元三社に祈願をおこなったことが、戦勝の背景にあることが示されている。そして、箸陵のほとりの激戦のすえ、ついに大和は平定される。

このように、『日本書紀』天武天皇元年条に、神武天皇陵と箸墓古墳が登場することは重要であり、意味のあることだろう。箸墓古墳の被葬者が、『日本書紀』編纂時点において、日本国の始祖と関連する人物であると意識されていたのである。箸墓古墳の被葬者は、ヤマト王権の初代王であり、そのことと一定の整合性があるといえる。

しかしながら、箸墓古墳の被葬者は、神武天皇でも崇神天皇でもなく、神と婚姻したという倭迹迹日百襲姫命としているのである。

一方、この『日本書紀』にあらわれる倭迹迹日百襲姫命や神功皇后などを「魏志倭人伝」の卑弥呼と同一人物とみなす見解がある。以下、それについてみてゆこう。

◆倭迹迹日百襲姫命と卑弥呼

笠井新也氏は箸墓古墳の被葬者を卑弥呼と考え、一九二四年（大正一四）にそれをはじめて発表した（笠井一九二四）。また、肥後和男氏もそれにつづいた（肥後一九三三）。

倭迹迹日百襲姫命と卑弥呼の共通性は、シャーマンとして政治にかかわったということである。以下に倭迹迹日百襲姫命が大物主神と婚姻する前の『日本書紀』の記事を示す。

崇神天皇の五年に疫病が流行し、死亡するものが人口の半ばをこえた。六年には百姓が流亡した。あるいは背くものがでた。天皇は朝早く起きて、夜遅くまで謹んで天神地祇をお祭りになって謝罪された。

（中略）

七年に天皇は詔して

「私の世になって、しばしば災害に見舞われている。政治に善政がないために、天神地祇の咎（とが）をうけることをおそれてはならない。亀卜（きぼく）をして災害のおこる原因をきわめよう」

天皇は浅茅原（あさじはら）に行幸され、八十万（やそよろず）の神たちを集められ、占いをなさった。このとき、倭迹迹日百襲姫命に神がのりうつった。

（『日本書紀』崇神天皇五年、七年条）

このりうつったという神が大物主神である。そして、大物主神は、国が治まらないのは自分の意思であるので、子である大田田根子（おおたたねこ）に自分を祀らせるよう告げたという。

また、その後の崇神天皇十年条にも、倭迹迹日百襲姫命が登場する。

四道将軍の一人大彦命が北陸に派遣されたとき、和珥坂で少女が不吉な歌を詠む。大彦命が、天皇に奏上したところ、天皇の叔母で、聡明で叡智があり、行く末のことをよく知っていた倭迹迹日百襲姫命は、この歌が武埴安彦による謀反の前兆であるとしたのである。

たしかに、シャーマンの要素は卑弥呼と共通するが、人物像や事績はまったく重なっていない。

◆神功皇后と倭の女王

『日本書紀』の神功皇后の時代に「魏志倭人伝」の記事が登場し、卑弥呼と神功皇后の関係がとり沙汰されることがある。しかし、神功皇后摂政三十九年、四十年、四十三年条の記事は、「魏志倭人伝」のそのままの引用であり、神功皇后の事績とはむすびつけていない。三十九年が太歳己未年であり、その年、すなわち明帝景初三年（二三九）に、倭女王が魏へ使いを送ったという注記である。

つまり、神功皇后が魏へ使いを送ったという記事ではなく、『日本書紀』の暦年を中国のそれと合わせるために、この記事の引用があるのである。

さらに、四十年条では正始元年（二四〇）に使者が、詔書・印綬をもって倭国に来たということ、四十三年条では正始六年（二四五）に倭王が魏に使いを送ったということが引用されている。これらも神功皇后の事績ではない。「魏志倭人伝」には、このほか正始四年に遣使の記事、八年に遣使と魏からの使者の派遣記事があるが、それについては『日本書紀』は触れていない。

六十六年条には、この年が晋の武帝の泰初二年にあたるとし、〝晋の起居注に、武帝の泰初二年の十月に、倭の女王が訳を重ねて貢献した〟という引用がある。

これらの記事は、あくまで注記であって、『日本書紀』編纂時点のものではなく、後世に付加されたものとみる説もある。当初からのものであったとしても、神功皇后とは無関係であり、暦年を合わせるための注記にすぎない。

神功皇后もまた実在した人物ではない。斎宮に入り、神主となり、その神託をえて熊襲討伐をおこなう。また、大三輪社を立て、兵を集めて自ら斧（おの）と鉞（まさかり）をもって、命令を下し、臨月にもかかわらず、海をわたって新羅討伐をなし遂げ帰国し、応神天皇を生むというのである。とても、これらの事績が事実であるとは考えられない。卑弥呼と共通しているのは、シャーマン的な要素をもつ女性というだけであって、軍神の色彩が濃い神功皇后の事績との共通性は乏しい。

ただし、『日本書紀』の神功皇后摂政六十二年条には『百済記』の引用もあり、新羅征討の将軍として活躍した葛城襲津彦（かづらぎそつひこ）の事績には歴史的事実との一定の整合性もある。また、五十二年条には、百済が七枝刀（ななつさやのたち）一口と、七子鏡（ななつこのかがみ）一面、種々の重宝を献上してきたという記事がある。

つまり、『日本書紀』においては、神功皇后の時代のなかに、倭国を中心とした三～四世紀の外交関係を押し込め、辻褄あわせがはかられているのである。この頃におきた外交的なできごとが、あまり整理されずにここに凝縮され記載されていると考えられる。

当時の倭国や朝鮮半島の諸国は、中国に朝貢することにより皇帝から叙位されて、その国の統治権を得るという冊封体制のもとにあった。『日本書紀』では、中国に朝貢していたという関係について、それらの事実関係は認め、引用はしているものの、それを外交記事とはしていない。倭女王もしくは、倭王を天皇系譜のなかに位置づけてはいないのである。その意味において、『日本書紀』の編者は、倭の女王、倭王というのは、天皇の祖先とはまったく別の存在であったと考えていたといえる。『日本書紀』の編纂時点において、邪馬台国の所在地が、大和であったとは考えられていなかったことを示すものである。

一方、朝鮮半島については、当然、『日本書紀』の編纂者側からすれば、歴史的事実はどうであれ、百済を恭順の意を示して朝貢してくる存在としてとらえ、新羅を敵対して征討すべき存在として描いた。日本を中心とした中華思想がそこにある。三〜四世紀の倭国や朝鮮半島の諸国が、広大な版図をもっていたと考えることはむずかしい。

また、朝鮮半島南部に倭人が渡航し、なんらかの軍事行動をおこなった可能性は高いものの、朝鮮半島南部の支配をおこなった事実は認められない。

◆倭姫命と卑弥呼

倭姫命（やまとひめ）と卑弥呼を同一とする説は、東洋史学の泰斗にして近代において邪馬台国大和説の先陣をきった内藤湖南によって唱えられた（内藤一九一〇）。

内藤は、古典籍から導かれた『魏書』の原文をもとに、「魏志倭人伝」の諸国を比定した。『日本書紀』の撰者が神功皇后を卑弥呼にあてていたとしながらも、卑弥呼の人物像と事績は、倭姫命にそっくり重なるとした。

倭姫命は、垂仁天皇の皇女である。垂仁天皇は、活目入彦五十狭茅（いくめいりびこいさち）天皇であり、邪馬台国の官人名に「伊支馬」があること、倭姫命がめぐったという諸国と、「魏志倭人伝」の諸国が関連すること、地方の土豪より神戸、神田、神地を徴して神領をもたらしたことが、「鬼道に仕え衆を惑わす」にあたるものであること、さらに、倭姫命が夫を持たなかったことなどから、卑弥呼＝神功皇后説にかわって、あらたに提示されたものである。

しかし、この説に追随する研究者は、その後現れなかった。倭姫命もまたその実在性が疑われるが、卑弥呼とは明らかに別人格である。

墳丘と墳形からみた箸墓古墳

箸墓古墳についての考古学的な研究は、めざましい成果をあげている。まず、その外形の検討である。箸墓古墳の前方部の平面形は、三味線の撥のように端に向かって広がる。こうした墳形の平面形の特徴において、その築造時期が古墳時代前期までさかのぼることが示された。

一九六八年、近藤義郎氏は同じ特徴をもつ岡山県の浦間茶臼山古墳（墳丘長一三八メートル）、備前（湯迫）車塚古墳（墳丘長四八・三メートルの前方後方墳）との比較から、箸墓古墳の年代も古くさかのぼると考えた（近藤一九六八）。

その後、後円（方）部の形状もあわせて、箸墓古墳と同一設計の古墳が近畿地方とキビやサヌキ地方に存在することが指摘された。箸墓古墳の二分の一に規模を縮小してつくられたのが、浦間茶臼山古墳、三分の一に規模を縮小したのが、京都府の元稲荷古墳（墳丘長九四メートルの前方後方墳）、五塚原古墳（墳丘長九一・二メートル）、六分の一に縮小したのが備前車塚古墳であるとされた。ほかに三分の一として兵庫県丁瓢塚古墳（墳丘長一〇四メートル）、権現山五一号墳（墳丘長四二・七メートル）、六分の一として香川県爺ケ松古墳（墳丘長四九・二メートル）、岡山県片山古墳（墳丘長五五メートル）、七ツ圦古墳（墳丘長四五・一メートル）、大圦古墳（墳丘長四七メートル）が可能性の高いものとしてあげられた（北条一九八六）。

さらに近年、これらに加え、前方部が撥形の古墳が各地に存在することも指摘されるようになった。「おおやまと」古墳群においては中山大塚古墳のほか、ヒエ塚古墳（墳丘長一三〇メートル）、黒塚古墳（墳丘長一三〇メートル）がある。また、近畿地方をみまわすと、京都府椿井大塚山古墳（墳丘長約一八〇メートル）、大阪府禁野車塚古墳（墳丘長約一二〇メートル）がある。

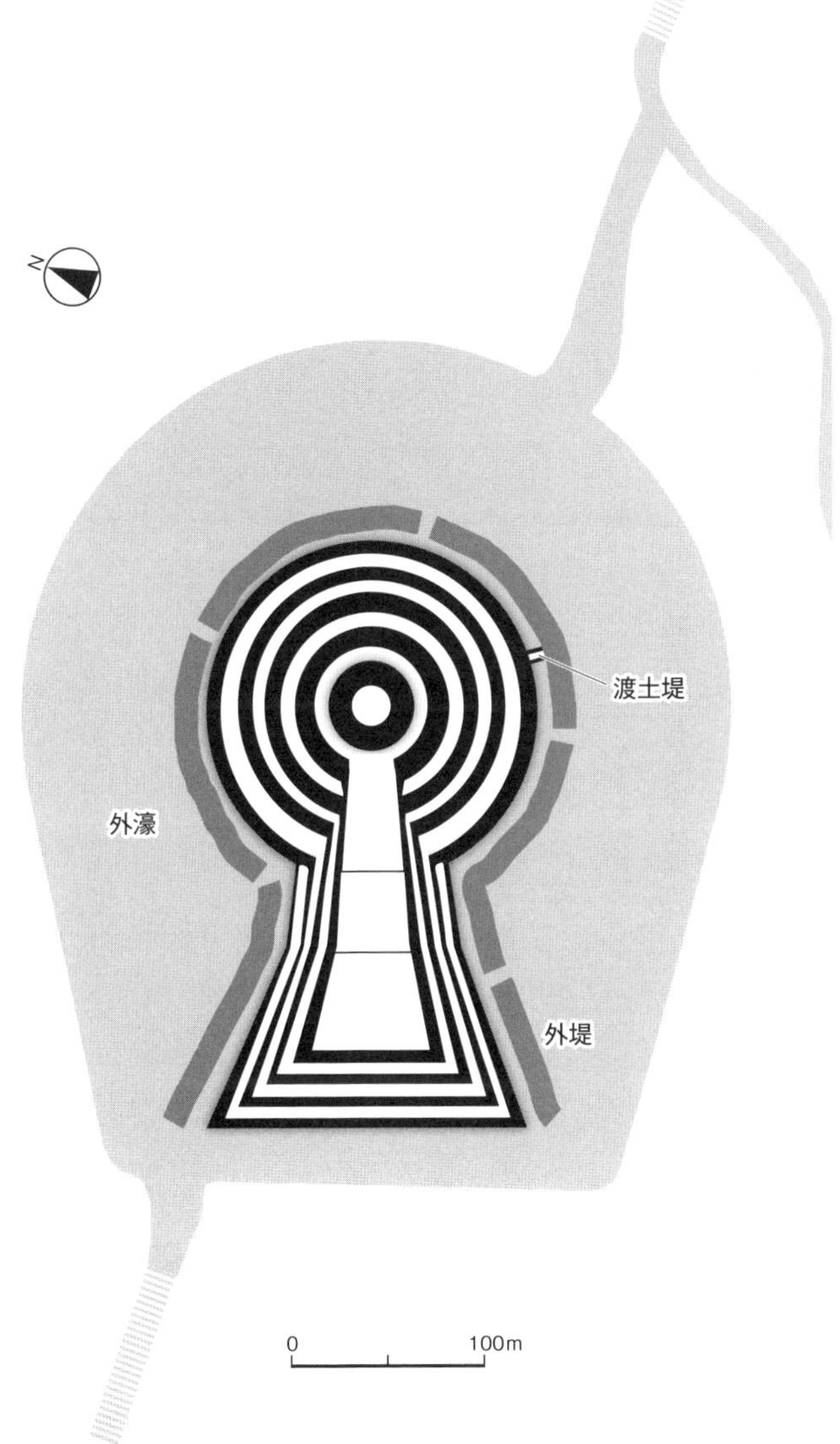

図46　箸墓古墳の復元図

箸墓古墳と同一の設計の古墳が古墳時代のごく初期に築造され、互いに影響関係にあったことは確かである。それは箸墓古墳の被葬者とキビやサヌキ地方の古墳の被葬者間の密接な交渉を示すものであって、ただちに統治の範囲を示すものではない。

図47　箸墓古墳採集の二重口縁壺

ところで、近年、航空測量技術の進展によって、箸墓古墳の精緻な墳丘測量図が作製された。三次元航空レーザ計測システムにより、墳丘の平面形はもとより、鳥瞰図や側面観など自在に作製することが可能となっている。墳丘を階段状に築く段築の状況も、それらに明瞭にあらわれており、墳丘復元案が示されている（西藤二〇一三、桜井市埋蔵文化財センター二〇一四）。

古墳周辺部の発掘調査もすすんでいる。前方部北側墳丘裾部で葺石が検出された。さらに、墳丘裾部に沿うように約一〇メートル幅で周濠がめぐっていること、その外側には盛土による外堤がめぐっていることがわかった。外堤には葺石は施されていない。また、後円部南西部では、周濠の渡土堤（わたりどて）が検出された。渡土堤には葺石が施されている。さらに、外堤の外側に大規模な落ち込みがある。この落ち込みは、古墳の盛土をおこなうための土取りの痕跡であると考えられるが、箸墓古墳の周縁には、盾形の地割が残っていて、外濠としての機能もあったとも考えられている。三次元航空レーザ計測をもとに、桜井市埋蔵文化財センターが作製した墳丘復元案と周辺の発掘調査の成果を合成して作成したのが、図46である。

現在、墳丘に立ち入ることはできないが、宮内庁職員が遺物を採集して、それを公表した（中村・笠野一九七六）。そのなかに、底部に焼成前に孔をうがった二重口縁壺（図47）が含まれており、これは布留式土器成立期のものと考えられた。さらに、円筒埴輪の起源とされる特殊器台と、円筒埴輪と特殊器台の中間にあたるものが含まれていた。このことによって、箸墓古墳が最古の大型前方後円墳であるという評価が確定したのである。

特殊器台から円筒埴輪へ

古墳周濠の堤の上、墳丘裾部や段築の平坦面上、墳頂部の縁辺、あるいは埋葬施設の周辺に間断なく生垣のように円筒埴輪が立て並べられる。埋葬施設の周囲を何重にも囲んだり、区画をつくったりして、外部との結界の役割を果たし、聖域を保護する役割を果たした。全国各地の復元された古墳で、このように円筒埴輪が何重にも立ち並ぶ様子を目の当たりにされた方も多いだろう。

円筒埴輪の起源を明らかにしたのは、近藤義郎・春成秀爾の両氏である（近藤・春成一九六七）。弥生時代のキビ地方の墳墓で葬祭に使用された特殊壺と特殊器台がその起源であり、立坂（たちざか）遺跡から出土した「立坂型」、向木見（むこうぎみ）遺跡から出土した「向木見型」、宮山墳墓群から出土した「宮山型」、都月坂（とつきざか）一号墳から出土した「都月型」という順に変遷する編年案を提示した（図48）。

特殊器台とは、特殊壺をのせるための専用の台である。口縁部は、壺が転落しないようそれを受ける構造（受部）となっており、受部にはさまざまな文様が施されている。また、胴部には、弧帯文と呼ば

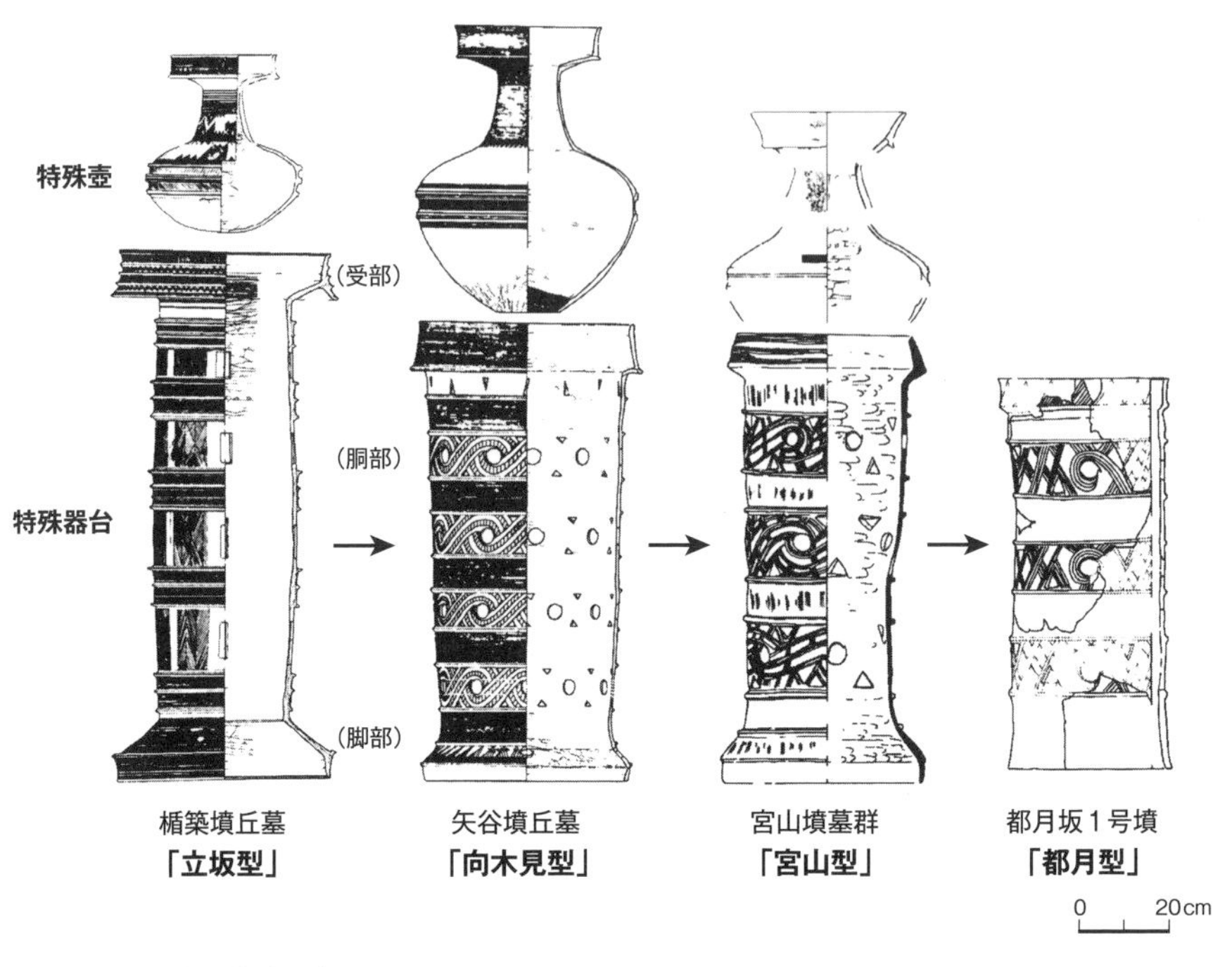

図48　特殊壺・特殊器台

れる複雑な文様が施されている。一〇七ページで前述したように、庄内式期にさかのぼる可能性が高い纒向石塚古墳の弧文円板**（図29参照）**や、岡山県の楯築(たてつき)墳丘墓の弧帯石に描かれたものが古い。葬祭用の文様として特殊器台とともに流行するが、「宮山型」から「都月型」の変化のなかで、文様が簡略化されていく。箸墓古墳の三分の一の設計で築造された元稲荷古墳では、「都月型」の文様が失われた器台が墳丘上から出土している。

特殊器台の脚部は、踏ん張った形で胴部を支える形であったのが、「都月型」の段階で脚部が失われ、円筒埴輪と同じ形態となる。「都月型」は、円筒埴輪と特殊器台の中間であって、都月型埴輪、特殊器台形埴輪などとも呼ばれる。こうした型式学的変化を経て、

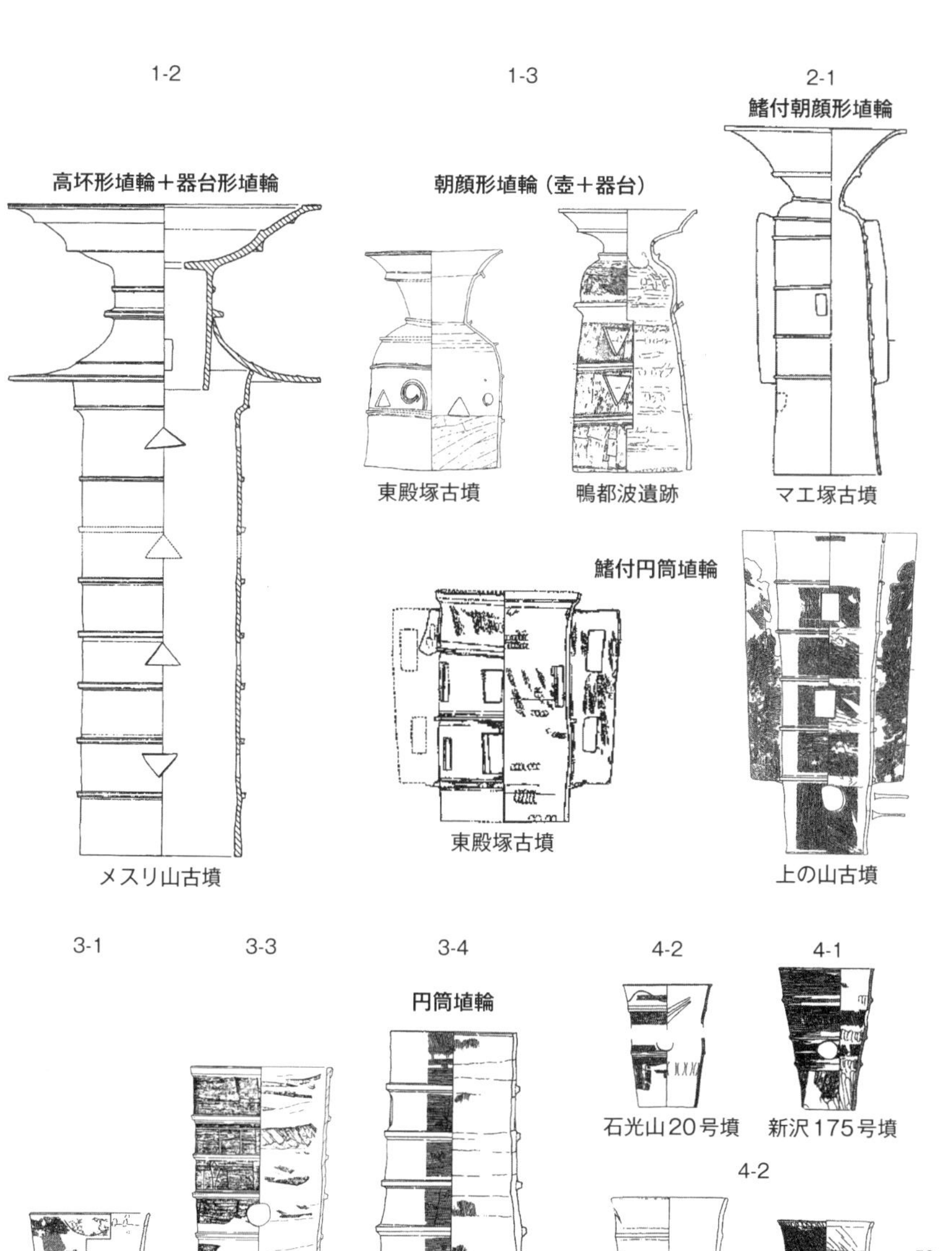

図49　円筒埴輪の変遷（数字は、円筒埴輪編年）

古墳上に多数の円筒埴輪が立て並べられるようになった。

さらに、円筒埴輪は、時期を経るにしたがい、特殊器台の要素が払拭されていき、透(す)かし孔の形態も円形に統一される。また、大量生産に向け製作技術の統一、省力化がすすむ。また、その焼成方法も野焼きから、高温度の窖窯(あながま)で焼成されるようになる。こうした変化から、円筒埴輪編年はほぼ確立している。私も四期からなる円筒埴輪編年案を提示している（坂二〇〇九、図49）。発掘調査によらずとも、円筒埴輪が採集できれば、古墳の築造時期がこれによりおおよそは知ることができる。

ともかく、円筒埴輪の起源は特殊器台であり、円筒埴輪列の要所におかれた朝顔形埴輪の起源は、特殊器台と壺を合成したことによるものである。円筒埴輪の起源が、キビ地方にあることに疑いをもつ研究者はいない。しかしながら、唐古・鍵遺跡で弧帯文の起源となるような高坏が出土していたり、前述のように纏向石塚古墳で弧文円板が出土していたりすることから、西から東への動きだけで解決はできない。円筒埴輪は、ヤマトとキビ地方の地域間交渉によって成立したのである。

「おおやまと」古墳群の特殊器台と円筒埴輪

箸墓古墳では、特殊壺と「宮山型」と「都月型」の特殊器台（図50）の存在が知られている。円筒埴輪は知られていない。これらは、後円部の墳頂部で採集されたもので、円筒埴輪のように立て並べられたものではなく、要所に配置されたものと考えられる。

大和（萱生）古墳群の西殿塚古墳でも「宮山型」と「都月型」の特殊器台の存在が知られている。さらに、円筒埴輪が墳丘裾部で出土している（図51）。西殿塚古墳の近傍に位置する中山大塚古墳でも「宮山型」「都月型」および円筒埴輪が出土している。これらの円筒埴輪は、文様が失われていたり、口縁部に壺を受ける受部がなかったり、透かし孔の数や形状からみて、特殊器台の要素がほぼ欠落しているものである。円筒埴輪は大和（萱生）古墳群ではじめて樹立されたとみてよい。

さらに、西殿塚古墳のすぐ東側に位置する東殿塚古墳（墳丘長一六〇メートルの前方後円墳）で、朝顔形埴輪や鰭付楕円形埴輪と呼ばれる楕円形を呈し、側面に板を貼り付けた埴輪が前方部の側面に樹立されている（図49参照）。こうした種類の埴輪も、大和（萱生）古墳群ではじめて樹立されたものである。

また、メスリ山古墳では、後円部墳頂部中央の埋葬施設である竪穴式石室の周囲に方形の大型円筒埴

図50　箸墓古墳採集の「都月型」器台

図51　西殿塚古墳出土の円筒埴輪

図52　メスリ山古墳の埋葬施設をめぐる大型円筒埴輪列（復元図）

輪列がめぐらされていた（**図52**）。円筒埴輪は、最大のもので高さ二・四メートル、器台形埴輪の上に高坏（たかつき）形埴輪を載せるものもあった。器台としての機能は残しているものの、円筒埴輪の樹立方法がここで確立したといえる。ただし、ここには家形や盾形などの形象埴輪は認められない。

柳本古墳群においては、行燈山古墳で楕円形埴輪と形象埴輪が出土している。この形象埴輪は破片であり、全体の形状は明らかではない。渋谷向山古墳では、円筒埴輪・朝顔形埴輪・鰭付円筒埴輪と蓋（きぬがさ）形埴輪、盾形埴輪、家形埴輪が出土している。円筒埴輪に器台の要素は認められない。透かし孔は円形が多いが、長方形もある。

特殊器台から円筒埴輪へ、そして円筒埴輪の樹立方法が確立し、そのあと形象埴輪がはじめて樹立される。これによって、「おおやまと」古墳群において大型前方後円墳は、箸墓古墳→西殿塚古墳（一‐一期）→メスリ山古墳（一‐二期）→行燈山古墳（一‐三期）→渋谷向山古墳（二‐一期）の順（括弧内は円筒埴輪編年、坂二〇〇九）に築造されたことがわかる。

このように、「おおやまと」古墳群では円筒埴輪、朝顔形埴輪、鰭付埴輪、楕円形埴輪、形象埴輪などさまざまな埴輪が成立している。それは、王墓が築造されるごとに新しい種類の埴輪や、その使用の方法が創案されたものといえる。ヤマト王権の王は、代替わりするたびに新しいアイデアをつぎつぎと創案したのである。こうして埴輪は、ヤマト王権を象徴する器物として新たな発展を遂げ、日本列島各地に影響を与えることとなる。

このような埴輪の成立と展開の過程は、ヤマト王権の成立と発展の過程そのものを示している。つまり、ヤマト王権は、キビ地方との対外交渉をおこなうなかで、それを受け入れ、新たなアイデアを加えて、独自に発展させたのである。そして、そのことによって、その後、倭の諸国に対して徐々に影響力を高めていくのである。

対外交渉からみた箸墓古墳の被葬者像

ひるがえって、対外交渉からみた箸墓古墳の被葬者像を考えてみよう。

前述したとおり、古墳の墳形や特殊器台からみて、箸墓古墳の被葬者とキビの「王」との交渉が重要な位置を占めていたことは間違いがないところであろう。しかしながら、そのほかの諸国との交渉については、不明瞭である。埋葬施設や副葬品が知られていないからである。ただし、沖縄・奄美地方など南海産のゴホウラ・イモガイ・オオツタノハなどの貝輪を原型とし、コシ地方産の緑色凝灰岩で生産された石釧・鍬形石・車輪石などの腕輪形石製品が、布留式期前半（前期初頭）の古墳に副葬されている事実からすれば、さらに広域の諸国と交渉していたことは明らかである。

箸墓古墳の被葬者と中国の交渉についてもさだかではない。しかし、一一一ページで前述したとおり、ホケノ山古墳が、箸墓古墳の被葬者の膝下にあった人物によって築造されたものとみた場合、中国との関係はそこにあらわれている。「石囲い木槨」と呼ばれる埋葬施設から出土した後漢末期から三国時代はじめ頃の画文帯神獣鏡をはじめとする銅鏡、刀剣や鏟などの鉄製品などの副葬品である。

箸墓古墳の築造時期は、布留式期のはじめ頃であり、邪馬台国の時代の末期にあたるものと考えられる。箸墓古墳の被葬者が中国との交渉をおこなっていたとすれば、その被葬者は卑弥呼あるいは台与がふさわしいという考えもあるだろう。

しかしながら私は、庄内式期の纒向遺跡と邪馬台国、箸墓古墳と卑弥呼の関係をこれまで明確に否定してきた。また、箸墓古墳の被葬者は「おおやまと」古墳集団から輩出された人物であり、その直接的な支配範囲が「おおやまと」地域に限定されていたと述べてきた。その考えからすれば、箸墓古墳の被葬者は、倭国の王として中国と外交交渉をおこなったことにより、その正史に記録された人物であったとすることはむずかしい。ヤマトで最初に広域支配を実現し、その後、徐々にその版図を拡大していくヤマト王権の王であり、倭国を統合した王ではなかったのである。

ヤマト王権と中国交渉

「おおやまと」古墳群の大型前方後円墳であるメスリ山古墳や桜井茶臼山古墳の副葬品のなかに「玉杖」がある。中国の漢代において王から与えた鳩形の装飾をもつ杖に「玉杖」の名があり、それをもって命名されたものである。イヅモ地方で産出する碧玉でつくられたもので、翼形の装飾をもつ。実際に

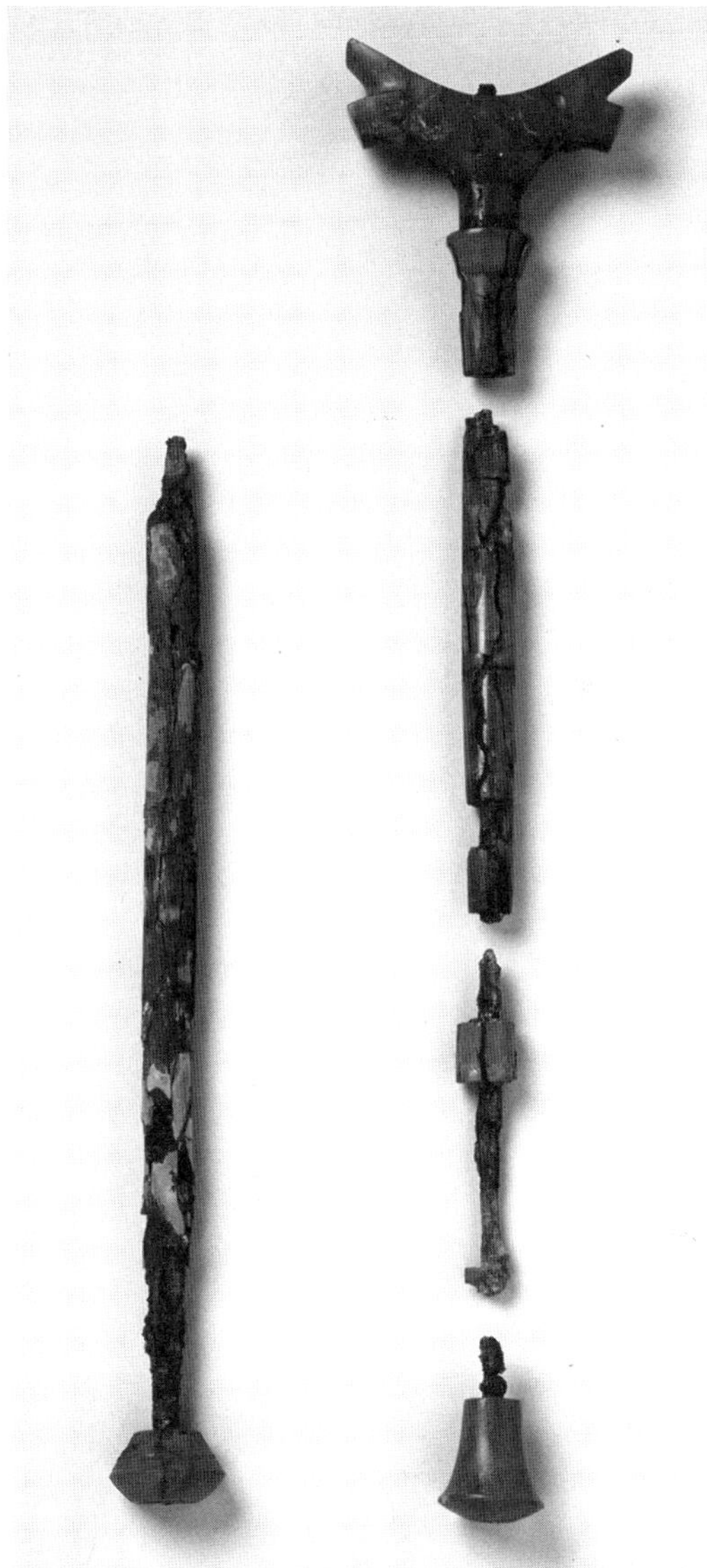

図53　桜井茶臼山古墳出土の「玉杖」

杖として使用されたわけではなく、翳であって、中国との関連性も明確ではない。しかし、王の権威を示す威儀具であり、その原型を中国に求めることは、けっして唐突ではない。これもまた、中国の影響のもと、ヤマト王権によるアレンジが加わったものとみてよいだろう。

　このほか、古墳時代の王の権威を示す威儀具に蓋がある。実物の出土例は乏しいが、埴輪として早い段階から古墳に樹立されている（**図69参照**）。蓋は、奈良時代の天皇、皇子、貴族の外出に際して、後ろからさしかける絹張りで柄の長い日傘のことで、中国の唐時代の威儀具を摸倣したものである。奈良時代のものから敷衍して、古墳時代の頭部に飾りをもつ日傘についても、同じくこれを名づけて蓋と呼ぶようになった。古墳時代のものと奈良時代のものとの関連性は実証されていないが、その形態は似ている。奈良時代の『倭名類聚抄』が、「古代中国の黄帝の頭上に現れた瑞雲を形象化したもの」と解釈しているように、古墳時代のそれも中国思想の影響を受けていることは間違いがないところだろう。これもまた、ヤマト王権が中国文化を受容し、新たなアレンジを加えた器物である。

　視点は異なるが、古墳の副葬品のうち古墳時代前期初頭の大型の鉄製品は、すべて中国または朝鮮半島で生産されたものである。初期のヤマト王権が、中国との交渉なしに成立しえなかったことは自明である。ヤマト王権の王は、中国と交渉をおこなって、中国製の器物とその思想を背景に勢力を徐々に拡張する。また、中国の器物にアレンジを加え、その膝下で独自に生産をはじめて、日本列島の諸国の王と交渉をおこなったのである。

　三一三年に楽浪郡が滅亡するまで、中国は朝鮮半島に拠点を有しており、ヤマト王権は地理的に近い朝鮮半島の諸国を挟みながら、中国と交渉をおこなっていたと考えられる。そうした状況は楽浪郡が滅亡し、朝鮮半島では高句麗、百済、新羅の三国が鼎立する三国時代になっても同様であったと考えられる。さらに、この三国に加えて南西部、南部には諸国が分立していた。三国の版図には含まれない諸集団が割拠していて、ヤマト王権との間に介在して、中国との交渉に重要な役割を果たしたに相違ない。

ところで、銅鏡に中国の魏や呉の年号が刻まれているものがあり、その暦年から三〇〜一〇〇年以上経過した後に古墳に副葬されることを八七ページで前述した。中国との対外交渉を考えるうえで紀年銘のある銅鏡の問題を触れないわけにはいかない。その問題について考えてみよう。

第7章　ヤマト王権と三角縁神獣鏡

景初三年銘鏡

卑弥呼が魏に遣使した年のうち、景初三年（二三九）の銘を刻んだ鏡は、大阪府和泉市の和泉黄金塚(いずみこがねづか)古墳（墳丘長九四メートルの前方後円墳）、島根県雲南市の神原(かんばら)神社古墳（二五×二九メートルの方墳）から出土した二面である。「銅鏡百枚」という「魏志倭人伝」の記述にもかかわらず、この暦年を刻んだ鏡はわずか二面である。

和泉黄金塚古墳の景初三年銘鏡は画文帯神獣鏡であり、神原神社古墳のそれは三角縁神獣鏡で、鏡式（鏡の型式）が異なる。ただし、和泉黄金塚古墳の画文帯神獣鏡と神原神社古墳の三角縁神獣鏡は、いずれも直径二三・三センチで、図像の配置も共通する**（図54）**。

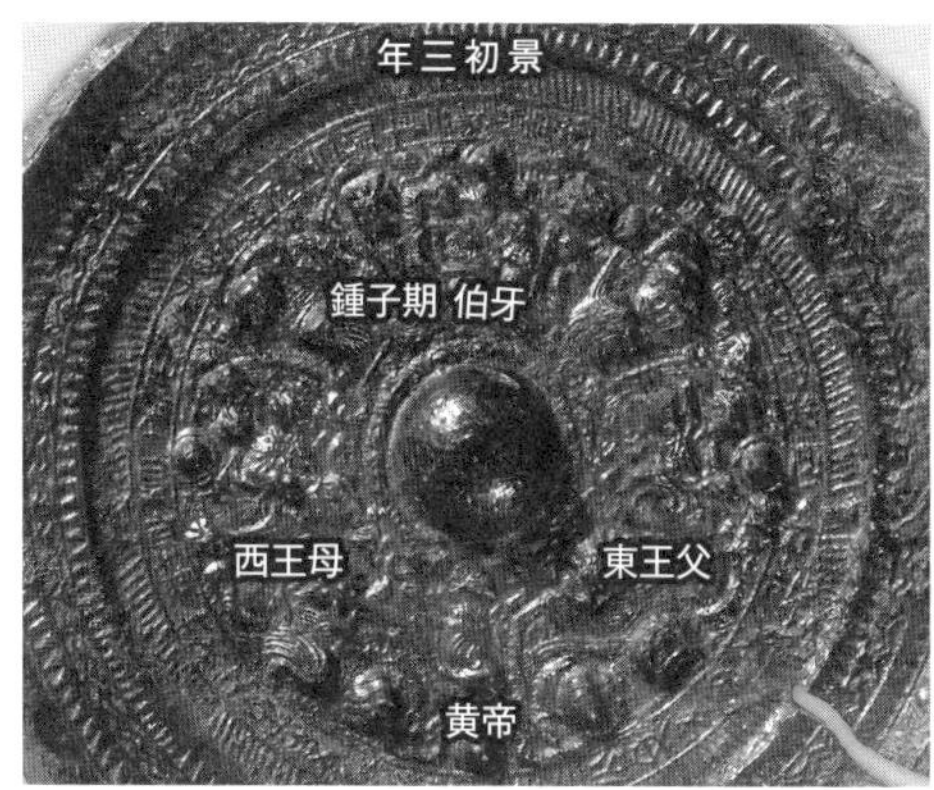

神原神社古墳出土鏡

蟹沢古墳出土鏡

和泉黄金塚古墳出土鏡

図54　景初三年銘鏡と正始元年銘鏡

考古学者の大半は、銅鏡の紀年銘がすなわち鏡の製作年代であると考えてきた。紀年銘を刻んだ考古資料は、その製作年代を知るうえできわめて有用であり、多数の資料がある中国考古学においては、年代を知りうる基準資料として活用されている。景初三年・正始元年銘鏡がその紀年銘から卑弥呼に下賜された銅鏡にあたり（福永二〇〇五）、和泉黄金塚古墳の景初三年銘の画文帯神獣鏡をもとにして、三角縁神獣鏡がはじめて製作されたという説（岡村一九九九）がある。それに対し森浩一氏は、景初三年や正始元年の銘は製作年代を示しているのではなく、その年号より後に鏡を製作させた人物ないしは集団が、なんらかの意味を込めて書いたもの（森一九九〇）とした。

和泉黄金塚古墳の景初三年銘鏡については、この暦年に実際に鏡が製作されたのかをまず検討する必要がある。

和泉黄金塚古墳の画文帯神獣鏡は、内区の神獣が同じ方向に並んでいる同向式で、鈕を挟んで右側に東王父、左側に西王母が描かれている。上段には伯牙（はくが）と鍾子期（しょうしき）、下段には黄帝と侍仙がそれぞれ描かれている。後漢代の画文帯同向式神獣鏡にならって、その文様をなぞらえたものだが、左右が逆になっているほか、本来同じ大きさであるはずが、左側の西王母が小さくなってしまい、その上にある獣形が大きく間のびしている。また、上部中央にある伯牙と鍾子期の左右が入れかわり、鍾子期の顔の向きも変わっている。また、画文帯についても、本来の時計回りが反時計回りとなっている。もとの鏡をかたわらにおいて文様を刻んだため、このような結果になったのである。倣古鏡（創作摸倣鏡）と呼ばれる古い時代の鏡をまねたものであり、舶載鏡としてとらえられることが普通である（上野二〇一九）。

銘文は、「景初三年陳是作詺詺之保子宜孫」であり、半円方形帯の方形区画に、一文字ずつ反時計回りに刻まれている。陳が作者名であり、鏡を所持することの効能がうたわれているようだが、銘文の省略や誤字が認められ文意は通じない。漢字をよく知る人物が刻んだとは考えられず、実際に景初三年に刻まれたかどうかは、きわめて怪しいとされる（森博達二〇〇二）。

神原神社古墳の三角縁神獣鏡は、この和泉黄金塚古墳の画文帯神獣鏡をかたわらにおいて製作したものだという（岡村二〇一七）。たしかに、面径と内区の神像・獣像の表現や配置が共通していて、同一の工房で製作されたことを疑う余地はない。しかし、その詳細をみると、和泉黄金塚古墳のそれにくらべ、左右の東王父や西王母のバランスが保たれ、上段の伯牙と鍾子期の位置関係が異なっている。

内区の神像・獣像の外周に銘文帯があり、反時計回りで「景初三年陳是作竟自有径述本是京師□□□出吏人□之位至三公母人詺之保子宜孫寿如金石兮」（□は判読できない文字。以下同様）と記される。和泉黄金塚古墳の銅鏡と同じ、陳氏作の銘文が刻まれる。この銘文を省略し、その意味を通じなくしてしまったのが、和泉黄金塚古墳の銘文である。

さらに、その外側に櫛歯文、鋸歯文、複線波文がめぐらされ外縁部に至る。鋸歯文、複線波文が施されている部分で厚みを増して平縁状となって、外縁端部で断面が正三角形となる。平縁と三角縁が合成された形状である。三角縁神獣鏡の命名の由来は、この外縁部の断面形が三角形であることによる。神原神社古墳の景初三年銘鏡は初期の三角縁神獣鏡として位置づけられ、三角形の突出度が低いという特徴をもつ。また、直径二二センチ前後の大型の鏡であるということも三角縁神獣鏡の特徴である。さらに、福永伸哉氏は、鈕孔が長方形であるということをその特徴に加えている（福永二〇〇五）。

後漢代の画文帯神獣鏡に近いのは、神原神社古墳の三角縁神獣鏡のほうであって、これをかたわらにおいて和泉黄金塚古墳の画文帯同向式神獣鏡が製作されたのである。

正始元年銘鏡

正始元年銘鏡は、山口県周南市の御家老屋敷古墳（墳丘長五六メートルの前方後円墳）、群馬県高崎市の蟹沢古墳（直径一二メートルほどの円墳）、兵庫県豊岡市の森尾古墳（一辺三五×二四メートルの方墳）のほか、「おおやまと」古墳群の大型前方後円墳である桜井茶臼山古墳でも銘文の一部を刻んだ破片が出土している。この四面は面径がいずれも二二・六センチで、三角縁同向式神獣鏡の「同笵鏡」である。

複数の鏡を比較したとき、複製されたようにまったく同じ直径・文様をもつ鏡が「同笵鏡」「同型鏡」「踏み返し鏡」である（図55）。

真土（まね）に、鏡の文様を彫り込み、ひとつの強固な笵型（いがた）をつくって、そこに直接銅を流しこんで、連続的に同じ鏡をつくる。それでできあがった鏡が「同笵鏡」である。一方、原鏡をつくり、それを真土に押し当てるなど転写して、鏡をつくる方法がある。これでできあがった鏡は「同型鏡」である。原鏡には銅・蠟・木などの材料が用いられ、材料を銅にしたときは、最初にできた製品が原鏡となる。

また、もとになる鏡を直接真土に押し当てて二番目の鏡をつくり、さらに二番目の鏡を真土に押し当てて三番目の鏡をつくる。こうしたことを重ねながら鏡の複製をつくっていく。これが「踏み返し鏡」である。このような場合、二番目、三番目とその回数を経るごとに文様が粗くなってしまう。

三角縁神獣鏡の鋳造において、「同笵鏡」の技術が使われたか、「同型鏡」の技術が使われたのか、結論はでていない。また、両方の技術が併用されたという説もある（水野二〇一五）。「同笵鏡」の場合は、笵型の移動が困難であることを考えると、同じ工房で生産されている可能性が高い。ただし、これにも異論がある（鈴木二〇一六）。また、三角縁神獣鏡に「踏み返し」の技術が使われていたことは判明しているものの、それが広範に使用されていたかどうかについては諸説がある。本書では、こうした点をふまえ、便宜的に三角縁神獣鏡の同一の直径・文様をもつ鏡のことを同笵鏡と呼ぶことにする。

　正始元年銘鏡は、神原神社古墳の景初三年銘鏡と同じ三角縁同向式神獣鏡で、鈕を挟んで右に東王父、左に西王母、上段に伯牙と侍仙、下段に黄帝など神仙像とその間に獣像をおく図像配置をとる。ただし、図像の形が景初三年銘鏡とは異なるほか、本鏡の場合は下段の黄帝の右に左向きの脇侍（侍仙）が追加されている。周囲の銘文帯の銘文には「正始元年陳是作鏡自有径述本自□師杜地命出寿如金石保子宜孫」とあり、景初三年銘鏡とは逆の時計回りに刻んでいる。また、外縁の意匠も景初三年銘鏡の波線文がジグザグの文様に変わっている。

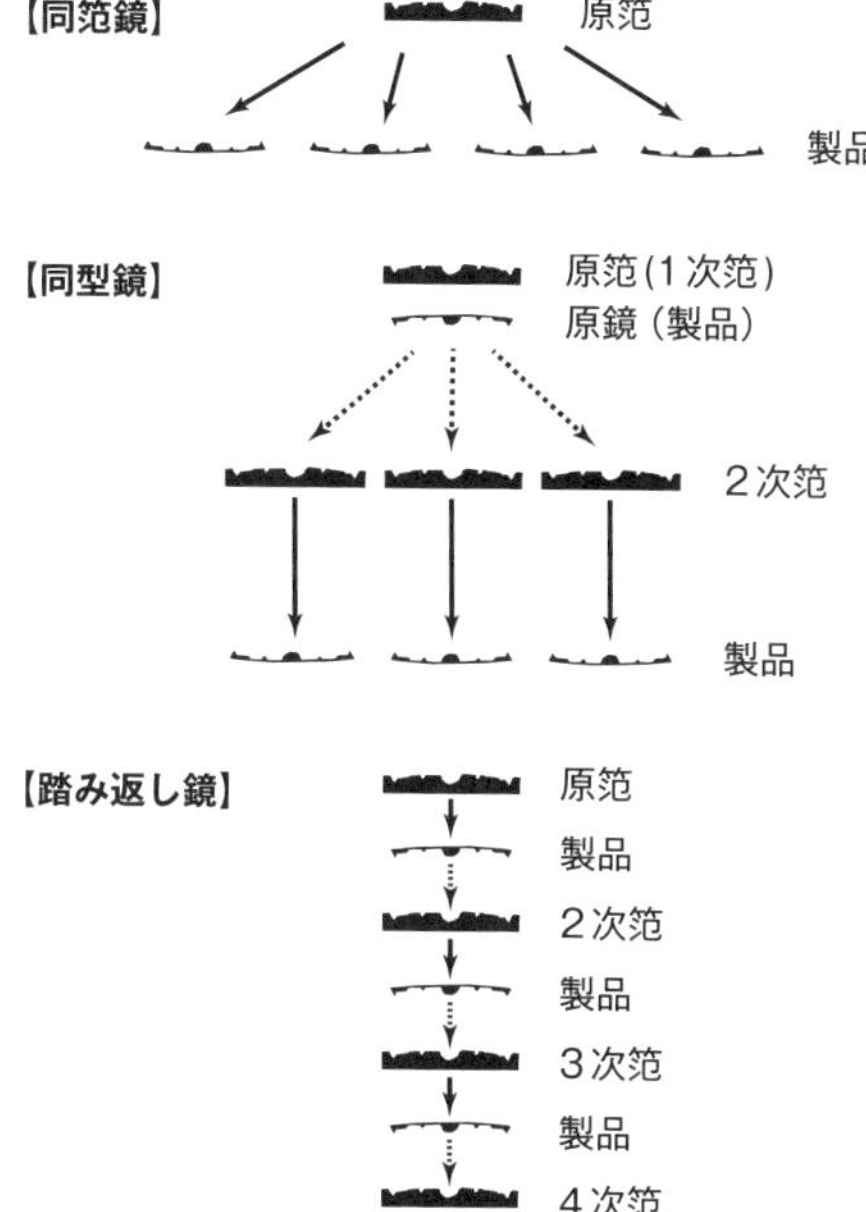

図55　同笵鏡・同型鏡・踏み返し鏡

　景初三年銘鏡と正始元年銘鏡は、直径・文様構成が共通しており、それぞれ技術的に関連するものである。また、三角縁神獣鏡のなかでもごく初期のものであり、ここからさまざまなタイプの三角縁神獣鏡が生まれた。ただし、三角縁神獣鏡がどの程度の期間に生産されたかが、わかっていない。

これらの鏡が銘文と同じ年に製作されたものとみた場合、副葬された古墳の築造年代との差違をみると、最も近接しているとみられる桜井茶臼山古墳とは、三〇年程度とそれほどの差違はないが、和泉黄金塚古墳の場合は、一〇〇年以上の開きがある。

◆桜井茶臼山古墳とその被葬者像

「おおやまと」古墳群内にあり、その規模と内容からヤマト王権の歴代の王か、あるいはそれに準ずる人物の墓であったと考えられる桜井茶臼山古墳から、正始元年の紀年銘をもつ三角縁神獣鏡が出土している。箸墓古墳と西殿塚古墳のあいだか、西殿塚古墳と同時期の築造年代が想定される。この桜井茶臼山古墳についてくわしくみてみよう。

桜井茶臼山古墳は、奈良盆地東南端部、東国地方へむかう谷筋への入り口にあたる交通の要衝の位置にある。一九四九年とその翌年に後円部墳頂部の埋葬施設と方形壇の調査がおこなわれ、二〇〇九年にその再調査が実施された。

方形壇の周囲には焼成前から底部に孔をうがった二重口縁壺が列をなすように樹立されていた。箸墓古墳や後述する黒塚古墳でも同様の二重口縁壺が出土している（**図47参照**）。庄内式期から布留式期にみられる壺だが、桜井茶臼山古墳のそれは器壁が厚く、全体的に丸い。箸墓古墳より後出的である。また、方形壇は丸太垣で遮蔽されていた。円筒埴輪列とは異なった本古墳特有の区画施設である。円筒埴輪列もこの丸太垣も聖域である埋葬施設を区画し、寄り来る邪霊を遮断する目的で設置されたものと考えられる。

埋葬施設は、大型の木棺を粘土床の上に安置する竪穴式石室である（図56）。石室内は、はげしく盗掘されており、原位置をとどめる副葬品はなく、すべて破片となっていたが、銅鏡は八一面以上にのぼる。これは、銅鏡が出土する古墳のなかでは最多の出土量であり、第二位の福岡県平原一号墓の四〇面とくらべても突出して多い。このうち、三角縁神獣鏡は二六面で、鏡式のわかるなかで最も多い。

正始元年の紀年銘をもつ三角縁神獣鏡は、銘文の「是」だけが記された破片だが、蟹沢古墳などの同笵鏡の銘文の文字と見事に一致した（図57）。

図56　桜井茶臼山古墳の竪穴式石室と木棺

図57　「是」の文字が一致した２面の銅鏡
①蟹沢古墳出土の正始元年銘鏡（銘文部分）
②桜井茶臼山古墳出土の鏡片

くり返し述べるように、この鏡が実際の正始元年につくられたものとみた場合、最も近い年代に古墳に納められたものである。少なくとも、刻まれた年号の卑弥呼の遣使という記念碑的な意味を考えた場合、桜井茶臼山古墳の被葬者は、それを強く意識していたことは確かである。

また、内行花文鏡も一九面を数え、直径を復元すると四六・五センチに達するものが存在した。直径三五センチを超えるような大型内行花文鏡が仿製鏡であるか、舶載鏡であるか議論となっていることは、五八ページで述べたとおりである。最大のものは、桜井茶臼山古墳と福岡県平原一号墓の直径四六・五センチのもの（**図12参照**）で、このほか「おおやまと」古墳群内においては、柳本大塚古墳の三九・八センチ、下池山古墳の三七・六センチの例がある。仿製鏡とみた場合、中国文化をアレンジして新たな価値を創出したものだといえる。このほか、環状乳神獣鏡、方格規矩鏡、獣帯鏡、盤龍鏡、鼉龍（だりゅう）鏡などの鏡が存在しており、中国製の鏡とその影響のもと、日本列島で生産されたさまざまな鏡が桜井茶臼山古墳に集積している。

桜井茶臼山古墳の被葬者はヤマト王権の中枢にあって、中国と直接交渉して、多くの器物を入手し、それをアレンジしながらヤマト王権を象徴する器物の生産を主導したと考えられる。三角縁神獣鏡もまた、ヤマト王権の影響力を示すための器物として、ヤマト王権がその生産をおこなったのである。

景初四年銘鏡

景初四年は、実際にはない暦年である。魏の曹叡（明帝）の没年は、景初三年（二三九）正月一日である。その翌年の正月に改元され、正始元年（二四〇）となった。

曹叡の死後、皇太子の曹芳（斉帝）が皇帝となる。わずか八歳であり、司馬懿などがこれを補佐したという。即位とともに改元されたのではなく、翌年正月を待っての改元であった。ただし、皇帝の死があったわけだから、改元は自明のことであり、景初四年はありえない。

この年号を刻んだ鏡が、京都府福知山市の広峯一五号墳（墳丘長四〇メートルの前方後円墳）から出土している。直径一七・五センチの斜縁盤龍鏡である（**図58**）。鈕の周囲には、四体の盤龍が二体ずつ乳を挟んで大きな口を開けて対面する図像があり、その外周に銘文帯がある。銘文は、反時計回りで「景初四年五月丙午之日陳是作鏡吏人詺之位至三公母人詺之保子宜孫寿如金石兮」と刻まれる。神原神社古墳の景初三年銘鏡や正始元年銘鏡も陳氏作鏡であるが、この鏡の陳の文字だけが、逆字になっている。神原神社古墳の景初三年銘鏡と共通する点も多いが、鏡の大きさと鏡式は異なり相違点もある。三角縁神獣鏡が鏡式の異なる鏡と連関しながら製作されたとなると、この景初四年銘鏡もまた、景初三年銘鏡や正始元年銘鏡とともに同一工房で製作されたことになる。

（直径：17.5 cm）

図58　広峯15号墳出土の景初四年銘鏡

鏡の製作地が中心部から遠く離れた場所であったために、景初三年に皇帝が亡くなったという情報がすぐに伝わらなかったため、景初四年銘が刻まれたと考えられる。日本列島で生産されたという可能性が、ここに浮上する。

暦年順に景初三年銘鏡（二三九年）→景初四年銘鏡（二四〇年五月）→正始元年銘鏡（二四〇年五月以降）の順につくられたとする説（菅谷一九九一）と、景初四年銘鏡が日本列島で先につくられたのちに、景初三年銘鏡や正始元年銘鏡がつくられたとする説（中村一九九九）とがある。いずれも卑弥呼の遣使を記念して、日本列島で生産されたと考えるものであり、後者の場合は、二四〇年以降に三角縁神獣鏡の生産がはじまったことになる。

一方、景初から正始への改元が発表されたのが、景初三年一二月のことであり、それまでのあいだに魏において生産がおこなわれたものであるという説がある（田中一九八九）。卑弥呼に銅鏡百枚が下賜されたのも一二月であって、卑弥呼の朝貢を顕彰するために、特注品としてあらかじめ生産したものだという。この場合、鏡の製作年代は暦年の一年前の二三九年ということになる。

青龍三年銘鏡

青龍三年（二三五）は、卑弥呼の遣使からさかのぼること三年である。魏は曹操（武帝）の子曹丕（文帝）、につづく曹叡（明帝）の時代である。洛陽において大規模な都城の建設工事が開始された年にあたる。この年を刻んだ鏡は、京都府京丹後市の太田南五号墳と大阪府高槻市の安満宮山古墳から出土している（図59）。

両古墳の青龍三年銘鏡は、直径一七・四センチの方格規矩四神鏡の同笵鏡である。鏡の外縁は平縁で、そこに三角形が連続する鋸歯文と複線波文が施されている。その内側に銘文を刻んだ銘文帯があり、時計回りに銘文が刻まれる。銘文に

（直径：17.4 cm）

図59　安満宮山古墳出土の青龍三年銘鏡

は「青龍三年顔氏作竟成文章（後略）」とある。銘文に、つくられた年号と作者である顔氏の名前が刻まれている。景初三年銘鏡や正始元年銘鏡の陳氏とは異なった作者名である。

鈕の周囲には、半肉彫りの方位を表す玄武・青龍・白虎・朱雀の四神や十二支を示す文字、さらに、方格および定規とコンパスを示すT・L・V文（規矩）などが描かれている。鏡の文様全体の表現は、古代中国の宇宙観である。

この鏡は、後漢のはじめ頃に中国でつくられた方格規矩四神鏡を模倣したものである。方位・規矩などが正確に描かれているが、この鏡では漢代の鏡とはLの向きが逆になっているほか、四神の位置がずれてしまっている。後漢末期から三国時代に、古い時代の鏡をまねた倣古鏡（創作摸倣鏡）で、中国で生産された舶載鏡であると考えられている。なお、鈕孔が長方形であることや外区の外周をめぐる突線が三角縁神獣鏡と共通しており、両者に強い関連性があるという見解があることも付記しておく（福永二〇〇五）。

中国の正史では、青龍三年には倭との交渉についての記載はない。その交渉の記念碑的年号で、特別な意味がある景初や正始とは異なって、青龍三年に実際に生産されたものである可能性が高い。

◆太田南古墳群とその被葬者像

太田南五号墳は、一辺一二・二×一八・八メートルの方墳であり、埋葬施設は四基検出されている。墳丘の中心には、四・六メートル×三・二メートル、深さ一・五メートルの大きな墓壙内に組合式石棺を安置する第一主体部があり、石棺内から青龍三年銘の方格規矩四神鏡のほか、鉄刀が出土した。墓壙上面からは、庄内式期終わり頃から布留式期のはじめ頃にかけての土器が出土している。この土器が古墳の築造時期を示し、箸墓古墳とほぼ同時期か、それをさかのぼる時期に築造されたとみられる。青龍三年の暦年に近い時期に副葬をおこなっている。

太田南古墳群は、二五基からなる古墳群であるが、二号墳では直径一七・四センチの環状乳神獣鏡が出土している。鈕の周囲の神獣の間には、乳と呼ばれる突起があり、それが環状になっている。こうした文様の特徴から環状乳神獣鏡と呼ばれている。太田南二号墳の環状乳神獣鏡では、半円方形帯の方形区画のなかに四文字ずつの文字が刻まれ、吉祥句と、鏡を保持することの効能が刻まれる。ただし、吾□□明、日月□□など、一部しか判読できない。これも後漢代の舶載鏡である。

太田南古墳群の位置するタニワ地方では、弥生時代後期になると素環刀大刀や鉄剣などの鉄製品、銅鏃、玉類などを副葬する墳墓群が集中する。とりわけ、京丹後市の三坂（みさか）神社墳墓群は、木棺墓・土器棺墓を埋葬施設とする方形台状墓群であり、多量の副葬品が出土している。そのなかで、弥生時代後期初頭に築かれた三号墓第一〇主体は、その副葬品の質と量も突出しており、「オウ」の墓として意義づけることが可能である。地域の支配者たる「オウ」がここに出現したのである。太田南古墳群の被葬者は、その入手した鏡の年号からみても、卑弥呼の遣使とはかかわりなく対外交渉をおこなっていたのである。正史に記録されない独自の外交チャンネルがここに認められることの意義は大きい。

◆安満宮山古墳とその被葬者像

安満宮山古墳は東西一八メートル、南北二一メートルの方墳であり、埋葬施設は墓壙を掘って木棺を納める木棺直葬である。棺内から青龍三年銘の方格規矩四神鏡のほか、四面の銅鏡（直径二一・八センチと二二・五センチの三角縁神獣鏡二面、直径一五・八センチの斜縁神獣鏡一面、直径一七・六センチの平縁神獣鏡一面）が出土している。ほかに、棺内から鉄製品九点（刀一・斧二・刀子二・鉇二・鑿一・鎌一）、ガラス小玉一六四一点が出土している。築造年代を示す土器や埴輪の出土はない。

三角縁神獣鏡の直径二一・八センチの鏡は、鈕の方に向かって四体の神像と獣形が描かれた求心式の四神四獣鏡である。その周囲に時計回りで「吾作明竟練取好同文章皆□師□工有東王父王西母（中略）吏人得之位至三公甚楽兮」などの文字が刻まれている。鏡の由緒と、鏡を保持することの効能がうたわれている。

直径二二・五センチの鏡も、四体の神像と獣形を描く四神四獣鏡だが、前段の鏡とは神獣の配置が異なる。前段の鏡において周囲の銘文が刻まれていた場所に、獣形・人物・鳥などの文様と銘文が刻まれた正方形の区画と小さな乳（突起）が描かれている。銘文は、時計回りで区画に一文字ずつ「天」「王」「日」「月」「吉」と刻まれる。

斜縁神獣鏡は外縁部の断面形が三角形ではあるが、三角縁神獣鏡のような正三角形ではなく鈕側にむかって斜め三角形になっていて、内区に神獣を描く鏡である。安満宮山古墳のものは二神二獣鏡であり、周囲の時計回りの銘文には、「吾作明竟」からはじまる三四文字が刻まれている。

平縁神獣鏡は断面形が長方形すなわち平縁で、内区に神獣を描く鏡である。安満宮山古墳のものは、同じ方向に向いた四体の神像と六体の獣形が描かれており、平縁同向式四神六獣鏡である。神獣の周囲には半円方形帯があり、方形の区画に一文字ずつ反時計回りで「陳是作鏡君宜高官保子宜孫満年」と刻まれる。陳氏という作者名と出世や子孫繁栄など鏡を保持することの効能が刻まれている。

安満宮山古墳の眼下にあるのが、弥生時代の拠点集落である安満遺跡であり、古墳時代前期まで継続する。この地域における豊かな生産を背景にしてこの古墳が造営されたと考えられる。弥生時代の「アマ」の地域集団が発展して、ここに地域を支配する「オウ」が誕生したのである。安満宮山古墳の被葬者が、その「オウ」にあたる人物であり、青龍三年銘鏡を卑弥呼の遣使とは違った独自の外交チャンネルで入手したのであろう。

では、安満宮山古墳の被葬者は、どのようにして三角縁神獣鏡を入手したのだろうか。結論を先に言うと、三角縁神獣鏡は中国と独自のチャンネルをもっていたヤマト王権の鏡であり、その関係のなかで入手したものと考えられる。

三角縁神獣鏡のもつ意味

◆三角縁神獣鏡渡来工人製作説

それでは、三角縁神獣鏡はどこで生産がおこなわれたのだろうか。

景初三年銘の三角縁同向式神獣鏡の内区の神獣などの図像は、後漢代の画文帯同向式神獣鏡を模倣したものである。しかし、後漢代の画文帯同向式神獣鏡と三角縁神獣鏡をくらべると、鏡の直径が前者は一〇～一五センチほど、後者が二二センチほどで大きさがずいぶん異なる。鏡が大型化し、平縁と画文帯が三角縁とそれにつづく文様帯に入れ替わっている。

中国には、大型鏡として画像鏡がある。画像鏡の内区の文様は、神仙世界を画像石と同じ表現方法で描くものであり、画像鏡のなかに三角縁をもつものがある。つまり、三角縁神獣鏡は三角縁画像鏡の直径および縁回りと、画文帯神獣鏡の内区の図像という二つの要素を折衷して新たにつくられた鏡ということになる。

王仲殊氏は、中国での三角縁神獣鏡の出土例がないことをふまえて、三角縁神獣鏡は、呉の工人が東渡して日本列島で生産したものであるという見解を提示した（王一九八一）。

王説の論拠は次の六点である。

①三角縁神獣鏡と関連する平縁の神獣鏡の生産の中心は、江南地方にある。

②三角縁神獣鏡は、中国ではめずらしい大型鏡である。江南地方の浙江省紹興市など会稽郡にあたる地域（**図20参照**）で大型の三角縁画像鏡が生産されている。

③三角縁神獣鏡のなかには、神像の図像が仏像に入れ替わった三角縁仏獣鏡がある。仏像の意匠は江南地方で流行し、華北ではみられない。

④銘文には「洛陽」「尚方」など、魏の中枢部に関する地名を刻んだものがあるが、数は少なく誇大表現とみられる。「銅は徐州」と刻まれたものもあるが、この場合の徐州は江南地方を含んだ広い範囲を指すものである。

⑤「張氏」「陳氏」「王氏」など作者名を刻んだもの、「吾作」「新作」などの中国で一般的な銘文があり、中国人の製作によるものである。

⑥「用青銅　至海東」と刻むものがある。これは、中国工人が海をわたったという証拠である。

王説をめぐっては、魏皇帝が倭国に対して特別にあつらえ、民間の工房に発注して生産したのが三角縁神獣鏡であるという立場から、銘文の解釈、平縁の神獣鏡の生産地、三角縁画像鏡と三角縁神獣鏡の分布や年代的な関係などをめぐり、はげしい批判がある（下垣二〇一〇、岡村二〇一七）。

私は、王説のようにこの鏡が呉の工人が日本列島に渡って生産したものであるとは考えていない。三角縁神獣鏡につながる中国鏡は、魏の領域にあたる徐州の鏡であり、図像表現、配置、銘文のいずれをとっても呉との関連性は乏しい（岡村一九九九、実盛二〇一九）。また、古墳時代において、呉の渡来人の痕跡が日本列島でまったく確認されていないからである。

しかし、中国の工人が深くかかわって、銅鏡が生産されたものであることは間違いがない。ヤマト王権が、独自の外交チャンネルで中国の工人を招聘して生産した鏡であると考える。三角縁神獣鏡が中国製であるとする研究者においても、魏の官営工房で生産されたとは考えていない。中国では民間の工房が各所にみられた。そことなんらかのかかわりのある工人が、三角縁神獣鏡を生産したのである。

◆黒塚古墳の三角縁神獣鏡

黒塚古墳は「おおやまと」古墳群を構成する墳丘長約一三四メートルの前方後円墳である。一四二ページで前述したとおり、箸墓古墳と同じ前方部撥形の形状をとる。埴輪の出土はないが、布留式期はじめの頃の土器が出土しており、古墳時代前期初頭の築造であることがわかる。箸墓古墳より少しくだる時期の築造であろう。

一九九七〜九八年の発掘調査で、実に三三面の三角縁神獣鏡が出土し注目を集めたが、それから二〇年を経てようやく精緻な発掘調査報告書が刊行された（奈良県立橿原考古学研究所二〇一八）。報告書では、銅鏡をはじめとした副葬品配置状況が復元されるとともに、三角縁神獣鏡についての精緻な分析がなされた。

後円部の中心に巨大な墓壙が掘られ、長大な割竹形木棺を安置した竪穴式石室が構築されている**（図60）**。木棺は腐朽していたが、長さ六・〇九メートル、幅は〇・八九〜一・〇三メートルである。棺と同じ長さのクワの大木を縦に半裁して、その中央部を長さ約二・七メートル、幅〇・四五メートルにわたりくり抜いて、遺体を納める部屋（棺室）がつくられている（図61）。

棺に遺体をおさめたのち、頭部側のくり抜かれた棺室の小口に鏡面を壁にむけて立てかけられたのが、直径一三・五センチの画文帯神獣鏡である。半円方形帯の方形区画には、「吾作明竟」からはじまる銘文が一文字ずつ時計回りに刻まれている。棺室内出土の唯一の鏡で、二世紀後半の後漢末期から三国時代の初め頃に生産された舶載鏡である。棺室内には鉄刀、鎗、剣が一点ずつ遺体の両側に分けて置かれていた。被葬者の身辺に置かれていた副葬品はこれだけである。

一方、棺外の南側からは甲冑や鉄鏃など鉄製武器・武具類が出土している。甲冑は中国製である可能性が高いが、これもまた、ヤマト王権流のアレンジが加えられている。ここには三角縁神獣鏡はない。盗掘をうけているが、銅鏡の配置はないと考えられる。

北側では、U字形鉄製品、漁具、腐蝕して原型をとどめない盾状の有機物と三角縁神獣鏡の一種である三角縁盤龍鏡が出土している。木棺上に盾状の有機物を置き、その上に三角縁盤龍鏡と鉄製品が配置されていたが、木棺の腐蝕とともにずれ落ちてしまったと考えられる。

さらに、棺外の両側縁から刀剣・鏃・鎗・Y字形鉄製品などと三二面の三角縁神獣鏡が出土している。刀は素環頭大刀と呼ばれる柄頭（つかがしら）に円形の環を持つものや、長さが一メートルを超えるような大刀が多く含まれており、中国製、もしくは朝鮮半島製であったと考えられる。

三角縁神獣鏡がまず石室壁面に沿って鏡面を内側にむけて木棺上に配置され、その上と隙間に鉄製品が並べられたが、木棺の腐朽とともにずれおちてしまったものと考えられる。

図60　黒塚古墳の竪穴式石室（北から）

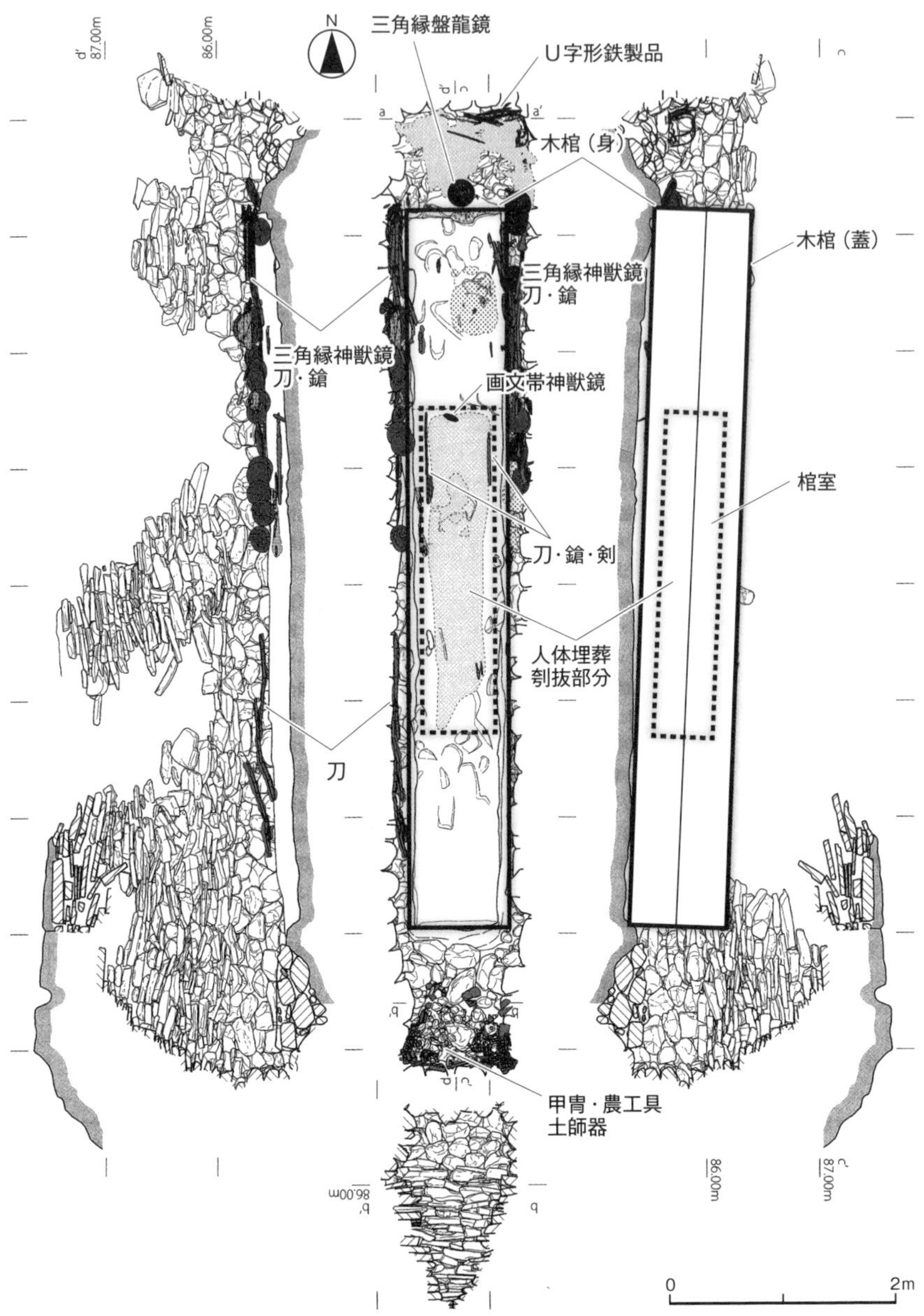

図61　黒塚古墳の竪穴式石室と副葬品配置状況

図62　黒塚古墳出土の34面の銅鏡　中央左上の小さい鏡が画文帯神獣鏡。そのすぐ下の鏡は三角縁神人龍虎画像鏡、その右下の鏡が三角縁盤龍鏡。

（直径：22.3 cm）

図63　黒塚古墳出土の三角縁神獣鏡（32号鏡）

◆三角縁神獣鏡のもつ意味

小林行雄氏によって〝魏から卑弥呼に下賜された三角縁神獣鏡が、某所で保管され伝世し、古墳の成立とともに大和政権（ヤマト王権）から各地の首長に配布された。各地の首長は、三角縁神獣鏡の同笵鏡を分有することによって、新たな権威を与えられた〟という仮説（小林一九六一）が提示されたことはよく知られるところだろう。

小林説の成否をめぐる論争は、三〇年以上つづけられているが決着をみていない。邪馬台国論争（佐伯二〇〇六）の長い研究史とともに、三角縁神獣鏡に特化した書物の刊行も多い（近藤一九八八、樋口一九九二、岡村一九九九、福永二〇〇五、下垣二〇一〇など）。

黒塚古墳と同様に、三角縁神獣鏡を多量に副葬した古墳として、京都府木津川市の椿井大塚山古墳が名高い。小林説が最初に提示されたとき、三角縁神獣鏡の分布の中心は、この椿井大塚山古墳にあった。一四三ページで述べたように、前方部撥形の形状をとる墳丘長約一八〇メートルの前方後円墳である。築造年代は、黒塚古墳とほぼ同じ時期であろう。

一九五三年、鉄道の法面(のりめん)改良工事で埋葬施設の竪穴式石室が露出し、三角縁神獣鏡が三三面以上出土した。作業員によって銅鏡の大半がすでに取り出されていたが、三二面の三角縁神獣鏡は、石室の壁面沿いに配置されていたことが明らかになっている。このうちの三角縁盤龍鏡は、黒塚古墳と同様に北側に一面だけ配置されていた可能性がある。

通常の玉や鏡などの装身具は、被葬者の身辺に配置されるが、両古墳ともに三角縁神獣鏡は被葬者の身辺には置いていない。和泉黄金塚古墳の景初三年銘鏡もまた同じである。装身具としてではなく、喪葬に使用された道具(葬具)あるいは避邪の道具として配置された可能性が考えられる。

一方で、中国の神仙思想の影響とみる見解もある。黒塚古墳においては、同笵鏡の配置において規則性は認められなかった(奈良県立橿原考古学研究所二〇一八)ものの、「王喬」「赤松子」などの神仙像が認められるものが側縁の両端に認められるという(川口一九九八)。三角縁盤龍鏡の配置とあわせ、図像に何らかの価値を認めていた可能性がある。

◆大量生産された三角縁神獣鏡

黒塚古墳の三角縁神獣鏡は、神獣の数や配置、銘文など多様であり、全部で二六種類におよぶ。また、八号鏡以外は黒塚古墳出土鏡、あるいはほかから出土した鏡のなかに同笵鏡が知られている。八号鏡は三角縁神人龍虎画像鏡で、内区に描かれているのが神獣ではなく、四つの乳の間に龍・虎と二体の神仙像が配され、ほかの三角縁神獣鏡とは表現が異なるものである。しかし、笠松形と呼ばれる文様には共通性もあり、三角縁神獣鏡の範疇に分類される。この鏡もどこかに同笵鏡が存在する可能性は高い。

三角縁神獣鏡は、その文様を組み替えることにより、多種多様な鏡がつくられた。そして、同笵鏡と呼ばれるコピーがつくられた。粗製乱造とはいえないまでも、大量生産されたものであることは確かである。鈕孔は、研磨されずいわゆる鋳バリを残すものが大半である。黒塚古墳ではすべての鏡に鈕孔の鋳バリが残り、二二面は鈕孔が貫通せず、現状では紐を通すことができない。棺内から出土した画文帯神獣鏡の鈕孔が丁寧に研磨されているのとは対照的である。

◆鏡に残された傷の検討

三角縁神獣鏡の文様の組み替えや、同笵鏡の製作順序などを探るうえで注目されるのが、鏡に残された傷の検討である。鏡をよく観察すると、縦あるいは横方向の線が、時には文様を寸断していることに気づく。近年の3D計測技術の発展で、より精緻な検討が可能になった。そうした検討のなかで、鏡の文様配置が違っていてもまったく同じ位置に傷がついている事例があることがわかってきた。

ところで、三角縁神獣鏡のなかに、神獣の文様が退化したり、銘文帯が失われ、ほかの文様に入れ替わったりしたものがあって、これらは仿製三角縁神獣鏡として区別されてきた。一方、晋代には銅鏡生産が衰えることから、これを晋代の舶載鏡とする見解（車崎一九九九）もあった。「舶載」の三角縁神獣鏡と仿製三角縁神獣鏡をあわせると、これまでに実に六〇〇面以上の数量に達する。

そうしたなか、大阪府紫金山古墳や島根県造山（つくりやま）一号墳出土の仿製三角縁神獣鏡と、三重県筒野（つつの）古墳や鳥取県馬山（うまやま）四号墳出土の三角縁神獣鏡の「傷」の位置や大きさが一致したのである。同一の堅牢な笵型を再利用し、鏡の文様を刻み直したり、文様の大きさを変えたりしたのである。笵型の再利用がおこなわれるためには、同じ工房内でそれを生産した結果と考えざるをえず、三角縁神獣鏡は、すべてが舶載鏡かすべてが仿製鏡であるかのどちらかになる（清水二〇一五）。福岡県平原古墳出土の方格規矩鏡と、黒塚古墳の三角縁神獣鏡の間にもこのような同一の傷があるものがある。この場合は、まったく異なる図像が笵型に刻み直されたことになる（清水ほか二〇一八）。

一方、これを笵型についた傷ではなく、笵型製作段階に使用された「挽型（ひきがた）」についた傷とみる研究者もいる（水野二〇一五）。「挽型」とは、同心円を用いて大まかな区画を割り付けするための型板である。外枠と真土（まね）の二層からなる二層式の笵型（鈴木二〇〇三）を使用し、まず、型板で割り付けをおこなって、その後に文様を彫り込むというものである。これには反証があり（清水ほか二〇一九）、傷がどのようなプロセスでついたかについて議論が戦わされている。

このため、三角縁神獣鏡は従来どおり、舶載鏡と仿製鏡に分類する研究者（林二〇一九）と、すべてが舶載鏡とみる研究者（加藤二〇一九、岩本二〇一九）、すべてが仿製鏡とすることもありうるが、現状では両説を併記するという研究者（清水ほか二〇一八、水野二〇一八）に分かれている。

◆三角縁神獣鏡の製作地

黒塚古墳は、「おおやまと」古墳群を構成す

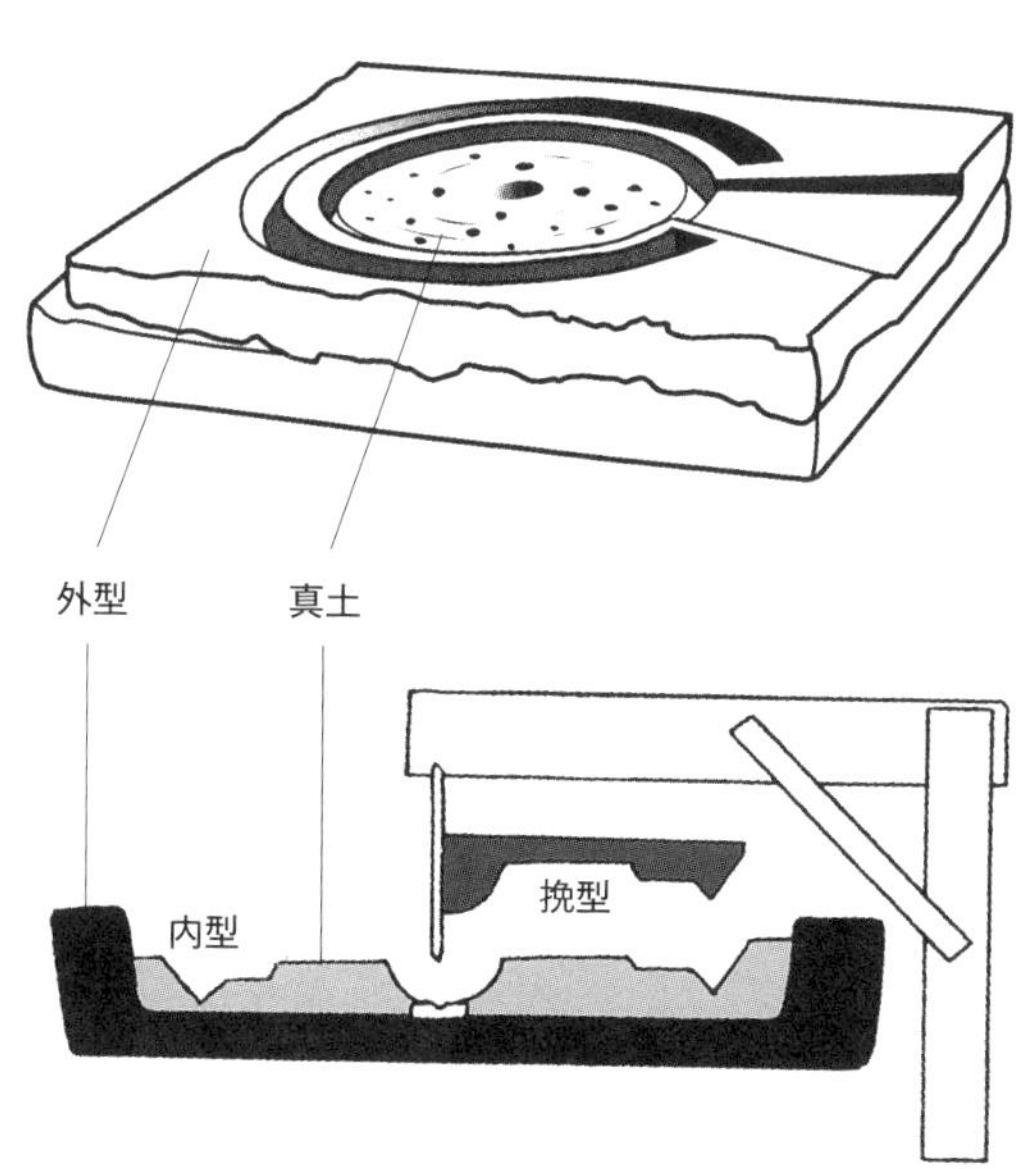

図64　二層式の笵型と「挽型」のモデル

る一基であり、その築造年代は箸墓古墳、西殿塚古墳に近いと考えられる。箸墓古墳または次代の西殿塚古墳の被葬者のもとで、黒塚古墳の被葬者は相当大きな力をもっていたといえるだろう。

また、棺内の画文帯神獣鏡や鉄製甲冑や大刀などの副葬品からみて三国時代や西晋の時代の中国文化と深いかかわりがあったことは疑いがない。三角縁神獣鏡もまた中国とのかかわりがなくしては、副葬されることはなかった。その意味で三角縁神獣鏡は、中国思想を背景としたヤマト王権の鏡であるといえる。

三角縁神獣鏡が日本列島で生産されたとすれば、奈良盆地の東南部から中部にかけての地域が候補地である。唐古・鍵遺跡における弥生時代中期後半までの種々の小型鏡を含む青銅器生産、坪井・大福遺跡、脇本遺跡での庄内式期における青銅器生産、さらには唐古・鍵遺跡に近い鏡作神社に三角縁神獣鏡の内区が伝来していることをふまえるなら、その可能性が浮上する。中国と交渉するなかで、ヤマト王権によって、「おおやまと」地域において、あらたに創出された鏡が三角縁神獣鏡である。しかしながら、古墳時代前期における奈良盆地での大型銅鏡生産や中国系工人の存在は、まだ完全には立証できていない。

有力地域集団の台頭

◆椿井大塚山古墳と平尾城山古墳の被葬者像

黒塚古墳と椿井大塚山古墳には、一七面の同笵鏡がある。鏡の生産工房が同じであり、その副葬状況、古墳の築造時期が近接していることとあわせ、両者のあいだに密接なつながりがあったことは事実として認められる。

前述のとおり、黒塚古墳の被葬者は、「おおやまと」地域にある纒向遺跡を含む布留式期の集落遺跡の居住者であり、中国との交渉に深くかかわったヤマト王権の中枢にあった人物であったと考えられる。

それでは、椿井大塚山古墳の被葬者は、どのような立場の人物であったのだろうか。

椿井大塚山古墳と同じ京都府木津川市内、木津川の東岸部に平尾城山古墳がある。墳丘長一一〇メートルの前方後円墳である。

一九七六～七七年に発掘調査がおこなわれ、後円部で三基の埋葬施設が検出されている（近藤一九九〇）。中心となる埋葬施設は、木棺を安置する竪穴式石室である。さらにそのかたわらに一つの墓壙が掘削されており、そのなかに棺が二基並列していた。木棺を粘土で包んだ粘土槨である。いずれの埋葬施設もはげしい盗掘をうけていたが、三角縁神獣鏡と思われる銅鏡の破片、石釧、鉄剣・鉄刀・鉄鏃や鉄錐・鉄斧・鉄鑿・鉄鉇などが出土している。また、墳丘上からは、円筒埴輪列が検出されたほか、家形・蓋形・鶏形などの形象埴輪が出土している。また、墳丘上からは、布留2式とされる小型丸底土器と、山陰系の鼓形器台と呼ばれる外来系土器が出土している。

こうした遺物から、平尾城山古墳は椿井大塚古墳につづく時期、布留2式期に築造された首長墓であると考えられる。「おおやまと」古墳群と比較するなら、行燈山古墳と同時期に築造されたものであろう。埴輪の様相などから、平尾城山古墳の被葬者もまた、「おおやまと」古墳群の被葬者とのあいだに密接なつながりがあったと考えられる。

しかし、「おおやまと」地域の政治的集団すなわち「おおやまと」古墳集団が、椿井大塚山古墳や平

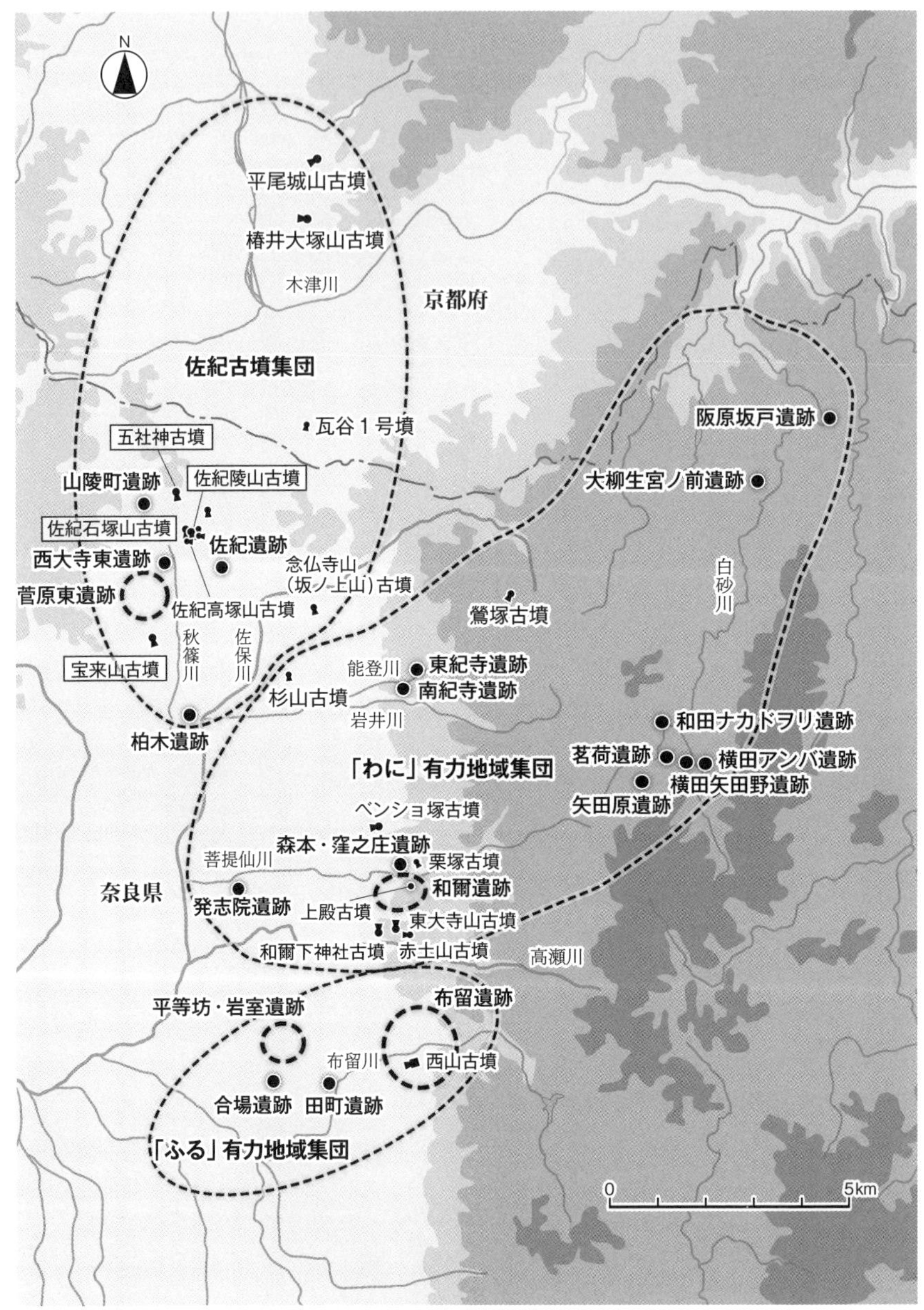

図65　佐紀古墳集団と「わに」有力地域集団、「ふる」有力地域集団の関連遺跡

尾城山古墳を造営したとは考え難い。「おおやまと」地域からはあまりにも距離が離れているからである。

一方、古墳周辺部には同時期の遺跡が認められない。また、弥生時代の大規模遺跡も知られていない。これら古墳の被葬者の居住地を近傍で求めるとするなら、それは奈良盆地北部の「さき」地域である（図65）。この地域には、弥生時代の拠点集落である佐紀遺跡・大安寺西遺跡があり（図17参照）、庄内式期から布留式期においては奈良市の市街地の三条遺跡・大森遺跡・杉ヶ町遺跡などで遺物が検出されている。さらに、佐紀遺跡では、布留式期の遺物が多量に認められる（安井二〇〇七）。

椿井大塚山古墳と平尾城山古墳は、この「さき」地域の生産力を背景に造営されたものであり、密接につながりのある「おおやまと」古墳集団と同様の命名をするなら、これを佐紀古墳集団と呼ぶのがよいだろう。

◆「わに」の地域集団の成長

布留式期の奈良盆地には「おおやまと」古墳集団と佐紀古墳集団のあいだに、「わに」と「ふる」の地域集団が存在する。とりわけ、「わに」の地域集団は「おおやまと」古墳集団と佐紀古墳集団をつなぐ役割を果たす。弥生時代後期から布留式期にかけての「わに」の地域集団の活動が、佐紀古墳集団の椿井大塚山古墳や平尾城山古墳の造営をうながすものとなる。「わに」地域集団の活動範囲には、木津川支流の白砂川が含まれており、この水上交通を介して、「わに」地域集団は「おおやまと」古墳集団と佐紀古墳集団をつなぐ役割を担ったのである。

七五ページで述べたとおり、「わに」地域には、弥生時代の拠点集落は存在しないが、菩提仙川中流部に和爾・森本遺跡、長寺遺跡、森本・窪之庄遺跡などがある。弥生時代後期以降、急激に地域集団の活動が盛んになった地域である。

このうち庄内式期から布留式期まで継続するのが、天理市和爾・森本遺跡であり、さらに北側に奈良市と天理市にまたがって森本・窪之庄遺跡がある。その東端部では墳丘長一〇〇メートルの前方後円墳の栗塚古墳（奈良市高樋町）が築造される。栗塚古墳の築造時期は不確定だが、その墳形から古墳時代前期にさかのぼるものである可能性が高い。その場合、弥生時代の地域集団が、古墳時代に前方後円墳を築造しうる政治的集団として順調に成長したと考えることができる。

この地域集団の東側の背後には、深い山地がある。山を越えた白砂川流域には、布留式期の木材切り出しや集積にかかわる遺跡がある。奈良市の矢田原遺跡は、木材製材にかかわる遺跡であり、庄内式期にまでさかのぼる。横田アンバ遺跡、横田矢田野遺跡では、布留式期の竪穴住居も確認されている。「わに」の地域集団は、背後の山地および谷部において、早い段階に木津川上流部のルートを確保して、盛んな生産活動をおこなっていたのである（青柳二〇一一）。

このように、庄内式期から布留式期の初頭において、「おおやまと」古墳集団、佐紀古墳集団、「わに」の地域集団はそれぞれ個別に生産基盤をもち、活動をおこなっていたわけだが、三者の間は相互に親密である。その後、「わに」地域集団は、和邇氏の遡源となる有力地域集団へ成長していく。

一方、「おおやまと」古墳集団と佐紀古墳集団は、布留2式期の時期に一体化する。ヤマト王権は、その直接的な支配領域を広げ、その権力基盤を確固たるものにしていく。

このほか、前述した「ふる」の地域集団をはじめ、奈良盆地の南部には「そが」、西南部には「かづらぎ」の地域集団が存在していた。これらが、氏族の淵源となる有力地域集団として成長する。そして、時にはヤマト王権と対峙することとなる。

次章では、このようなヤマト王権の王を輩出した「おおやまと」古墳集団と佐紀古墳集団および、奈良盆地各地でそれぞれ支配領域を確保した有力地域集団の動向をみてゆこう。

第8章　ヤマト王権と有力地域集団

——大王と氏族の出自——

『古事記』『日本書紀』と佐紀古墳群

『古事記』『日本書紀』には、菅原と狭木・狭城（佐紀）など奈良盆地北部、奈良市の地名が登場する。まず、垂仁天皇の宮と陵をみよう。

一二八ページで述べたとおり、垂仁天皇の宮は纏向珠城宮で、その陵は『日本書紀』では「菅原伏見陵」、『古事記』では狭木の寺間の陵とする。このうち、「菅原伏見陵」の名称は、いまいちど『日本書紀』に登場する。五世紀の倭の五王の一人「興」に比定されることもある安康天皇の陵の名称も「菅原伏見陵」である。

『延喜式』は平安時代の律令細則であり、その時点での陵墓管理の状況が諸陵式に記される。ここでは、垂仁天皇陵について「菅原伏見東陵、纏向珠城宮御宇垂仁天皇、在大和国添下郡、兆域東西二町、南北二町、守戸一烟」、安康天皇陵は「菅原伏見西陵、石上穴穂宮御宇安康天皇、在大和国添下郡、兆域東西二町、南北三町、守戸三烟」と記されている。平安時代においては、菅原の東の地に垂仁天皇陵、西の地に安康天皇陵があり、それぞれ守戸をおいてそれを管理していたことがわかる。

このほか、佐紀にかかわるものとして景行天皇の次の成務天皇と神功皇后の陵が、『日本書紀』では狭城盾列陵（さきたたなみのみささぎ）、『延喜式』では前者が狭城盾列後池陵、後者が狭城盾列池上陵として記されている。

ところが、これらの天皇・皇后陵は、奈良時代のあいだに早くもその対象がどれにあたるかの混乱がおこり、江戸時代には、そのほとんどが不明確なものとなってしまった。そして、国家の管理から在地の社会が管理するところとなったのである。

そして、明治年間に、これら天皇と皇后に加え、この地域とのかかわりのある垂仁天皇の皇后である日葉酢媛（ひばすひめ）、仁徳天皇の皇后である磐之媛（いわのひめ）、あるいは称徳（孝謙）天皇、平城天皇の陵をそれぞれ佐紀古墳群の前方後円墳や菅原地域の遺跡に、明治政府がなかば強引に該当させ、それぞれの陵に治定した。現在の宮内庁の治定は、明治政府がさだめたものをそのまま採用したものである。

日葉酢媛については『日本書紀』には記載がなく、『古事記』には垂仁天皇の后を〝狭木の寺間の陵に葬った〟という記載がある。日葉酢媛陵は、『延喜式』には記されず、平安時代には確固たる管理がおこなわれていない。はたして陵としての実態があったかすらも疑問が残る。磐之媛については、『日本書紀』仁徳天皇三十七年条に〝皇后を乃羅山に葬る〟とあるが、具体的な位置は記されない。『古事記』には記載がない。『延喜式』には「平城坂上陵」とある。この場合は、三〇ページで述べたように神武天皇陵と同様に伝説的な人物の墓として新たに創造され、陵墓として管理されるようになった可能性も考えられる。しかし、「平城坂上陵」の記載からは、その位置を特定することはできない。

称徳天皇や平城天皇の陵は、『延喜式』に前者は「高野陵」、後者は「楊梅陵」とあり、それぞれ守戸をおき管理されている。ところが、江戸時代までのあいだにその所在地は、まったくわからなくなっている。現在治定されているのは、古墳時代前期から中期の前方後円墳であり、奈良時代や平安時代の天皇とは時代が合っていない。

くり返し述べるように、『古事記』『日本書紀』の完成は、奈良時代である。平城宮の北側の佐紀古墳群にみずからの祖先の天皇・皇后陵をあてはめたことは、ごく自然なことであったといえる。しかし、その存在そのものが危うく、曖昧模糊とした伝承と遺跡や古墳を強引に後付けしてこじつけたがゆえに、早い時期にその所在地に大きな混乱が生じてしまった。さらにその後も陵として徹底した管理がなされなかったために、このような事態になってしまったのである。

『日本書紀』の埴輪成立譚

この地域にかかわる有名な『日本書紀』の記事がある。日葉酢媛の薨去(こうきょ)にともなう、埴輪の成立譚である。

皇后日葉酢媛命(一説には日葉酢根命であるという)が薨じられた。葬るまで時間があった。垂仁天皇は、群臣を召して、

「殉死の風習はよくない。なにかよい方法はないか」

と問うた。

そのとき、野見宿禰がすすみでて、

「君王の陵に、生きた人を埋めることは良くありません。適当な処置を協議し、奏上いたします」

野見宿禰は、使者を遣わし、出雲から土部（はじべ）百人を召し出して、みずから土部を使い、埴を取り、人や馬、種々の形の物を造って、天皇に献上した。そして、

「いまより以降、この土物（はに）を生きている人にかえて陵に立て、後世の法としたい」

と申し上げた。天皇はたいそう喜び、

「おまえの処置は私の気持ちにかなった」

と仰せになり、その土物を日葉酢媛の墓に立てた。この土物を埴輪、または立物と名付けた。そこで、命を下して、

「いまより以後、陵墓には必ずこの土物を立てて、人をば損なってはならない」

と仰せられた。天皇は、あつく野見宿禰の功績を褒められて、鍛地（かたしどころ）を賜った。そして土部の管掌者に任じられた。そこで本姓をあらためて、土師臣という。これが、土師連らが、天皇の喪葬を掌ることになった縁である。いわゆる野見宿禰は土師連の始祖である。


（『日本書紀』垂仁天皇三十二年七月条）

第6章で述べたとおり、特殊器台が埴輪の起源であり、キビとヤマトの交渉によって埴輪が成立したという歴史的事実とは大きく乖離している。これはあくまで、天皇の葬祭にかかわった土師氏による祖先顕彰の物語である。土師氏が賜ったという鍛地は、文字どおり鍛冶をする場所である。鉄は高温で鍛

錬され、土器も高温度で焼成される。葬祭にあたり、両者を土師氏が複合的に生産したことをあらわしたものであろう。

この土師氏の後裔に菅原氏がいる。菅原氏は、その名のとおりこの奈良市菅原町を本拠としていた。ここには、菅原東遺跡があり、古墳時代後期（六世紀前半）の埴輪窯や生産工房が検出されている。この遺跡の南側と東側に佐紀古墳群が広がる。後述するとおり、これらの古墳は菅原東遺跡の埴輪の年代からは大きくさかのぼり、古墳時代前期後半から中期後半（四世紀半ば〜五世半ば）に築造されたものである。

この埴輪成立譚は、このような埴輪生産遺跡や埴輪が樹立された古墳を土師氏の祖先顕彰に結びつけて解釈したものである。これは、奈良時代の天皇と氏族の祖先観をみるうえで、格好の素材である。『日本書紀』編纂時点ですでに、歴史的事実との大きな乖離が認められることは、もっと注目されてよい。もとより、垂仁天皇やその皇后である日葉酢媛が実在したとは考えられず、それと佐紀古墳群との関連性を考慮する余地はない。この地域の古墳時代前期の遺跡や古墳は、天皇の祖先のものではなく、その血縁系譜には連ならないといえる。前章で述べたように、これらの遺跡や古墳を残したのは、本書で佐紀古墳集団と呼ぶ政治的集団である。次に、その動向をみてみよう。

「おおやまと」の王からヤマトの王へ

◆二人の王

六世紀の埴輪窯が確認された菅原東遺跡（図66）は、古墳時代前期後半（布留2〜3式期）の大規模集落

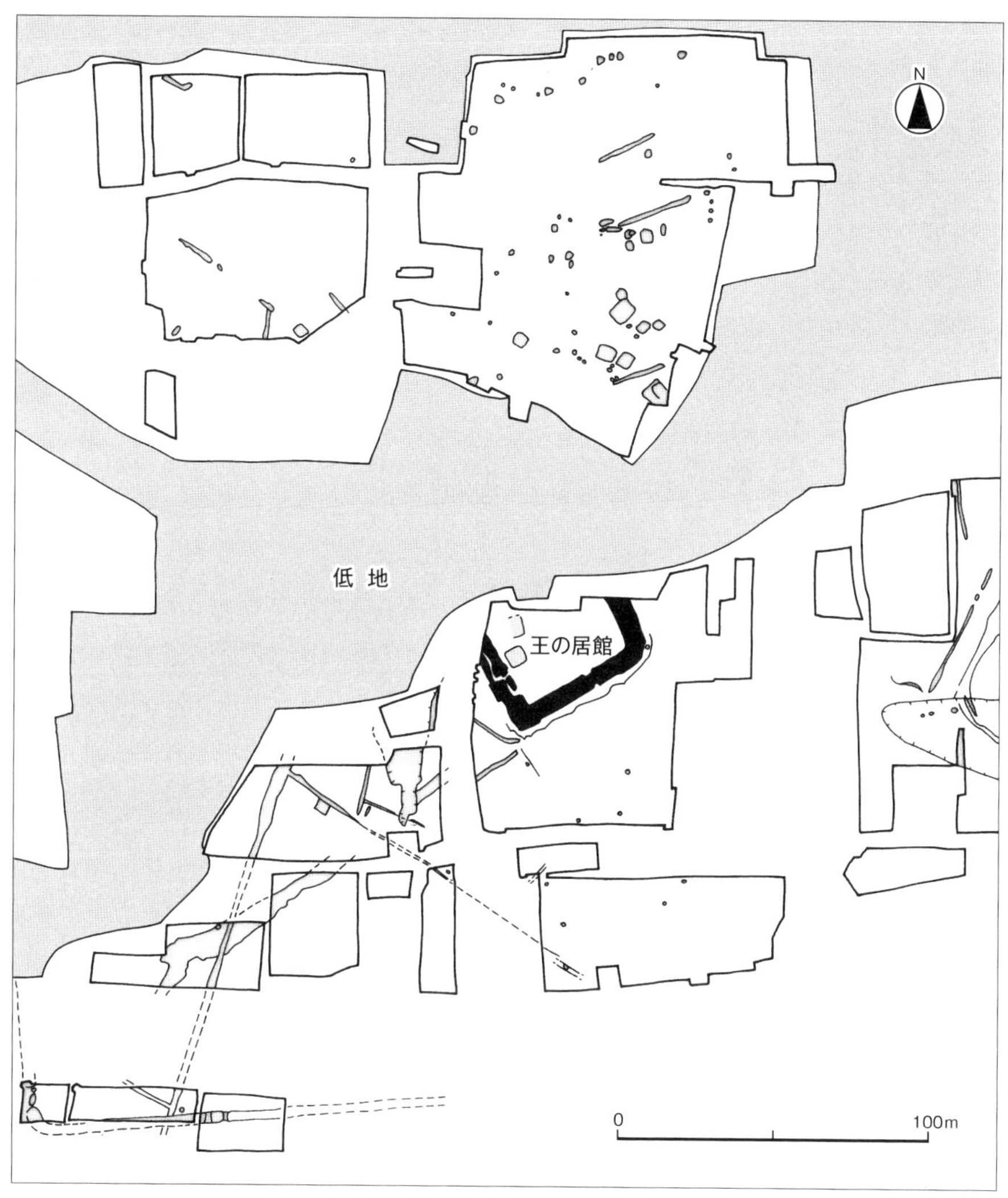

図66　布留式期の菅原東遺跡

遺跡である。その中央に、幅六メートルの溝を方形にめぐらせた王の居館がある。その区画は東西約五〇メートル、南北三八メートル以上で、占有面積は一九〇〇平方メートル以上である。溝からは、古墳の副葬品である腕輪形石製品の一種の車輪石や碧玉製管玉の未製品などが出土している。周辺では、同時期の溝・土坑などの遺構が検出されており、集落全体の範囲は九〇〇〇平方メートルにおよぶ。

前述一二〇ページで述べた布留式期の纒向遺跡全体の規模は、三平方キロにおよび、菅原東遺跡と同時期となる古墳時代前期後半（布留2式期）の「おおやまと」の王の居館の占有面積は二五〇〇平方メートル以上に達する。菅原東遺跡はそれにはおよばないが、その規模と出土遺物からみて、集落は「さき」の王の支配拠点であり、その中央が王の居館であろう。

また、時期は不確定ながらも奈良市西大寺東遺跡において、大型建物が検出されており、これも菅原東遺跡と同様の佐紀古墳集団の王の居館のひとつであった可能性がある。

さらに、弥生時代の拠点集落である佐紀遺跡では、各所において布留式期の出土遺物が顕著であり、そのなかに土木工具や祭祀具など多量の木製品、埴輪なども含まれていた。古墳造営や、周辺の土地開発が著しく進んだことを示している。佐紀古墳集団による活発な生産活動は、これをもって証明される。

つまり、古墳時代前期後半（布留2式期）の時期には、南に「おおやまと」古墳集団が構えた纒向遺跡という「おおやまと」の王の支配拠点と居館があり、北に佐紀古墳集団の構えた菅原東遺跡や西大寺東遺跡などに王の支配拠点と居館があって、並立していた。両者が、けっして対立していたわけではないことをこれまで述べてきた。布留式期初頭の段階において、一八面もの三角縁神獣鏡の同笵鏡を分有するなど、「わに」の地域集団をその中間に介在させながら、そのはじめから緊密な関係にあったのである。その後の布留2式期の段階において、二つの古墳集団が併存しながら、ヤマト王権として一体となって、その実力を増大したものと考えられる。

このように、ヤマト王権は、二カ所に支配拠点を構え、二人の王を輩出したのである。かくして、布留2式期において、ヤマト王権はようやく「さき」地域と「おおやまと」地域を完全に手中におさめてその支配領域としたのである。見方をかえれば、ヤマト王権には二人の王が並立していたのであり、その二人が連合していたということになる。

それは、「おおやまと」地域の大型前方後円墳においては、その掉尾を飾る渋谷向山古墳が築造された時期にあたり、さらにその直後の時期にもおよんでいる。「おおやまと」の王たる渋谷向山古墳の被葬者は、すなわちヤマト王権の王である。そして、菅原東遺跡に支配拠点と居館を設けた佐紀古墳群のいずれかの大型前方後円墳の被葬者も、またヤマト王権の王であった。それでは、そのもう一人のヤマト王権の王墓は、どれにあたるのだろうか。

◆もう一人の王の墳墓

菅原東遺跡に最も近い位置にある大型前方後円墳は、宝来山古墳である。佐紀古墳群の大型前方後円墳の西南端、一基だけ離れた位置にある（図67）。墳丘長二二七メートルの前方後円墳で、鍵穴形の周濠に満々と水をたたえた姿を、近鉄橿原線の車窓から一望することができる。

江戸時代の元禄年間には、天武天皇の皇子である新田部（にいたべ）親王の墓と考えられていた。一八四九年（嘉永二）に盗掘をうけ、「東南の方」を掘り下げたところ「亀の形の」蓋をもつ石棺があらわれたという。長持形石棺と考えられる。銅鏡が出土したという伝承があるものの、出土遺物としては古墳時代前期末から中期にかかる円筒埴輪の破片が採集されているだけで、くわしいことはわからない。

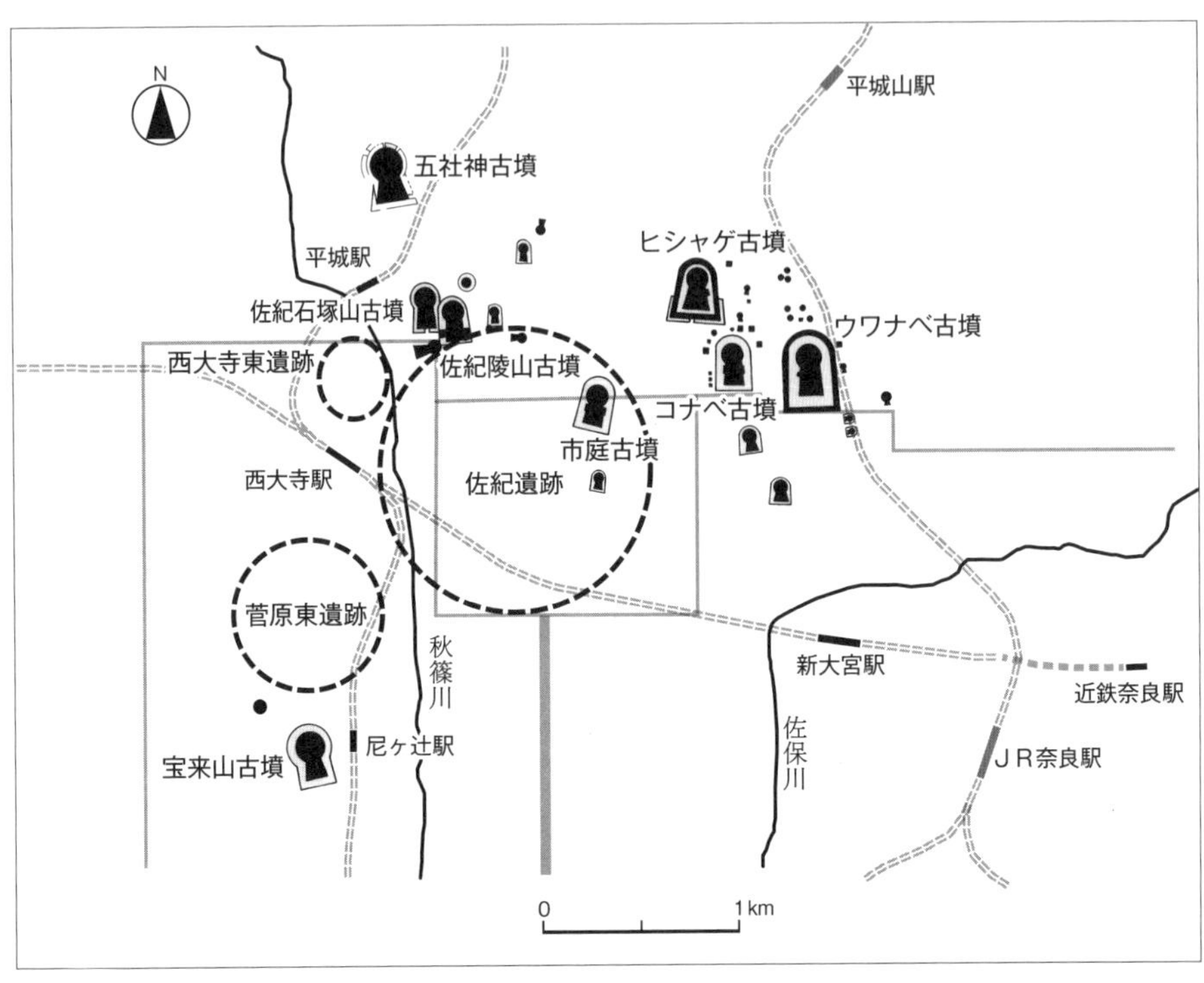

図67　佐紀古墳群と周辺の主要遺跡

築造年代は不確定だが、長持形石棺は割竹形木棺にかわり古墳時代中期に王の棺として採用されるものであり、菅原東遺跡の居館の主人の墳墓である可能性は少ない。

一方、近鉄京都線平城駅の東側にある佐紀古墳群の西群においては、五社神（ごさし）古墳（墳丘長二七五メートル）、佐紀陵山（さきみささぎやま）古墳（墳丘長二〇七メートル）、佐紀石塚山（いしづかやま）古墳（墳丘長二一九メートル）の三基の大型前方後円墳が、古墳時代前期後半から中期初頭に築造されたものであると考えられている。

このなかで、佐紀陵山古墳は一九一六年（大正五）の盗掘とその後の復旧工事により、後円部の埋葬施設、副葬品、埴輪配置の状況が明らかになっている。石棺の状況は判然としないが、埋葬施設は大規模な竪穴式石室である。副葬品としては、直径三四・三センチの仿製内行花文鏡、直径三四・九センチと三二・七センチの大型仿製方格規矩鏡（図68）など銅鏡が五面、車輪石、鍬形石、石釧の腕輪形石製品が合計七点、管玉一点、刀子や農具、容器、椅子などを模した石製品などが知られている。実物は、復旧工事にともない埋め戻されたが、石膏形が残されている。

埴輪は、後円部の石室の周囲に立て並べられたものの石膏形が残されているほか、その後の宮内庁の調査により出土したものがある。蓋形（図69）、盾形などの形象埴輪と、鰭付円筒埴輪があり、形象埴輪は、大型で精巧なつくりである。実物をそのままの大きさで写実的に造形したものであり、最初につ

（直径：32.7 cm）

（直径：34.9 cm）

図68　佐紀陵山古墳出土の大型仿製方格規矩鏡

図69　佐紀陵山古墳出土の蓋形埴輪（複製）

くられた形象埴輪であるという評価もある。鰭付円筒埴輪は、前述の渋谷向山古墳でもみられ、円筒埴輪の発達した形式である。佐紀古墳群で盛行し、ここを中心にヤマト王権の象徴的器物として日本列島各地の古墳に樹立される埴輪に影響を与えた。

古墳の築造年代は、渋谷向山古墳と同時期、円筒埴輪編年の二－一期、布留2式期と併行する時期におくことが可能である。すなわち、纒向遺跡と菅原東遺跡というヤマト王権の王の支配拠点と居館が並立した時期である。まさに佐紀陵山古墳の被葬者こそ、渋谷向山古墳の被葬者と並び立ったヤマト王権のもうひとりの王であったと考えられる。

◆**地域集団から有力地域集団へ**

ヤマト王権の二人の王の墳墓と、その支配拠点・居館を比較したとき、渋谷向山古墳と佐紀陵山古墳および纒向遺跡と菅原東遺跡の較差は歴然としている。「おおやまと」古墳集団と佐紀古墳集団の両者は、その前の布留式期のはじめの段階から古墳の規模や生産基盤に較差がある。「おおやまと」古墳集団が主導し、佐紀古墳集団をとりこんでヤマト王権の広域支配が実現したのである。

前章一八五ページで述べたとおり、地理的にも、また地位的にも両者の中間に介在した「わに」地域集団と「ふる」地域集団は、古墳時代前期にはすでに、前方後円墳を築くような政治的集団として成長していた。さらに、奈良盆地南部には「そが」地域集団が、西南部には「かづらぎ」地域集団がそれぞれ古墳時代前期に政治的集団として成長する（図17参照）。

このような奈良盆地内の各地域で、弥生時代の生産基盤を背景にしながら古墳時代に支配領域を確保して、政治的集団として成長した集団を有力地域集団と呼ぶ。その意味では、「おおやまと」古墳集団も佐紀古墳集団も有力地域集団である。

「おおやまと」古墳集団は奈良盆地の有力地域集団のなかで、いちはやく支配拠点を設け、大型前方後円墳を築き、弥生時代以来の豊かな生産力を背景に支配領域を確保して、広域支配を実現したのである。この有力地域集団を天皇家（大王家）が、みずからの祖先のものとして位置づけたことは、これまで述べてきたとおりである。

そのほかの有力地域集団とそれを先祖に位置づけた氏族、そして「おおやまと」古墳集団・佐紀古墳集団とのかかわりをみてゆこう。

「わに」の有力地域集団と和邇氏

◆和爾遺跡

「わに」の有力地域集団は、菩提仙川・高瀬川流域を中心とし、岩井川・能登川・白砂川流域にも支配領域を確保した。この有力地域集団の支配拠点が和爾（わに）遺跡である（図65参照）。

和爾遺跡は、天理市和爾町に所在する。菩提仙川の南岸部一帯の範囲と、北岸の森本・窪之庄遺跡の範囲一帯を含め、約二平方キロの広大な範囲におよぶ。集落の北端部の第一四次調査において六間×六間の総柱構造の大型建物（床面積一七一・六平方メートル）が検出されている。「わに」地域を支配した王が、ここで祭祀をおこなったと考えられる。年代は古墳時代中期前半（布留3式期）である。和爾遺跡では、それをさかのぼる布留式期の遺構・遺物も確認されているが、王にかかわるものは検出されていない。

和爾遺跡内には、古墳時代前期後半に築造された上殿（うえどの）古墳（直径二三メートルの円墳）がある。規模は大きくないが、埋葬施設の粘土槨から、腕輪形石製品や鉄製武器・武具類が出土し、豊富な副葬品から被葬者の実力を知ることができる。また、和爾遺跡の北西側一・五キロの位置に、古墳時代中期前半に築造されたベンショ塚古墳（墳丘長七二〜七七メートルの前方後円墳）がある。埋葬施設である粘土槨から鉄製武器・武具、農具、馬具類など豊富な副葬品が出土している。和爾遺跡の大型建物の築造時期に一致するのは、このベンショ塚古墳である。

一方、高瀬川流域の和爾遺跡の南側において、古墳時代前期に赤土山（あかつちやま）古墳（墳丘長一〇六・五メートル）、東大寺山古墳（墳丘長一三〇メートル）、和爾下神社古墳（墳丘長一〇五メートル）などの前方後円墳がつぎつぎと築造され、和爾古墳群が形成される。これら古墳の被葬者が、「おおやまと」古墳集団と佐紀古墳集団を仲介する役割を担ったと考えられる。

◆東大寺山古墳の被葬者像

これらのなかで、東大寺山古墳は埋葬施設、副葬品、埴輪など外部施設の状況が判明しており、外交集団としての「わに」の有力地域集団の特質を示すことができる。

東大寺山古墳は、天理市櫟本町に所在する。一九六一年に地元民による大規模な盗掘があり、一九六一～六二年と一九六六年に天理大学附属天理参考館が発掘調査をおこなって、その資料は広く知られることとなった。そして、二〇一〇年に精緻な実測図を掲載した調査報告書が刊行された（東大寺山古墳研究会ほか二〇一〇）。

墳丘には、円筒埴輪と鰭付朝顔形埴輪、盾形・靫形・甲冑形・家形埴輪が知られ、円筒埴輪編年では一-二期に位置づけられる。一方、布留2式期の壺形土器が出土している。こうした状況から「おおやまと」古墳群においては、行燈山古墳につづき渋谷向山古墳が築造され、その間の時期におくことができる。

後円部の埋葬施設は粘土槨で、翡翠製勾玉、翡翠製棗玉、緑色凝灰岩製管玉などの玉類が計六二点、腕輪形石製品（鍬形石二六点、車輪石二三点、石釧一点）、鏃形四八点、坩形一三点などの石製品類、素環頭大刀七点、青銅製環頭大刀八点を含む鉄刀が計二三点、これに加え鉄剣一四点、鉄鎗一〇点、鉄鏃七〇点、短甲二点、草摺二点、盾一点などの鉄製武器・武具類、さらには鉄製工具類、巴形銅器七点などの副葬品が知られている。古い盗掘もあるので、これらが副葬品のすべてではない。

注目されるのが、紀年銘大刀である。青銅製環頭大刀の刃の反対の峰部分に金象嵌で「中平□□（年）五月丙午造作文（支）刀百練清剛上応星宿下避不祥」の二四文字が刻まれている（**図70**）。中平は、後漢の年号で一八四～一八九年である。中平年間に中国で生産されたこの大刀を、年代も地域も離れた東大寺山古墳の被葬者がどのようにして入手したかについて、議論が交わされてきた。

長さが一メートルを超えるような大刀については、弥生時代から古墳時代前期までのあいだには日本列島で生産する技術はない。一一七ページで述べたとおり「おおやまと」古墳群から出土した鉄刀など

図70　東大寺山古墳出土の中平銘大刀

古墳時代前期の環頭大刀のほとんどは、中国製もしくは朝鮮半島製であったと考えられる。そのようななかで、東大寺山古墳の大刀の環頭部分の装飾は、日本列島でのアレンジが加えられている。環頭大刀は、円環部分の中央には中国由来の三葉文が施されているが、円環の上面に竪穴住居の表現があるものがある（図71左）。

奈良県広陵町に佐味田宝塚(さみたたからづか)古墳という墳丘長一一一・五メートルの前方後円墳がある。そこから出土した遺物のなかに、王の居館を刻んだ家屋文鏡と呼ばれる仿製鏡がある。日本列島の固有の伝統的家屋を文様に刻んだ唯一の鏡である。鏡には入母屋の二階建ての建物（高殿）、入母屋の平屋建物、切妻の高床建物、竪穴住居（伏屋）という屋根の形や構造の異なる四つの建物が描かれている。そのなかの竪穴住居の構造は、東大寺山古墳の環頭大刀のそれと見事に一致している（図71右）。この竪穴住居は、王が日常生活をおこなった場であろう。ヤマト王権が、中国の器物にアレンジを加えていたことをこれまで述べてきた。この場合は、鉄刀の環頭部分に仿製鏡の意匠をとり入れたのである。

さらに、巴形銅器と鏃形石製品が出土していることも注目される。朝鮮半島南東端部の金海が狗邪韓国や金官加耶国の領域であり、倭国へつながる結節点としての役割をはたしたことは九四ページで述べ

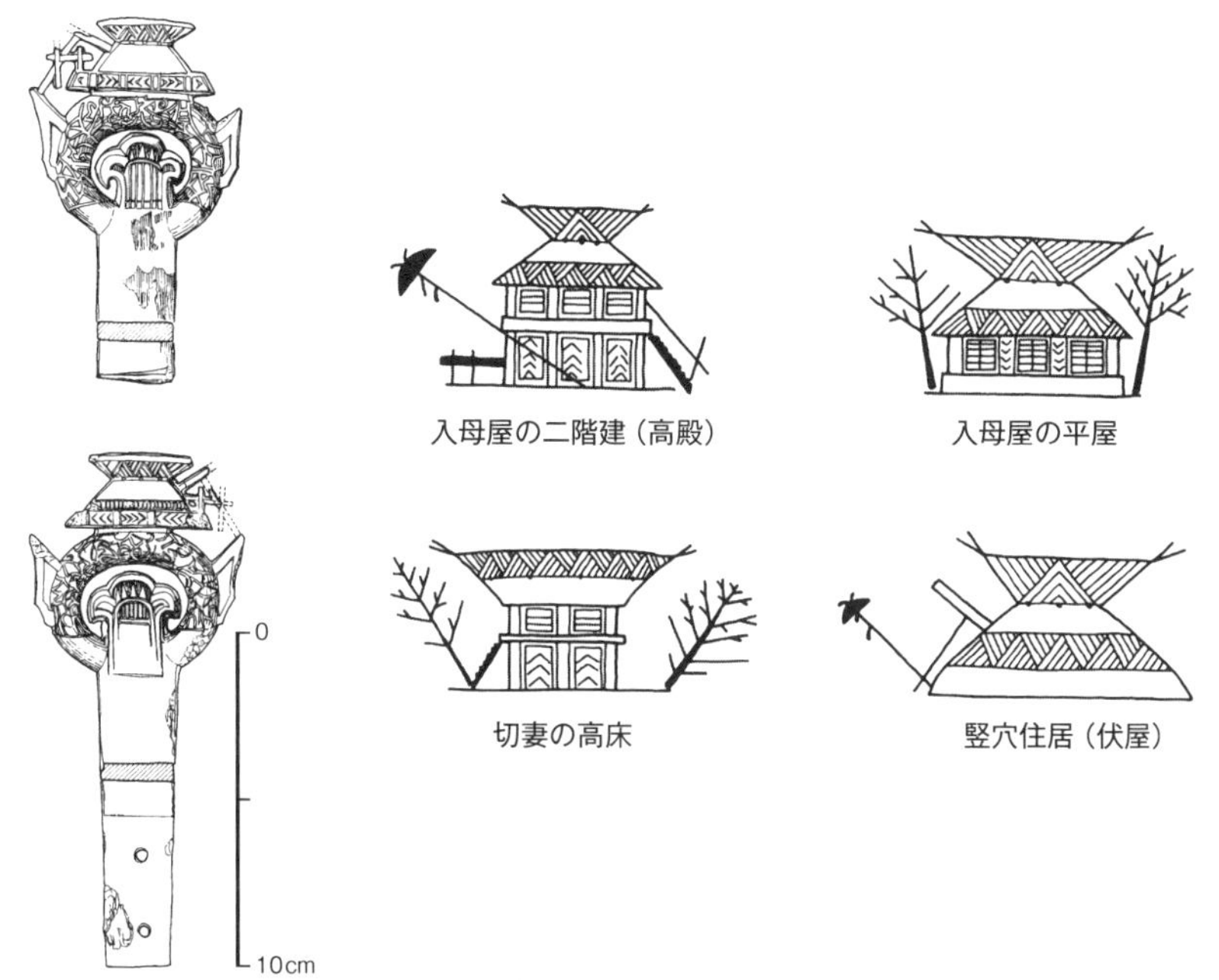

図71　東大寺山古墳出土の大刀の環頭部分の装飾（左）**と佐味田宝塚古墳出土の家屋文鏡に描かれた建物**（右）

た。三〜四世紀の金官加耶の王墓と位置づけられているのが大成洞（テソンドン）古墳群である。この古墳群からは、巴形銅器や鏃形石製品とともに筒形銅器と呼ばれる特徴的な遺物も出土している。筒形銅器は円筒形を呈し、内部は空洞で、舌（ぜつ）と呼ばれる音を鳴らすための薄い板をとり付けている。楽器、または武器の鐏や戈などの地面に接する部分にとりつけた石突きの用途が考えられる。出土量は朝鮮半島の方が多く、朝鮮半島産（田中一九九八）とする説と日本列島産（山田二〇〇〇）とする説に分かれている。巴形銅器は、盾の前面の装飾にとり付けられたと考えられるものであり、筒形銅器と同じく日本列島では古墳時代前期後半の時期に副葬品としておさめられた。巴形銅器と鏃形石製品は、日本列島産と考えられる。大成洞古墳群では、鉄鋌が多量に出土しているほか銅鍑など中国製品も出土しており、金官加耶が倭国との結節点であったことは間違いがない。

東大寺山古墳の被葬者が、金官加耶と交渉していた人物であって、中平年銘大刀をはじめとした中国製の遺物も金官加耶を通じて入手した可能性は多分にあるだろう。あるいは、ヤマト王権が金官加耶との交渉を通じて入手したものを、東大寺山古墳の被葬者に分与した可能性もある。環頭大刀の装飾は、ヤマト王権のアレンジと考えられるからである。

いずれの場合であれ、東大寺山古墳の被葬者は、倭国内においては「おおやまと」古墳集団と佐紀古墳集団とつながりながら、金官加耶や中国と盛んな海外交渉をおこなったのであり、ここに「わに」の有力地域集団の外交的性格が如実にあらわれている。

◆和邇氏

この「わに」の有力地域集団は、のちに和邇氏と呼ばれることとなる。和邇氏は、『日本書紀』では和珥氏、『古事記』では丸邇氏と記述される。丸の一字をもってワニと読ませることもあった。葛城氏や蘇我氏と並んで、大王に対して多くの后妃を輩出したことをもって権力を掌握したとされている。応神・反正・雄略・仁賢・継体・欽明の各天皇に和邇氏出身の后妃の名が記載される。天理市和爾町付近が本貫地とされ、この周辺の古墳群を中心に和邇氏の勢力範囲が想定されてきた（岸一九六六）。

しかし、氏族の成立は六世紀である。地域の生産力を背景に開発を主導することこそが権力掌握のための条件であって、血縁系譜と権力者との姻戚関係は、その条件であったわけではない。少なくとも、大王との関係性において、氏姓が政治制度上に位置づけられるのは、早くとも六世紀である。和邇氏は、六世紀以降に活動した粟田氏・小野氏・柿本氏・大宅氏などの氏族の祖と位置づけられており、和邇氏からこれらの氏族が分岐したとされている。

和邇氏や葛城氏の四～五世紀における大王家との姻戚関係は、あくまで後付けであって、個々の人物の実在性に疑問がある。ただし、大王との親和性をはかる意味で、和邇氏が葛城氏や蘇我氏にまさって、最も多くの后妃を輩出したという記録があることは重要である。

「ふる」の有力地域集団と物部氏

◆平等坊・岩室遺跡と布留遺跡

「ふる」の有力地域集団の支配領域は、布留川流域一帯である（図65参照）。

この有力地域集団の庄内式期から布留式期の支配拠点は、布留川下流部に位置する平等坊（びょうどうぼう）・岩室（いわむろ）遺跡であり、古墳時代中期の支配拠点は、布留川上流部に位置する布留遺跡である。

天理市平等坊町・岩室町に所在する平等坊・岩室遺跡は、弥生時代の拠点集落遺跡である。周囲に環濠をめぐらす環濠集落で、面積は二〇万平方メートル以上に達する（図72）。

庄内式期から布留式期になって、集落北半部の環濠内に一辺三〇メートルほどの溝をめぐらす方形区画が出現する。方形区画内部の調査はおこなわれていないが、九〇〇平方メートルの占有面積をもつ「ふる」地域を支配した王の居館として意義づけられる。さらにこの方形区画から南八〇メートルの地点で腕輪形石製品の一種である鍬形石が出土している。前述一九四ページの、菅原東遺跡ではヤマト王

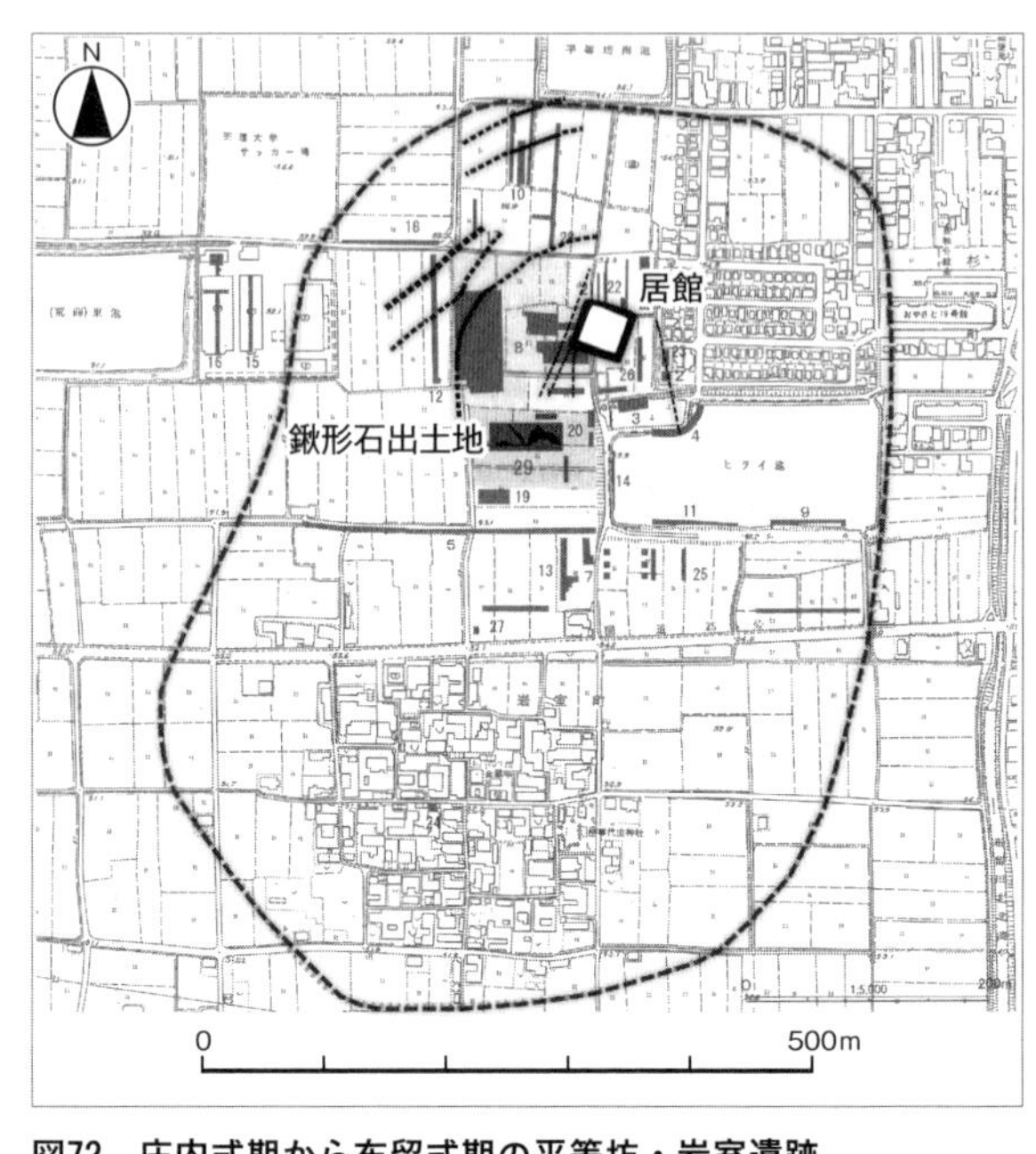

図72　庄内式期から布留式期の平等坊・岩室遺跡

権の王の居館内から車輪石が出土しているが、この場合は居館の外部からの出土である。しかし、いずれの場合も王の実力を示すものであり、平等坊・岩室遺跡は、居館やその周辺で「ふる」地域の支配を実現した王が実際に活動していた痕跡であると考えることができる。

　布留遺跡は七七ページで述べたとおり、布留式土器の命名の由来となった遺跡であり、天理市布留町・三島町・杣之内町・豊井町・守目堂町に所在する。その布留遺跡のなかに日本列島最大の前方後方墳である西山古墳（墳丘長一八三メートル）がある。古墳時代前期中葉（円筒埴輪編年一－二期）の築造である。西山古墳と平等坊・岩室遺跡は年代が合致し、西山古墳の被葬者と平等坊・岩室遺跡において「ふる」地域の地域支配をおこなった王が直接結びつくものと考えられる。

「ふる」地域においては、古墳時代前期において有力地域集団が成長し、ついには日本列島最大の前方後方墳を築造するまでにいたったのである。さらにその後、布留遺跡は古墳時代中期後半の段階で、三平方キロにおよぶ巨大集落遺跡となる。ここにおいて、布留遺跡が有力地域集団の支配拠点となったことが確認できる。しかし、その間の古墳時代前期後半、布留2式期に「おおやまと」古墳集団と佐紀古墳集団が一体化し、ヤマト王権の二人の王を輩出したときの、「ふる」の有力地域集団の支配拠点は、考古学的には判然としない。

そのようななかで、布留遺跡の東側にある石上（いそのかみ）神宮に注目してみよう。

◆石上神宮の七支刀

天理市布留町に所在する石上神宮には七支刀・鉄盾などが神宝として伝世する。古墳時代前期後半代の遺物であり、七支刀は、海外からの舶載品である。「ふる」の有力地域集団が深くかかわって、これらの神宝が残されたと考えられる。

第六章の一四〇ページで述べたとおり、『日本書紀』神功皇后摂政五十二年条に、百済から七枝刀・七子鏡が献上されたという記事がある。石上神宮に伝わる「国宝　七支刀」は、この記事にみえる七枝刀である。

「国宝　七支刀」には六一文字が刻まれている。

（表面）
泰和四年五月十六日丙午の日の正陽の時刻に百たび練った□（不明）の七支刀を造った。この刀は出でては百兵を避けることができる。まことに恭恭たる侯王が佩びるに宜しい。永年にわたり大吉祥であれ。

（裏面）
先世以来、未だこのような刀はなかった。百済王と世子は生を聖なる晋の皇帝に寄せることとした。それ故に、東晋皇帝が百済王に賜れた「旨」を倭と共有しようとこの刀を（造った）。後世にも永くこの刀を伝え示されんことを。

七支刀の冒頭の年号の泰和は、東晋の太和四年（三六九）であり、東晋から百済にまず「原七支刀」がおくられ、それをもとに百済でもう一本の七支刀がつくられた。それがこの「国宝　七支刀」であり、それを倭に贈ったと解釈できる（浜田二〇〇五、平林二〇一九）。

当時の百済は、漢城（ソウル）を都とし漢江南岸の風納土城などを支配拠点としていたが、その支配領域は漢江中・下流部を中心とした範囲に限られ、北からの高句麗軍の強い攻勢にあっていた。

そして、ヤマト王権もまたその版図は限られており、海外の諸勢力との交流や連携を強く求めていたのである。七支刀は東晋と百済、百済とヤマト王権が強くつながったことを高らかにうたっており、石上神宮にこれが伝わることからすれば、「ふる」の有力地域集団がこの七支刀の入手にあたって、重要な役割をはたしたであろうことは想像に難くない。

このように、「ふる」の有力地域集団と百済との関係が強調できるとするなら、前項で「わに」の有力地域集団と金官加耶との関係と同じ構図を示すことができる。古墳時代前期のヤマト王権は、奈良盆地の「ふる」や「わに」の有力地域集団を介在させながら、朝鮮半島の百済や金官加耶をその中間におき、中国との交渉を展開していたことは明らかである。古墳時代前期後半の支配拠点は定かではないが、七支刀は「ふる」の有力地域集団の外交活動を証明する資料である。

四四ページで前述したように、高句麗の侵攻によって楽浪郡が滅亡するのが三一三年で、中国との交渉の窓口が失われたようにみえるが、それ以降もヤマト王権は、その交渉を奈良盆地の有力地域集団を介在させながら、中国正史には記録されないかたちで中国や朝鮮半島との交渉を継続していくのである。

◆物部氏

「ふる」の有力地域集団は、のちに物部氏（もののべ）と呼ばれることになる。継体天皇を擁立し、磐井の乱で磐井を斬殺した麁鹿火（あらかび）や欽明・敏達・用明天皇の時代、蘇我馬子（そがのうまこ）と対立した物部尾輿（おこし）・守屋（もりや）などが名高い。物部氏の活動が実態をともなうのは、六世紀代以降である。

物部氏の家記が、平安時代初め頃の『先代旧事本紀（せんだいくじほんぎ）』である。饒速日（にぎはやひ）命を祖とする物部氏の系譜を『日本書紀』を引用しながらまとめている。後付けしながら、系図は後世に体系化されていくのである。「ふる」地域と物部氏のかかわりは、前述の石上神宮とその神宝である。『日本書紀』の垂仁天皇の三十九年条と、八十七年条に石上神宮の神宝を物部氏が管理することになった由縁が記されている。三十九年条では、〝川上宮で（一説では川上という名の鍛冶に）一千口の剣（一説では大刀）をつくらせ、それ神宝としておさめた〟としている。

物部氏がつくらせた武器をおさめる神庫であり、現存の石上神宮の神宝は、文字どおり物部氏に由来するのである。

ただし、物部氏の後裔の石上氏が石上神宮の神宝を実際に管理するようになったのは、天武天皇の時代以降のことであり、六世紀代の物部氏がその管理をおこなったという歴史的事実はない（前田二〇一七）。また『日本書紀』では、石上神宮の祭祀や、神宝の管理、あるいは周辺での宮の造営などは、大王がおこなったものとしてあり、文献の記述上では物部氏の関与はうかがえない（平林二〇一九）。「ふる」地域では、古墳時代前期から中期にかけての有力地域集団が活動し、この有力地域集団のもとに武器が集積された。そして、それを祖先がおこなったものとみなして、物部氏とその後裔氏族がその独自の家記に記録を残すこととなったのである。いずれにせよ、石上神宮神宝の武器類は、古墳時代前期後半代における「ふる」の有力地域集団の活動の証しであって、後世に物部氏がこの活動をみずからの祖先のものとみなしたのである。

「そが」の有力地域集団と大伴氏

◆中曽司遺跡と曽我遺跡

「そが」の有力地域集団の支配領域は、曽我川上・中流域である。

弥生時代の拠点集落遺跡として、中曽司（なかぞし）遺跡がある（図17参照）。集落規模などは明らかではないが、弥生時代前期から後期まで継続する。これにつづく古墳時代前期の状況が明らかではない。この周辺で注目されるのは、曽我（そが）遺跡である。

曽我遺跡は、岩手県久慈地方産の琥珀（こはく）、新潟県の姫川産の翡翠、石川県や島根県産の碧玉や緑色凝灰岩、あるいは水晶、滑石といった種々の石材を集積して、勾玉・管玉・臼玉や石製模造品を製作した玉作遺跡である。古墳時代中期における質・量ともに日本列島最大の玉作り工房である。古墳時代中期の有力地域集団の支配拠点が認められず、有力地域集団が経営した工房とはみなしがたい。後述するように、カワチにまで直接支配領域を拡大していたヤマト王権が直営した玉作り工房であると理解できる。「そが」地域は、古墳時代中期には「おおやまと」古墳集団の支配領域となったのである。

◆新沢一遺跡と新沢五〇〇号墳

曽我遺跡からは下流六キロほどにある新沢一（にいざわかず）遺跡も断続的ではあるが、弥生時代前期から後期まで継続する拠点集落遺跡である（図17参照）。庄内式期については不明確だが、弥生時代後期および布留式期については遺構・遺物ともに顕著である。遺跡内からは支配者層にかかわる遺構・遺物は出土していないが、有力地域集団の支配拠点の候補地のひとつである。

新沢一遺跡のすぐ東側の丘陵頂部にあるのが、墳丘長六二メートルを測る前方後円墳の新沢五〇〇号墳（茶臼山古墳）である。後円部中央では、遺体を埋葬した主槨と、その南に付随して設けられた副葬品格納施設と考えられる副槨で構成される粘土槨が検出された。

主槨の中央には長大な割竹形木棺が安置され、盗掘をまぬがれた棺内から多数の玉類と琴柱形（ことじがた）石製品などの碧玉製品が出土した。副槨は箱形木棺と同じような構造と推定され、銅鏡六面のほか、筒形銅器・八ツ手葉形銅製品、釧などの銅製品、車輪石・石釧・石製鍬（いしづき）などの碧玉製品、方形板革綴短甲・銅鏃・鉄剣・鉄鉾・鉄鎗などの武器類、鍬先・鉄斧などの農工具類が出土した（図73）。

銅鏡六面のうち、確実な舶載鏡は後漢代の方格規矩鏡一面だけである。ほかは仿製鏡とされるものであり、直径二〇センチを超える大型鏡が多い。このような大型仿製鏡を主体とする鏡の組み合わせは、前期後半（布留2式期）代に築造された古墳によくみられるものであり、時期的特徴を示すとともに、ヤマト王権とのつながりがここにあらわれている。

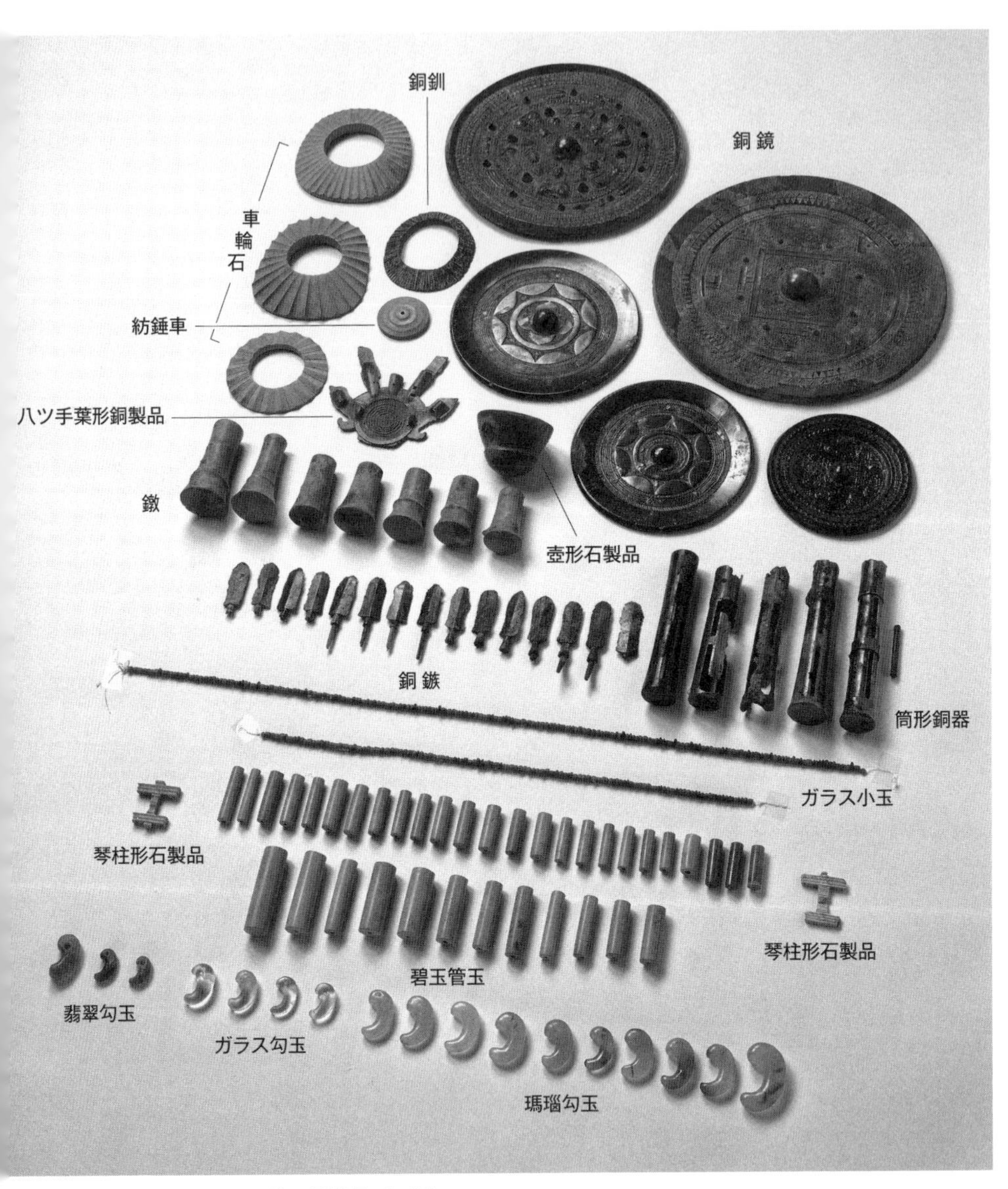

図73　新沢500号墳の副葬品（一部）

八ツ手葉形銅製品は、本古墳出土例が唯一である。懸垂鏡とも、冠の飾りともいわれるが、その製作技術には目をひくものがある。古墳時代前期後半に鋳造技術が一定の水準に達したことを示している。

このほかの注目される遺物としては、筒形銅器がある。東大寺山古墳の副葬品のなかに巴形銅器と鏃形石製品があり、金官加耶との関係において注目されることを述べたが、筒形銅器もそれと同様の理由で注目される。ヤマト王権と金官加耶とのかかわりのなかで、本古墳の被葬者もこれを入手したのだろう。

この新沢五〇〇号墳の造営を端緒として、新沢千塚古墳群の造営が開始される。古墳時代中期から後期に新羅系・百済系渡来人のものをも含む多数の古墳が築造された。畝傍山周辺の墳墓とともに、大伴氏がこれをみずからの祖先の墳墓とみなしたものと考えられる。

なお、古墳群の北側には、日本列島最大規模で一辺九六×九〇メートルの方墳、桝山古墳がある。古墳時代前期末から中期初頭の造営であり、新沢五〇〇号墳の後裔にして、「そが」地域を支配した王の墳墓とみるのが妥当である。「そが」の有力地域集団は、ここに日本列島最大の方墳を築造する政治的集団として成長したのである。

ところが、これを宮内庁は倭彦命陵に治定している。『日本書紀』垂仁天皇二十八年条に崇神天皇の皇子である倭彦命は「身狭桃花鳥坂陵」に葬られたとある。倭彦命の埋葬にあたっては、きわめて凄惨な殉葬がおこなわれたとされている。一九一ページに述べたように、垂仁天皇三十二年には日葉酢媛の薨去にともなって埴輪が製作されたとある。倭彦命の死とあまりにも凄惨な殉葬が、埴輪製作の契機となったというものだ。この逸話とともに、倭彦命が実在したとはとても考えられない。

また、継体天皇の後継である宣化天皇も「身狭桃花鳥坂陵」に葬られている。『延喜式』には宣化天皇陵の記載はあるが、倭彦命陵の記載はない。平安時代には、倭彦命陵の存在は忘れ去られていた。桝山古墳が倭彦命陵として治定されたのは一八七七年（明治一〇）のことである（図4参照）。

◆橿原遺跡とスイセン塚古墳

第1章で述べたように、紀元二千六百年の奉祝記念事業にともなう橿原神宮外苑の発掘調査で明らかになったのが橿原遺跡であり、ここでも布留式期の遺物が出土している。橿原遺跡は、この事業によって付け替えがおこなわれた曽我川の支流の桜川流域にあたる。橿原遺跡周辺も有力地域集団の支配拠点の候補地のひとつである。さらに、イトクの森古墳と呼ばれる墳丘長約三〇メートルの前方後円墳が橿原遺跡の西にあって、山陰系の土師器で構成される土器棺など弥生時代中期から古墳時代前期の遺物が出土している（森本一九八七）。

また、これらの遺跡が畝傍山の東側にあるのに対し、畝傍山西側にはスイセン塚古墳がある。墳丘長七〇メートルの前方後円墳である。調査がおこなわれていないのでくわしくはわからないが、墳形からみれば古墳時代前期に築造されたものであると考えられる。古墳時代前期において有力地域集団が、畝傍山周辺にも存在していた可能性はきわめて高い。

その後、古墳時代中期に四条古墳群の造営が開始される。第1章で述べたとおり、これもまた、大伴氏が祖先のものとみなしたと考えられる。そして、「そが」の有力地域集団は、のちに大伴氏と呼ばれることになる。

◆大伴氏

六世紀初頭に物部麁鹿火・許勢男人とともに継体天皇を擁立したのが大伴金村である。それより以前には、室屋・談などの名が『日本書紀』にある。室屋や談は、五世紀後半代の雄略大王の時代に実在していた人物である可能性もある。とはいっても、さかのぼれるのはそこまでであり、第1章や第2章で述べたとおり、実態的な活動は壬申の乱に際して吹負が大和軍の将軍となって以降で、奈良時代には天皇の側近として隆盛した氏族として位置づけることができる。

「そが」地域内にある畝傍山周辺一帯が、大伴氏と深くかかわることについてはすでに述べた。大伴氏の遠祖である道臣命やそれに従った来目部、神武天皇の橿原宮や神武天皇陵の造営など、天武天皇の時代には、畝傍山周辺一帯が大伴氏代々にかかわる土地であると認識されていたのである。五世紀代の四条古墳群の造営についてもすでに述べたが、それをさかのぼって古墳時代前期の新沢一遺跡の営みや、新沢五〇〇号墳の造営などの有力地域集団の活動が、大伴氏の先祖のものとみなされ、記録されたのだろう。

なお、「そが」の名は、蘇我氏を連想させる。曽我川の名称は曽我（橿原市曽我町）に由来するものであり、ここに宗我坐宗我都比古神社がある。この周辺を元来の蘇我氏の本拠地ととらえる研究者は多いが（水谷二〇〇六ほか）、実在が確かな稲目以降、蘇我氏の活動の中心が飛鳥にあったことは明らかである。宗我坐宗我都比古神社は、『延喜式』に記載された式内社であり、社地の移動がなければ平安時代にまでさかのぼる可能性がある。その場合、蘇我氏の本拠はまず飛鳥にあって、そののちに、この場所にまで進出したとみるのが妥当であろう（坂二〇一八a）。

「かづらぎ」の有力地域集団と葛城氏

◆鴨都波遺跡と秋津遺跡・中西遺跡

「かづらぎ」の有力集団の支配領域は、葛城川上流域である（図17参照）。弥生時代の拠点集落遺跡として鴨都波（かもつば）遺跡がある。弥生時代前期から後期まで継続し、竪穴住居をはじめとする種々の遺構や土器・石器・木器など多量の遺物が検出されているが、環濠は確認されていない。集落規模は南北三五〇メートル、東西三〇〇メートルほどである。

鴨都波遺跡は、庄内式期から布留式期に継続している。集落の営みが確認されるほか、集落の北東部には古墳時代前期に築造された鴨都波一号墳がある。東西一六×南北一一メートルの方墳と規模は小さいが、三角縁神獣鏡四面、鉄製農工具、武器類が出土している。

その北西の御所市秋津（あきつ）遺跡と中西遺跡は、庄内式期の遺構は顕著ではないが、布留式期に広大な集落域となって、古墳時代後期まで断続的に集落が営まれる。

秋津遺跡の南端部において、柱と柱の間に浅い溝を掘削してそこに横木をわたすという特異な構造の方形区画のなかに、祭儀用の建物である大規模な独立棟持柱建物や掘立柱建物が連なって確認された（図74）。方形区画と建物は、布留式期のうちに何回も建て直しがおこなわれ、同時に併存したものもあるが、七カ所の方形区画の規模は南北三〇〜五〇メートル以上、東西一四〜五〇メートル、占有面積は、小さいものが四二〇平方メートル、大規模なものは二五〇〇平方メートル以上に達する。

前述したとおり、纒向遺跡と菅原東遺跡では溝による方形区画が確認されていて、これらはヤマト王権の王の居館として位置づけることができる。また、平等坊・岩室遺跡でも同様の方形区画が確認されていて、これは「ふる」地域を支配した王の居館と位置づけた。いずれの場合においても、必ずしも内

図74　秋津遺跡の方形区画（北東より。背後は左が巨勢山、右が金剛山）

部構造は明らかではないが、秋津遺跡の方形区画周囲の溝の構造はこれらの遺跡とは、異なっている。

また、方形区画内部の独立棟持柱建物は、弥生時代の池上曽根遺跡や唐古・鍵遺跡の建物と同様に、弥生時代から古墳時代を通じて政治・祭祀用の建物として使用され、神社建築へつながるものと推定される。秋津遺跡は、「かづらぎ」の有力地域集団の支配拠点であり、地域を支配した王の居館がこの方形区画であったと考えられる。この居館において地域を支配した王が政治・祭祀を実践し、その権力を行使したのである。

秋津遺跡の方形区画を「大嘗宮」に擬して、ヤマト王権が造営したものとする説（米川二〇一五）も提示されている。しかし、秋津遺跡の南にみやす古墳（直径五〇メートルの円墳）が造営され、さらに中西遺跡では、古墳時代中期前半まで集落の営みがあって、そのすぐ南に奈良盆地西南部最大の前方後円墳である室宮山古墳（墳丘長二三八メートル）が造営されていることからすれば、これを有力地域集団のものとみるほかはない。室宮山古墳と、その造営直後に盛期を迎える有力地域集団の支配拠点である名柄遺跡と南郷遺跡群および、古墳時代中期中葉に造営された墳丘長一五〇メートルの掖上鑵子塚古墳（墳丘長一五〇メートル）がこの「かづらぎ」地域のなかで連続的、有機的につながっている。

また、葛城山麓や金剛山麓の御所市楢原遺跡、名柄遺跡、葛城市脇田遺跡などでは、布留式期の遺物が出土している。さらに、脇田遺跡では、古墳時代中期以降の鍛冶生産が確認されている。このように、「かづらぎ」の有力地域集団は、古墳時代を通じてさかんな生産活動をおこなっている。それは、ヤマト王権の王の地位を脅かすような活動であったと考えられる。

とりわけ、最も顕著なものは、古墳時代中期の支配拠点である名柄遺跡や南郷遺跡群での活動である。ここでは、独自外交によって渡来系集団の先進技術を獲得し、盛んな手工業生産がおこなわれた。さらに、「かづらぎ」地域の王が、地域支配を実現するために政治・祭祀を実践した、板柱構造の高殿などの大型建物、導水施設、居館などの遺構の数々が検出されている（坂・青柳二〇一一）。

この古墳時代中期における有力地域集団の活動が、政権中枢で活躍した葛城氏によるものとして記録されることになる。

◆葛城氏

葛城氏は、紀氏・許勢氏・羽田氏・平群氏・蘇我氏などとともに、景行・成務・仲哀・応神・仁徳天皇や神功皇后に仕えたという武内宿禰の後裔氏族のひとつである。『日本書紀』の神功皇后摂政条に、葛城氏の祖である葛城襲津彦の記事がある。神功皇后摂政五年条、六十二年条において、「神功皇后の三韓征伐」における将軍としてあらわれ、葛城高宮・忍海・桑原・佐糜の四邑に新羅の捕虜を住まわせたと記述されている。神功皇后摂政六十二年条には「百済記」の引用があり、沙至比跪の記載がある。このことから、葛城襲津彦を実在の人物としてとらえ、四～五世紀の葛城氏の氏族としての活動に実態を認めようとする立場がある（井上一九六五、水谷二〇一九）。

しかし、葛城襲津彦については、応神天皇十四年条、十六年条、仁徳天皇四十一年条にも記載がある。このような何代にもわたる葛城襲津彦の事績はきわめて伝説的である。またその女とされる磐之媛が、仁徳天皇の皇后となり、八田皇女と仁徳天皇の関係を嫉妬して、実家の葛城高宮を偲んだ歌があり、これは物語的な逸話である。さらに『古事記』には、長江曽都毘古（襲津彦）の子に葦田の名がある。その女の黒比売が履中天皇の妃となり、市辺押歯王、御馬王、青海郎女（飯豊郎女）を産んだとある。ただし、『日本書紀』履中天皇即位前紀（仁徳天皇八十七年）の春正月の条では、黒比売（黒媛）は、羽田矢代の女とし、『日本書紀』同年秋七月条では、葦田の女としており、その系譜は混乱している。

また、允恭天皇五年条には襲津彦の孫である玉田、履中天皇二年条、安康天皇三年条には円（係累は不明）の記載があり、円は雄略天皇によって殺されたとされる。履中天皇二年条の円は、葛城という氏族名が冠されていない。六世紀以降は、瑞子、難波、烏那羅などが新羅や高句麗との外交交渉の一翼を担っているが、必ずしもその系譜は明らかでない。

このように、血縁系譜については著しく混乱しており、それをそのままの事実としては認めることはできない。むしろ、「かづらぎ」の有力地域集団の活動が記憶に残っていて、血縁関係はあとでこじつけられたとみるべきだろう。

◆鴨氏と闕史八代

さらに、それをさかのぼる古墳時代前期の「かづらぎ」の有力地域集団の活動も、前述したように明瞭である。『延喜式』の式内社である鴨都波八重事代主神社や、『続日本紀』の天平宝字八年（七六四）などに記載のある高鴨神社の存在から、葛城氏の前に、鴨氏がこの地域で活動していたとする説（鳥越一九八七、塚口二〇〇八）がある。しかし、これらの神社の祭祀や鴨氏の氏族としての活動は、奈良時代をさかのぼる事実はない。

また、闕史八代のうち、綏靖天皇の葛城の高丘宮、孝昭天皇の掖上の池心宮、掖上の博多山上の陵、孝安天皇の室の秋津嶋宮、玉手丘上陵などが『日本書紀』に記される。もとより、天皇は実在したものではなく、陵は飛鳥時代以降にあらたに創造されたものである。中世には、それらの所在地は、すべてわからなくなった。

『日本書紀』には、推古天皇三十二年（六二四）条のなかで、蘇我馬子が「葛城県」を先祖の土地であるとして割譲を要求し、それを推古天皇が拒否するという有名な記事がある。葛城県の実態はともかく、飛鳥時代には王権が「かづらぎ」地域を支配していたことは事実である。大王家にとって、「かづらぎ」の地が古くから先祖の土地であったと位置づける必要性があり、これらの宮や陵が飛鳥時代に新たに創造されたのである。

ともかく、大王家や有力氏族は、古墳時代の有力地域集団の活動を、その権威づけのためにみずからの先祖のものと解釈し、その記録を残すこととなったのである。

◆馬見古墳群と葛城氏

「かづらぎ」地域からは北の、高田川下流域の馬見丘陵には、大型古墳群である馬見古墳群がある（**図75**）。古墳の分布から北群・中央群・南群に区分され、それぞれに大型前方後円墳がみられる。北群には河合町の川合大塚山古墳（墳丘長一九七メートル）があり、中央群には広陵町の巣山古墳（墳丘長二二〇メートル）と新木山古墳（墳丘長二〇〇メートル）、南群には築山古墳（墳丘長二一〇メートル）がある。

この馬見古墳群と葛城山麓・金剛山麓の大型古墳とをあわせて葛城氏にかかわるものとみる説（塚口一九九三、藤田和尊二〇一九）、さらに本書で「おおやまと」地域として位置づけ、磯城・磐余古墳群を構成する一基とした島の山古墳までを含めて葛城氏に関連させる説（白石二〇〇〇、小笠原二〇一七）がある。

しかし、私は馬見古墳群とその周辺には、弥生時代の拠点集落遺跡がなく、有力地域集団にかかわる集落遺跡が認められないことから、馬見古墳群はヤマト王権の王やその周辺の人物の墓域であって、「かづらぎ」の有力地域集団とは関連づけられないと考えている（坂二〇一八a）。

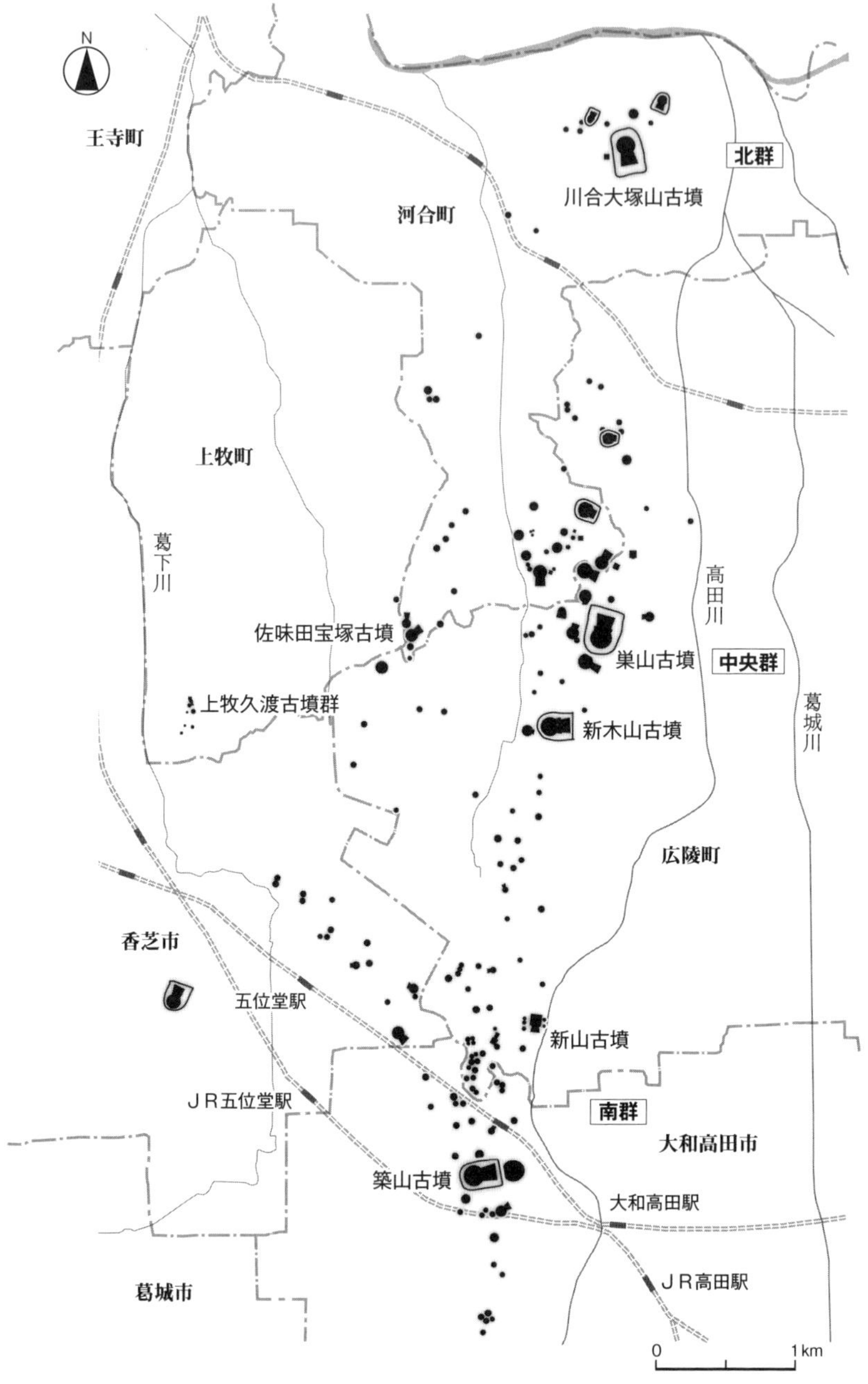

図75　馬見古墳群とその周辺

ヤマト王権の支配領域と墓域

馬見古墳群は古墳時代中期にその盛期をむかえるが、古墳時代前期に築造された古墳もある。また、近年馬見丘陵の西側の葛下（かつげ）川流域に位置する上牧久渡（かんまきくど）古墳群で、庄内式期から古墳時代前期までのあいだに築造された古墳が明らかになっている。

◆上牧久渡三号墳

上牧久渡三号墳は、一辺一五メートル前後の方墳と考えられ、木棺を直葬した埋葬施設が三基確認されている。試掘調査で、後漢末から三国時代の直径一四・二センチの画文帯環状乳神獣鏡が出土した（図76）。「吾作明鏡」からはじまる銘文があり、内区に八カ所の環状乳を配置する。画文帯と半円方形帯の間の文様は通有のものが鋸歯文であるのに対し、菱形渦文帯となっている点がその特徴である。

一五六ページで述べた景初三年銘の画文帯同向式神獣鏡が出土したのは、和泉黄金塚古墳の後円部の三基の粘土槨のうち、その中心にあった中央槨である。東側の東槨からは三角縁盤龍鏡と二面の画文帯神獣鏡が出土しており、そのうちの一面が上牧久渡三号墳の画文帯環状乳神獣鏡と同笵鏡である。

上牧久渡三号墳からは、この鏡のほかに鉄鏃・鉄鎗などの遺物と弥生時代後期から庄内式期の土器が出土している。築造時期は、古墳時代のごく初期であろう。和泉黄金塚古墳の築造時期は、出土した埴輪からみて古墳時代前期後半代におくことができる。画文帯環状乳神獣鏡は、上牧久渡三号墳ではいち

（直径：14.2 cm）

図76　上牧久渡3号墳出土の画文帯環状乳神獣鏡

はやく古墳に副葬され、和泉黄金塚古墳では、長い期間をおいてから副葬されたのである。これまでの検討から景初三年銘鏡が三世紀に製作されたとすると、和泉黄金塚古墳の被葬者の何世代も前の「オウ」の時代に種々の鏡を入手し、この地域のなかで長いあいだ伝世したと考えられるのである。

一六七ページで述べた青龍三年銘鏡が出土した太田南五号墳や安満宮山古墳も、上牧久渡三号墳と同じような規模の古墳で、築造時期も近い。これらの被葬者が、中国と直接交渉していたように、上牧久渡三号墳の被葬者もまた独自のチャンネルで中国と直接交渉をおこなって銅鏡を入手したものと考えられる。

葛下川流域では、弥生時代の大規模な集落遺跡は知られていないが、上牧久渡古墳群のすぐ北側の尾根が観音山銅鐸出土地である。銅鐸の型式は、弥生時代中期後半である。弥生時代後期のこの地域の状況は、まだわかっていない。しかし、この地域の地域集団が成長して上牧久渡古墳群を造営したとみてよい。

なお、上牧久渡三号墳のすぐ南には、墳丘長六〇メートルの前方後円墳である一号墳がある。墳丘から布留式はじめの頃の土器が出土していて、その築造時期が古墳時代前期前半と推定されている。上牧久渡三号墳築造後も、葛下川流域地域での有力地域集団の活動は、継続していることがわかる。

◆佐味田宝塚古墳と新山古墳

馬見古墳群において、中央群の前方後円墳である佐味田宝塚古墳（墳丘長一一一・五メートル）と南群の前方後方墳である新山古墳（しんやま）（墳丘長一三七メートル）は、いずれも明治年間に盗掘され、多数の銅鏡が出土した。周辺部の発掘調査で埴輪が出土しており、円筒埴輪の特徴と形象埴輪の組み合わせからみて、新山古墳が古墳時代前期中葉（円筒埴輪編年一―二期）、佐味田宝塚古墳が前期末（二―二期）に築造されたものと考えられる。

新山古墳の埋葬施設は竪穴式石室であるが、その下にも石棺があったらしい。出土遺物に、金銅製帯金具がある。精巧な龍文、三葉文や透かし彫りを施したもので、中国西晋からの舶載品である。銅鏡は三四面あり、三角縁神獣鏡（**図77上**）九面、鼉竜鏡（だりゅう）一面、後漢代の舶載鏡である画文帯神獣鏡三面、仿製の方格規矩鏡四面、内行花文鏡一四面、本古墳にしかみられない直弧文鏡三面である。三角縁神獣鏡には黒塚古墳との同笵鏡が含まれるほか、仏像の描かれた仏獣鏡や文様配置が変化し、文様が退化した新しい型式の三角縁神獣鏡も含まれる。

さらに、同笵鏡が出土した古墳の分布をみると、九州になく、近畿地方と中部地方にみられることから、新山古墳の被葬者はヤマト王権の東方経営に関与したとする説が提示されている（川西一九八八）。

また、鼉竜鏡・方格規矩鏡・直弧文鏡（**図77下**）は、直径二〇センチを超える大型鏡である。新山古墳の鏡の組み合わせは、仿製鏡を多数含み、鏡式、新旧、大小においてバラエティーに富んでいる。被葬者は帯金具からみて、四世紀前半代に西晋と交渉した人物像が浮かびあがる。

佐味田宝塚古墳の家屋文鏡については二〇二ページで触れた。埋葬施設は粘土槨であったらしい。三六面の銅鏡のほか、翡翠製勾玉・滑石製勾玉、滑石製の鎌・剣・刀子などの模造品、鍬形石・車輪石・石釧（腕輪形石製品）や石製合子、銅鏃、巴形銅器などの出土遺物が知られている。

銅鏡は、三角縁神獣鏡一二面、後漢代の舶載鏡である流雲文四神鏡、神人車馬画像鏡、斜縁神獣鏡、仿製の家屋文鏡、方格規矩鏡、鼉竜鏡、獣帯鏡などが含まれる。新山古墳と同様に、黒塚古墳と同笵の

三角縁神獣鏡（直径：21.6 cm）

直弧文鏡（直径：26.4 cm）

図77　新山古墳出土の銅鏡

三角縁神獣鏡があるほか、新しい型式の三角縁神獣鏡も含まれている。また、大型仿製鏡が多く、本古墳特有の鏡が含まれている点など、新山古墳に共通する鏡の組み合わせである。

一方、三角縁神獣鏡の同笵鏡の分布をみると、九州から関東地方まで分布するものの、中部地方にはなく、関東地方も一例に限られることから、被葬者はヤマト王権の西方経営に関与したとする説（川西一九八八）がある。

◆馬見古墳群の被葬者と銅鏡の配布

さらに、藤田和尊氏は日本列島各地の古墳の鏡の出土状態をみたとき、頭部側にのみ鏡を配置する事例と、頭部側と足側の二つに分けて鏡が配置される例があるとした。そのうえで、頭部側と足側に分離されるのが古墳時代前期後半になってからであり、新たに馬見古墳群の被葬者が三角縁神獣鏡を配布し、その風習を定着させたと考えた（藤田和尊二〇一九）。銅鏡を配布する主体が、「おおやまと」古墳群から馬見古墳群へ移行したとしたのである。藤田氏の場合は、新たに葛城の勢力が台頭したとみている。

しかし、三角縁神獣鏡の配布を通じ、地方との関係を築いていたのがヤマト王権であるとみた場合、馬見古墳群の被葬者はヤマト王権の後裔あるいは王権の随伴者として位置づけられるものと考えられる。いまのところ、馬見古墳群造営の生産基盤は、判然としない。高田川下流域に弥生時代から古墳時代前期の遺跡に顕著なものは認められないからである。その意味では、馬見古墳群については、ヤマト王権の墓域であったとみるほかはない。

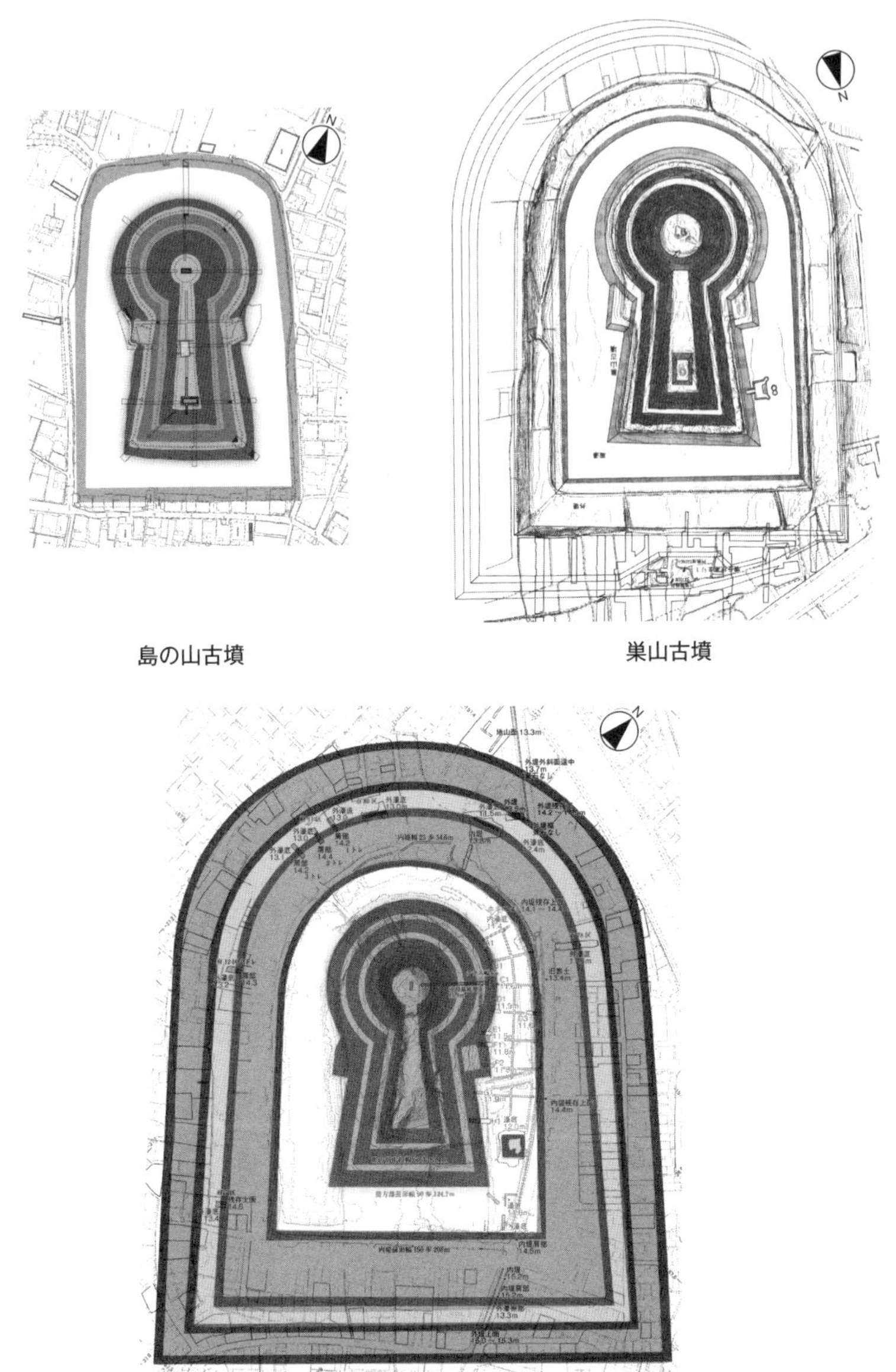

図78　島の山古墳・巣山古墳・津堂城山古墳の復元図

◆「おおやまと」・古市・佐紀古墳群の関係

馬見古墳群の位置は、「おおやまと」古墳群と大阪平野の古市古墳群のちょうど中間である。佐味田宝塚古墳と同時期に南群で築山古墳が造営され、そののち前期末から中期初頭の時期に中央群で巣山古墳の造営がはじまる。

古市古墳群と比較したとき、古市古墳群の大型前方後円墳の造営の端緒である津堂城山古墳（墳丘長二〇八メートル）の造営も、巣山古墳とほぼ同時期である。さらに、「おおやまと」地域の磯城・磐余古墳群では、大型前方後円墳の掉尾を飾る島の山古墳の造営年代もこれに近い。この三基の古墳の墳形は共通し、くびれ部の造り出しが後円部側にとり付いている（**図78**）。津堂城山古墳、巣山古墳、島の山古墳の埋葬施設は竪穴式石室であると考えられ、津堂城山古墳では長持形石棺が確認されている。巣山古墳と津堂城山古墳には、いずれも周濠内の島状施設に水鳥形埴輪が配置されていた。

佐紀古墳群では、この三基と墳形が共通するものがない。しかし、一九五ページで述べたように、宝来山古墳には長持形石棺があったと推定され、同時期である可能性が高い。また、遺物量が少なく判然としないが、五社神古墳や佐紀石塚山古墳も

図79　津堂城山古墳出土の水鳥形埴輪（左）**と巣山古墳出土の水鳥形埴輪**（右、阿南辰秀撮影）

図80　巣山古墳の島状施設

その築造時期は近いものと考えられる。いずれにせよ、佐紀古墳群西群で前期末から中期初頭の時期に前方後円墳が造営されている事実が確認される。

このように、馬見古墳群、磯城・磐余古墳群、古市古墳群、佐紀古墳群において、それほど年代の差違はなく、規模の拮抗する大型前方後円墳が、それぞれ築造されている。これらの古墳群が、ヤマト王権の墓域であったとするなら、前期末から中期初頭の時期にヤマト王権の四人の王、または王に準ずるような有力者の墳墓がここに造営されたとみることが可能である。ここにおいてヤマト王権は、これらの古墳群が存在する大和川流域を直接の支配領域としたと考えることができる。

さらに、古墳時代中期の五世紀には、これらの大型前方後円墳の被葬者が、ヤマト王権の王から倭国の王となり、中国南朝と交渉することとなる。それが結章の課題である。

まずは、津堂城山古墳が造営されるまでのカワチ地方の状況から述べよう。

結章　ヤマトの王から倭国の王へ

カワチの有力地域集団

大和川下流域のカワチ地方では、弥生時代の拠点集落遺跡である瓜生堂遺跡や亀井遺跡が庄内式期には衰退するものの、一一三ページで述べたように、庄内式期において日本列島で最大規模をもつ中田遺跡群や、同様に屈指の規模をもつ加美・久宝寺遺跡群が盛期をむかえる。これらの遺跡は、庄内式土器の発信源である。

また、日本列島各地からの外来系土器も多く出土している。キビとの関係を示す特殊器台も出土している。また、朝鮮半島南部地域の三韓（馬韓・弁韓・辰韓）時代の土器や、三国（高句麗・百済・新羅）時代の百済系、伽耶系土器の出土量は、ヤマトにくらべて多い。瀬戸内海を媒介とした交易拠点として機能していたことは明瞭である。加美遺跡や久宝寺遺跡においては、一辺一〇～一五メートルほどの方形や前方後方形を呈する墳墓群があるが、王墓とみなせるものはない。

　加美遺跡から上流約一〇キロの石川流域の羽曳野市に尺度遺跡があり、庄内式期から布留式期初頭の溝をめぐらせた方形区画が検出されている。方形区画は一辺三六・七メートル×三七・六メートル、占有面積は約一三八〇平方メートルで、その内部には独立棟持柱建物が二棟並列している。集落周辺部を支配した「オウ」が政治・祭祀を実践し、その権力を行使した場である。尺度遺跡の盛期は布留式期まで継続する。この地域に有力地域集団が存在していたことは、明らかである。

　尺度遺跡から東五〇〇メートルには、庭鳥塚古墳（墳丘長五六メートルの前方後方墳）があり、後方部の粘土槨から三角縁神獣鏡、翡翠製勾玉のほか鉄刀・鉄剣・鉄鎗・鉄鏃・籠手などの武器類、鉄鎌などの農工具、筒形銅器が出土している。古墳の築造年代は、筒形銅器の出土により古墳時代前期後半代とみられる。しかし、三角縁神獣鏡はその型式が古く、古墳時代前期の静岡県磐田市の新豊院山Ｄ２号墳と同笵である。有力地域集団のなかで三角縁神獣鏡が伝世したのち、庭鳥塚古墳に副葬されたのだろう。

　一方、石川下流部の柏原市には玉手山古墳群と松岳山古墳群がある。

　玉手山古墳群は、玉手山丘陵上にある一三基以上の前方後円墳と数基の円墳からなる古墳群である。墳丘長六五メートルの九号墳が古墳時代前期中葉に築造され、前期後半までのあいだに一号墳（墳丘長一一〇メートル）、三号墳（墳丘長一一〇メートル）、七号墳（墳丘長一一〇メートル）と、墳丘長一〇〇メートルを超える前方後円墳が前期中葉から後半までのあいだにつぎつぎと築造されている。円筒埴輪の編年では、一－二期から一－三期までの間であって、ヤマト王権の二人の王の墳墓である「おおやまと」古墳群の渋谷向山古墳や、佐紀古墳群の佐紀陵山古墳が造営される以前の段階において、その築造を終えている。特殊器台の出土はないが、玉手山九号墳の埴輪にはその影響を残した文様が刻まれている。前述したように中田遺跡群はキビとのかかわりがあり、玉手山九号墳とこの遺跡との有機的なつながりを想起させる。

さらに、玉手山古墳群につづいて、前期後半の時期に玉手山丘陵の南端で駒ヶ谷宮山古墳（墳丘長六五メートルの前方後円墳）、松岳山古墳群において松岳山古墳（墳丘長一五〇メートルの前方後円墳）とそれに隣接する茶臼塚古墳（一辺一六×二二メートルの方墳）が築造される。松岳山古墳には、特異な鰭付楕円形埴輪が樹立され、埋葬施設の竪穴式石室の周囲や茶臼塚古墳との間の墳丘には膨大な量の石積みが施されている。サヌキ地方の鷲の山産の石棺が使用され、同地方に積石塚が隆盛することからも、被葬者とサヌキ地方との関係が想定できる。

これら古墳群の被葬者は、大和川下流部に生産基盤をおいた、カワチの有力地域集団である。河内湖から瀬戸内海沿岸のサヌキ地方、キビ地方を通じて、朝鮮半島・中国にもつながっている。ヤマトにつながる狭隘部の交通上の要衝の地に墳墓を構え、「おおやまと」古墳集団とも覇権を競ったのだろう。庄内式期においては、こちらが優位にあったが、箸墓古墳造営を契機に劣勢におかれることになった。

松岳山古墳の造営のあと、墳丘長一〇〇メートルを超えるような前期後半代の前方後円墳の築造や、布留2式期の王の支配拠点や居館がこの地域には認められない。この有力地域集団が断絶したのち、玉手山古墳群からみれば石川を挟んで対岸の古市古墳群で大型前方後円墳の造営が開始される。

その端緒こそ前述の津堂城山古墳であり、ヤマト王権がようやくこの地域に楔を打ち込んだのである。ここで、ようやくヤマト王権の支配領域が、カワチにまで達したのである。

ヤマトの王とカワチの王の支配拠点

ところで、多くの研究者は、ヤマト王権はその成立当初からヤマトとカワチのいずれをも支配領域としていたと考えている。ヤマト王権は、大和川流域一帯をすでに支配領域としていたとする見解のほか、畿内政権として、さらにそれより広域を支配していたとする見解などがある。どちらも、それぞれの地域の首長が、主導権争いを繰り広げ、古墳時代中期においてカワチの勢力がヤマトの勢力を圧倒したとする。ヤマトの勢力とは出自が異なった集団が王権を奪取し、カワチに新たな王権を樹立したとする見解もある。

また、古墳時代中期に王権を奪取したのが外来勢力であるとする見解もある。遠く大陸の騎馬民族にその出自を求める説をはじめ、国内では神武東征になぞらえて九州から移動したとする説もある。

しかし、これまで述べてきたように、古墳時代前期においてヤマト王権の王の支配領域は、「おおやまと」地域を端緒とし、前期後半代（布留2式期）にようやく「さき」地域を取り込んだのである。ヤマト王権が二人の王を輩出し、二カ所に王の支配拠点を設けてその権力を増大させると同時に、カワチの有力地域集団が衰退する。馬見古墳群においては、出土した埴輪からみて南群の築山古墳もこれと同時期に築造されたものであろう。前章二二一ページで述べたように、ヤマト王権の王に準ずるような人物がその被葬者であると考えられる。その支配拠点の位置はさだかではないが、その墳墓は、ヤマトとカワチの中間の位置にある。そして、カワチの有力地域集団の衰退により、ヤマト王権がカワチへ進出する契機をここにつかんだのである。

そして、前期末から中期初頭において、ヤマト王権の支配領域は、はじめてカワチに到達したのである。古市古墳群では津堂城山古墳、馬見古墳群では巣山古墳、磯城・磐余古墳群では島の山古墳、佐紀古墳群では宝来山古墳が築造された。ヤマト王権は、四人の王、または王に準ずるような人物を同時に輩出することになった。

問題は、このときのヤマト王権の支配拠点である。ヤマトにおいては、「さき」地域にそれがあったことは、まず間違いがないところであろう。前述したように西大寺東遺跡では大型建物が検出されており、佐紀遺跡では同時期の遺構・遺物が検出されている。造営年代や遺跡の実態の究明が待たれる。

また、「おおやまと」地域では、纒向遺跡が支配拠点としての地位を譲り、島の山古墳の造営とともに、奈良盆地中央部に再び支配拠点が移動したものと推測される。前述したように下永東城遺跡では、方形区画が検出されているが、島の山古墳造営集団にかかわるものであろう。一方、弥生時代の拠点集落のうち、唐古・鍵遺跡では、同時期に小規模古墳が造営され、再び集落の営みが活発化するのは、古墳時代中期中葉以降のことである。それにかわって、多遺跡において、同時期から古墳時代中期の遺構・遺物が検出されており、この周辺が「おおやまと」の王の支配拠点として有力な候補地である。

カワチにおいては、津堂城山古墳近傍の津堂遺跡が有力である。古墳時代前期後半から中期にかけての遺構・遺物が多量に検出されている。また、屋内棟持柱をもつ大型掘立柱建物が二棟並列して検出されている。屋外に棟持柱をもつ独立棟持柱建物とは異なり、支配者層の祭祀や政治にかかわるものとは即断できないが、周辺部に王の支配拠点が存在することを十二分に予測させるものである。

このように、ヤマト王権は、ヤマトからカワチに進出し、その要所に大型前方後円墳と支配拠点を築いて、その支配領域を拡大するとともに、その勢力を伸長したのである。

古市古墳群と百舌鳥古墳群の大型前方後円墳

津堂城山古墳は古市古墳群のなかで、大和川に近い位置に一基だけ離れて存在する。前述のように、周濠や墳丘の発掘調査がすすんでいる。また、長持形石棺をおさめた内部主体の状況や、銅鏡八面以上、車輪石・刀子形・鏃形・剣形などの石製品、巴形銅器・弓弭（ゆはず）などの青銅製品、勾玉・管玉・棗玉などの装身具、鉄剣・鉄刀・鉄鏃・三角板革綴短甲などの鉄製武器・武具といった副葬品の内容も明らかになっている。

古市古墳群の古墳時代中期の墳丘長二〇〇メートル以上の大型前方後円墳は、円筒埴輪編年（坂二〇〇九）により、津堂城山古墳（一-二期、墳丘長二〇八メートル）

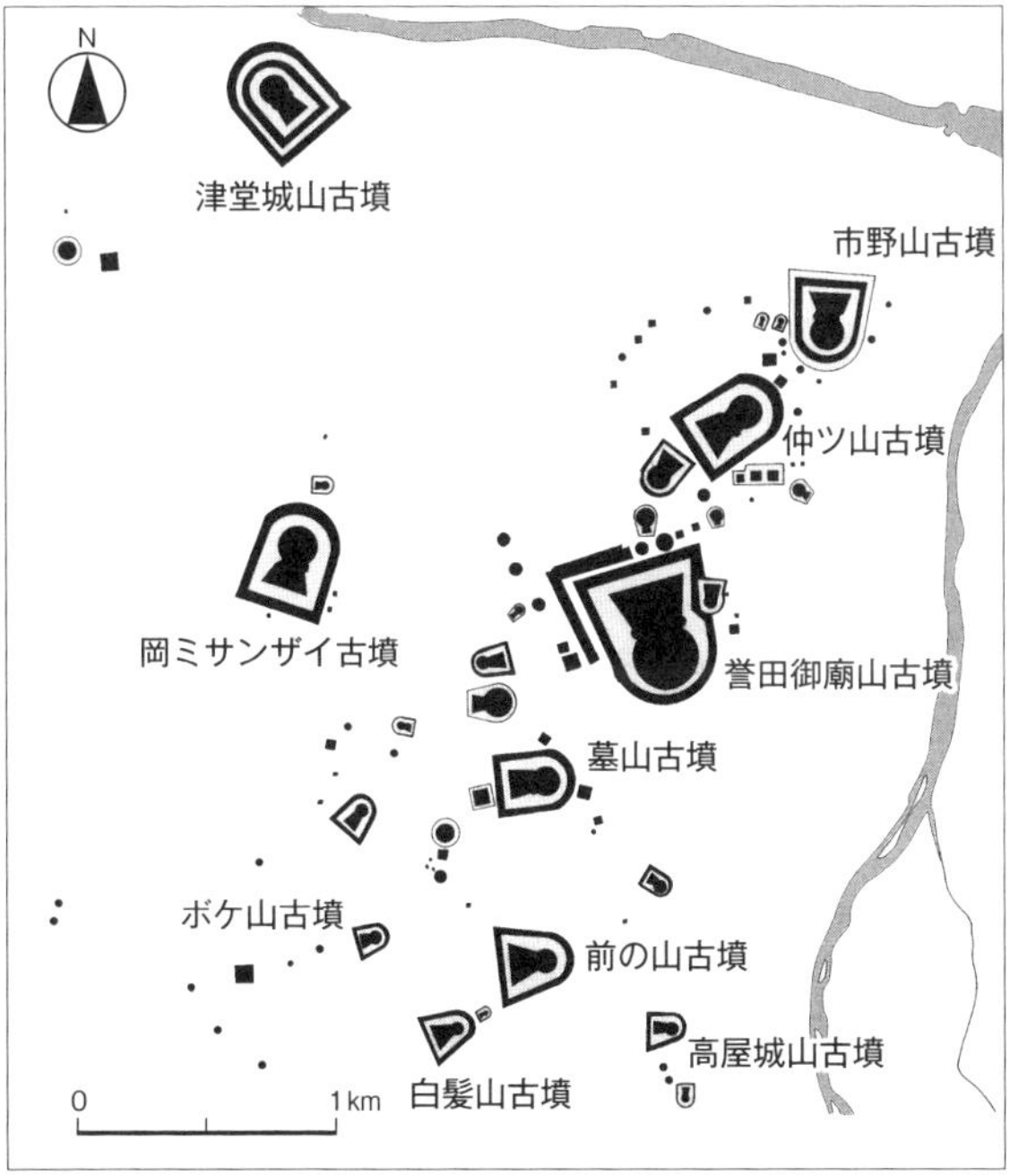

図81　古市古墳群

↓仲ツ山古墳（三―一期、墳丘長二九〇メートル）↓墓山古墳（三―二期、墳丘長二二五メートル）↓誉田御廟山古墳（三―三期、墳丘長四一五メートル）↓市野山古墳（三―四期、墳丘長二三〇メートル）↓岡ミサンザイ古墳（四―一期、墳丘長二九〇メートル）の順序で築造されたことがわかっている。

一方、百舌鳥古墳群については、大型前方後円墳の築造は古市古墳群より後れる。上石津ミサンザイ古墳（三―二期、墳丘長三六五メートル）が嚆矢であり、そののち大山古墳（三―三期、墳丘長四八六メートル）、そのつぎに土師ニサンザイ古墳（三―四期、墳丘長二九〇メートル）の順序で築造された。

図82　百舌鳥古墳群

百舌鳥古墳群があるのは石津川流域であり、この地域も弥生時代の大規模集落遺跡である四ツ池遺跡などの生産基盤を背景に、古墳時代前期には下田遺跡において首長層にかかわる遺物が検出されるなど、有力地域集団が成長していた。

また、イズミ地方全体を見渡すと、前述したように景初三年銘鏡が出土した和泉市の和泉黄金塚古墳のほか、岸和田市の摩湯山古墳（墳丘長二〇〇メートル）が、前期後半から末葉のうちに築造されている。

また、和泉市には寺田（てらだ）遺跡、高石市を中心に大園（おおぞの）遺跡があり、鍛冶関連遺構や、埴輪集積遺構などが検出されており、古墳時代前期に有力地域集団が活発に生産活動をおこなっていたことが裏付けられる。しかし、これらが順調に成長し、百舌鳥古墳群の上石津ミサンザイ古墳の造営にいたったわけではない。古墳時代中期前半（三－一期～三－二期）のあいだ、古市古墳群において、大型前方後円墳が築造されているときは、集落の営みや生産活動は低調であり、イズミの有力地域集団は衰退している。

この衰退をとらえて、ヤマト王権は、ようやくイズミにまで進出した。上石津ミサンザイ古墳の造営によって、ヤマト王権は瀬戸内海をのぞむ地域まで、その直接支配領域を拡大したのである。この古墳の規模は、日本列島第三位の規模をもっており、その被葬者がきわめて強大な実力を保持していたことは、疑いのないところである。ここで、ヤマト王権の王がようやく倭国王たる存在となって、その地歩を固めたものと考えられる。ただし、上石津ミサンザイ古墳の被葬者がすぐに中国に遣使したかといえば、その確証はない。埴輪生産技術などをとれば、伝統的なものにとどまっており、新しい技術は導入されていない。副葬品の様相などがわからないので、いかんともしがたいが、大陸の騎馬文化の影響なども看取できない。中国への遣使は、国内の覇権を確実なものとしたのちの、三－三期以降に築造された大型前方後円墳の被葬者がおこなったものと考えられる。

古市古墳群と百舌鳥古墳群の陵墓

前項であげた古市古墳群、百舌鳥古墳群の大型前方後円墳は、すべて宮内庁の管理する陵墓、もしくは陵墓参考地となっている。

上石津ミサンザイ古墳が履中天皇陵、大山古墳が仁徳天皇陵に治定されていて、『古事記』『日本書紀』の即位と古墳の築造の順序が逆転していることは、序章で述べたとおりである。仁徳天皇の陵は、毛受の耳原(『古事記』)、百舌鳥耳原陵(『日本書紀』)、その子である履中天皇の陵は毛受(『古事記』)、百舌鳥野陵(『日本書紀』)、履中天皇の弟の反正天皇の陵は毛受野(『古事記』)、耳原陵(『日本書紀』)と記載されている。即位の順序は、仁徳→履中→反正の順である。

一方、平安時代の『延喜式』では、仁徳天皇が百舌鳥耳原中陵、履中天皇が百舌鳥耳原南陵、反正天皇が百舌鳥耳原北陵と記載されている。そして、これを根拠に、明治年間に大山古墳を仁徳天皇陵、上石津ミサンザイ古墳を履中天皇陵、百舌鳥古墳群において北端部に位置する田出井山(たでいやま)古墳(墳丘長一四八メートルの前方後円墳)を反正天皇陵に治定したのである。ちなみに田出井山古墳の円筒埴輪からみた年代は、三―三〜三―四期で大山古墳や土師ニサンザイ古墳と併行する時期にある。規模からみて、倭国王の墳墓とはみなしがたい。

百舌鳥古墳群の南東端部に位置する、大型前方後円墳の土師ニサンザイ古墳を履中天皇陵とみなした場合でも、即位の順序と古墳の築造順序は合致しない。いずれにせよ『古事記』や『日本書紀』に記載された天皇の血縁系譜と即位順序はもとより、個々の人物が実在していたという確証もなく、その確認からはじめる必要がある。そのなかで中国の史書には、倭国王を自称し、その爵位を与えられた五人の王の遣使が記載されている。

倭の五王

『宋書』倭国伝や『宋書』本紀に記載されているのは、倭の讃・珍・済・興・武の遣使と宋の皇帝による叙位である。宋皇帝へ朝貢して、倭国および朝鮮半島諸国支配について、叙位をもとめたのである。百済などの朝鮮半島諸国も同じように宋へ朝貢し、叙位をもとめ、承認されている。ただし、卑弥呼の遣使とは異なり、金印や銅鏡などを下賜したという記述はない。

永初二年（四二一）にまず、武帝からの讃への叙位があり、元嘉二年（四二五）の讃からの遣使が記される。そして、讃の死と弟の珍による元嘉一五年（四三八）の遣使があり、珍が爵位を自称してきたので、それに対し文帝が叙位したとする。

さらに、その次の済については、係累が示されていない。元嘉二〇年（四四三）の済の遣使と叙

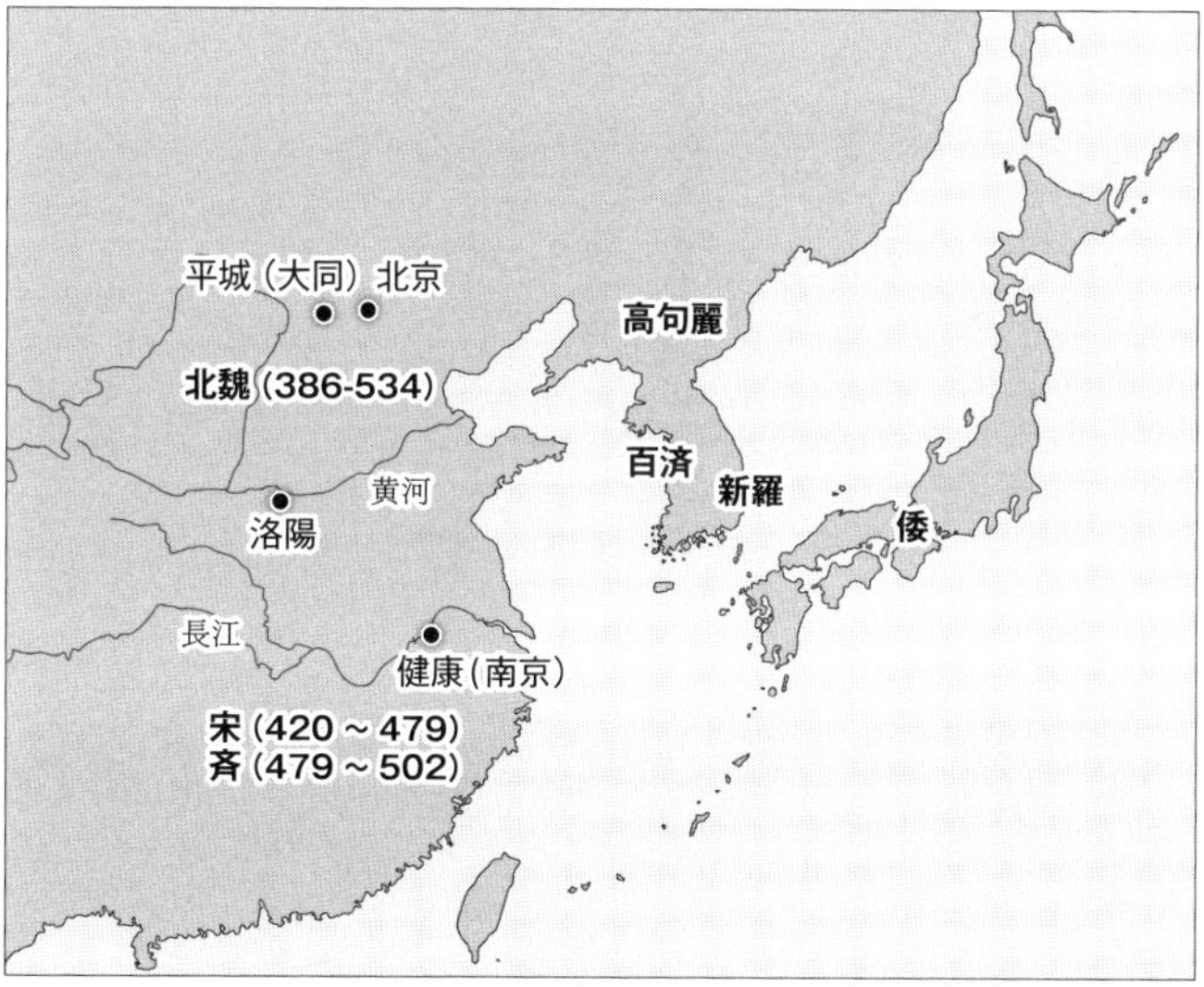

図83　5世紀の東アジア

位、元嘉二八年（四五一）の叙位が記される。

そして、済の死と後嗣の興による遣使（大明四年〈四六〇〉か?）と、大明六年（四六二）の孝武帝による叙位が記される。

興の死と弟の武が爵位を自称（昇明元年〈四七七〉か?）し、昇明二年（四七八）に武による順帝への上表文の献上、それに対応する叙位が記されている。

このほか、『晋書』安帝本紀の義熙九年（四一三）の倭の朝貢、『南斉書』倭国伝には、建元元年（四七九）の高帝による武への叙位の記載があり、『梁書』倭国伝には『宋書』にない記載として、珍が死んでその子の済が継承したことを記すほか、武帝による武への叙位が記されている。ただし、珍と済の関係については、『宋書』の記載が明らかに古いので、この記載の信憑性は乏しい。

倭王武と雄略大王

倭王武の上表文には「封国は偏遠にして藩を外に作す。昔から祖禰躬ら甲冑を擐き、山川を跋渉し、寧処に遑あらず（後略）」とある。祖先が軍事力をもって国土統一をなしたことを高らかにうたいあげたもので、これをそのまま信用すれば、武の段階には国土統一がおわり、それを中国皇帝の領土とすることによって、安定した政権を成立させていたことになる。しかし、逆に読み解けば、倭国の領域はそれまで確定していなかったのであって、倭王武の段階にいたってもなお内外に大きな不安定材料を抱えていたことのあらわれでもある。

倭王武は、埼玉県稲荷山古墳出土の鉄剣銘文にみえるワカタケルであり、『日本書紀』の大泊瀬幼武天皇、『古事記』の大長谷の若建命、すなわち雄略大王である。

稲荷山古墳の鉄剣の銘文の冒頭は、辛亥年七月中記とあり、これは四七一年である。そのあと、乎獲居臣上祖名意富比垝（ヲワケの臣。上祖、名はオホヒコ）とあり、その児、多加利足尼（タカリノスクネ）から乎獲居臣（ヲワケの臣）にいたる係累と人名が記される。そして、「獲加多支鹵大王寺在斯鬼宮時（ワカタケル大王の寺シキの宮に在る時）」の記述があって、鉄剣がつくられた由縁が記される。

鉄剣銘文のワカタケル大王、すなわち雄略大王が実在したことは、ほぼ疑いがない（岸一九八八）。一方、倭王武とワカタケルをつなげることについては異論がある（河内二〇一八）。ここでは、タケルがそのまま武という文字とは同時代においてはつながらないこと、倭王武の叙位の要求（四七八年）と、稲荷山鉄剣の銘文の内容（四七一年）の順序が逆転していることなどが疑問点として示されている。

しかし、その名前の共通性と雄略大王と倭王武の事績の年代的な整合性は動かしがたい。やはり、倭王武は雄略大王とみるのが妥当である。

『日本書紀』では、雄略天皇は泊瀬朝倉宮に即位し、丹比高鷲原陵に葬られたと記載されている。泊瀬朝倉宮は、奈良県桜井市の脇本遺跡で検出された五世紀後半代の大型建物や石垣などの遺構と結びつく。鉄剣銘文のシキの宮との関連は明らかではないが、奈良県の磯城と関連する。もちろん、飛鳥時代にみられる宮とは規模や構造において大きく異なるものである。

一方、雄略大王の墳墓は、大阪府の古市古墳群および百舌鳥古墳群とその周辺にもとめられる。しかし、現在宮内庁が治定する大阪府羽曳野市の高鷲（島泉）丸山古墳説（直径七〇メートルの円墳）（菱田二〇〇七）、岡ミサンザイ古墳説（岸本二〇一八）、古市古墳群と百舌鳥古墳群の中間にある河内大塚山古墳説

（墳丘長三三五メートルの前方後円墳）（一瀬二〇一六）など諸説があり一致しない。私は、『日本書紀』に〝雄略天皇が丹比高鷲原陵に葬られた〟とあることから、古市古墳群のこの時期の大型前方後円墳である岡ミサンザイ古墳を雄略大王すなわち倭王武の墳墓に比定する。

いずれにせよ、倭国王として中国南朝と交渉していた雄略大王は、その血縁系譜はともかく『古事記』『日本書紀』に記された人物と重なるのであって、この場合、ヤマトに支配拠点をおき、カワチに墳墓を築いていることが重要なのである。

讃・珍・済・興の墳墓

倭の五王と『古事記』『日本書紀』の天皇とを重ねあわせることは、江戸時代から試みられている。武を雄略天皇とすると、兄の興は安康天皇にあてることが可能である。また、武と興の父である済は、允恭天皇にあてることが可能である。

済の前代の珍との関係ついて『宋書』には記載がなく、珍の兄を讃としており、『古事記』『日本書紀』の系譜関係にそのままあてはめることは困難である。讃を応神、仁徳、履中の各天皇にあて、珍を仁徳、反正の各天皇にあてる説がある。

しかし、『古事記』『日本書紀』には、中国への遣使についての記載がない。さらに、『日本書紀』による応神天皇四一年、仁徳天皇八七年、履中天皇六年、反正天皇五年、允恭天皇四二年、安康天皇三年、雄略天皇二三年の在位期間や、各天皇の事績と系譜の記述の信憑性は乏しく、雄略大王を除いて、それそれの実在性に疑問がある。このように『古事記』『日本書紀』の天皇系譜や事績と、倭の五王の系譜や事績のあいだに記述の乖離がある以上、そもそも両者をつきあわせることに意味があるのかどうかが、まず、問われるところだろう。

ここでは、実在したことが確認できる雄略大王＝倭王武を定点におくことにする。その場合、済・興については『古事記』『日本書紀』と『宋書』の系譜は整合している。その記述から、それぞれの支配

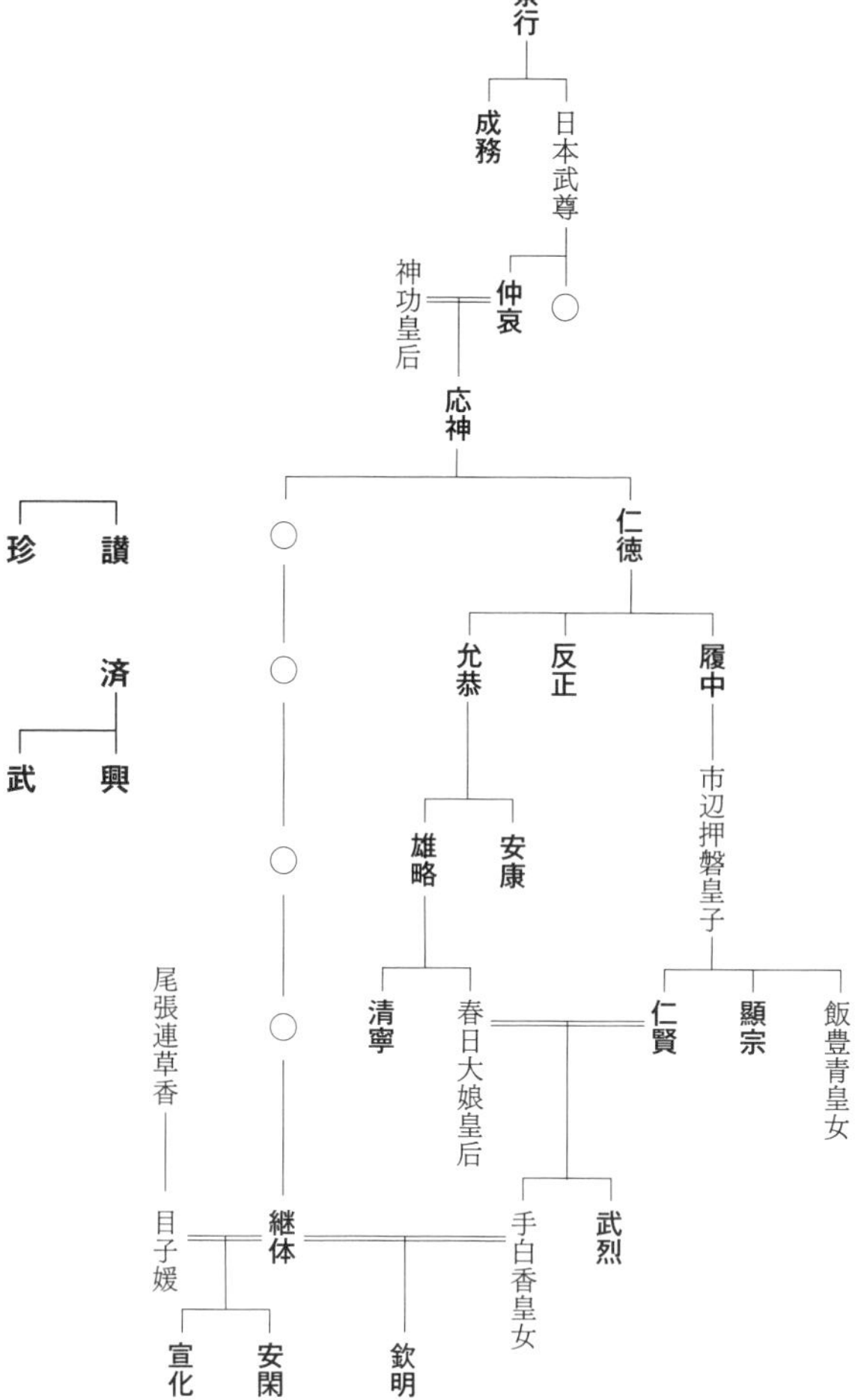

図84　倭の五王の系譜（左）**と景行から欽明までの天皇系譜**（右）
（『宋書』および『日本書紀』による）

◀図85　5世紀の王墓とカワチ・イズミ・ヤマトの有力地域集団の墳墓と居館

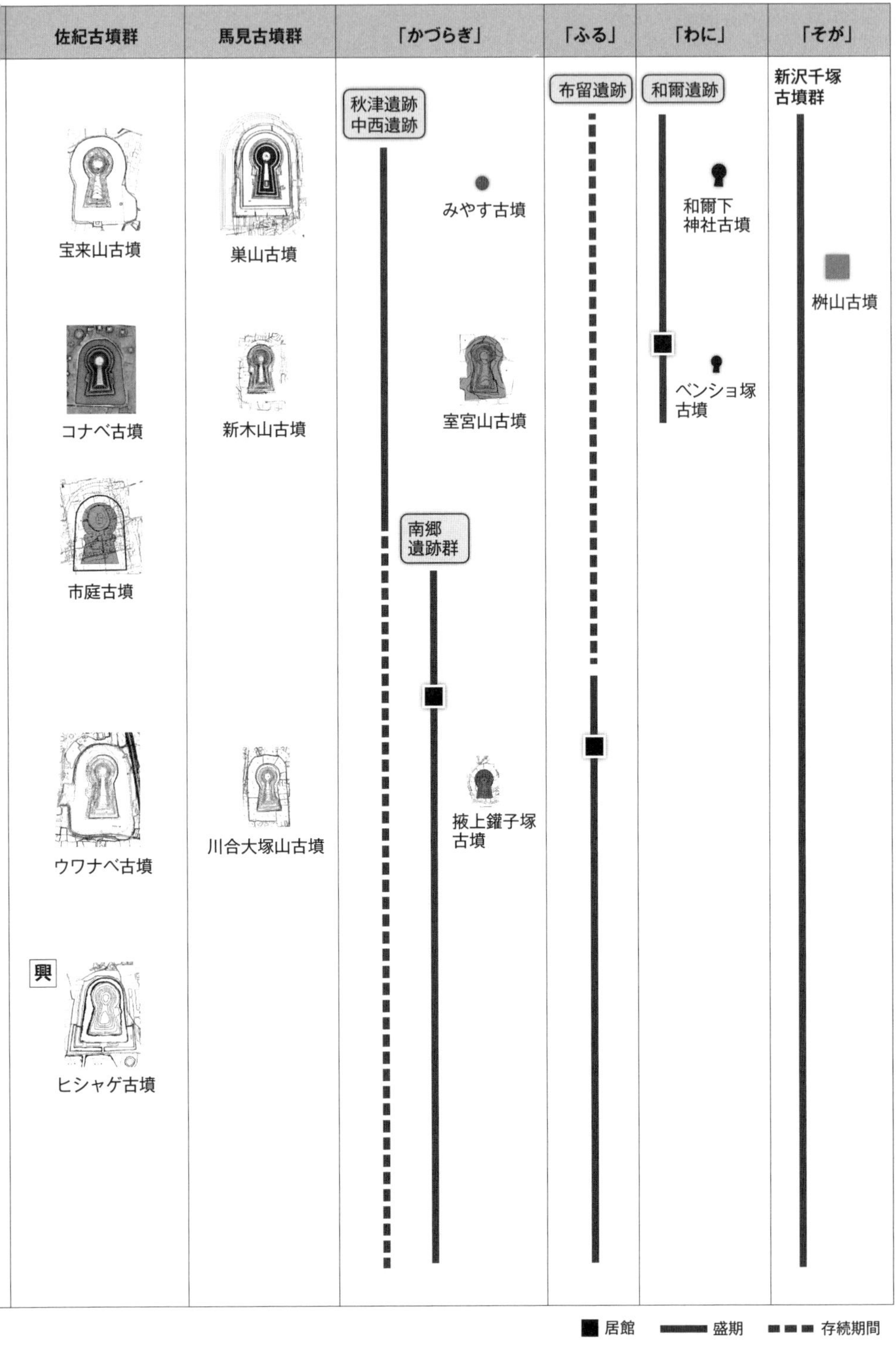

佐紀古墳群	馬見古墳群	「かづらぎ」	「ふる」	「わに」	「そが」
		秋津遺跡 中西遺跡	布留遺跡	和爾遺跡	新沢千塚 古墳群
宝来山古墳	巣山古墳	みやす古墳		和爾下 神社古墳	桝山古墳
コナベ古墳	新木山古墳	室宮山古墳		ベンショ塚 古墳	
市庭古墳		南郷 遺跡群			
ウワナベ古墳	川合大塚山古墳	掖上鑵子塚 古墳			
興 ヒシャゲ古墳					

■ 居館　━ 盛期　■ ■ ■ 存続期間

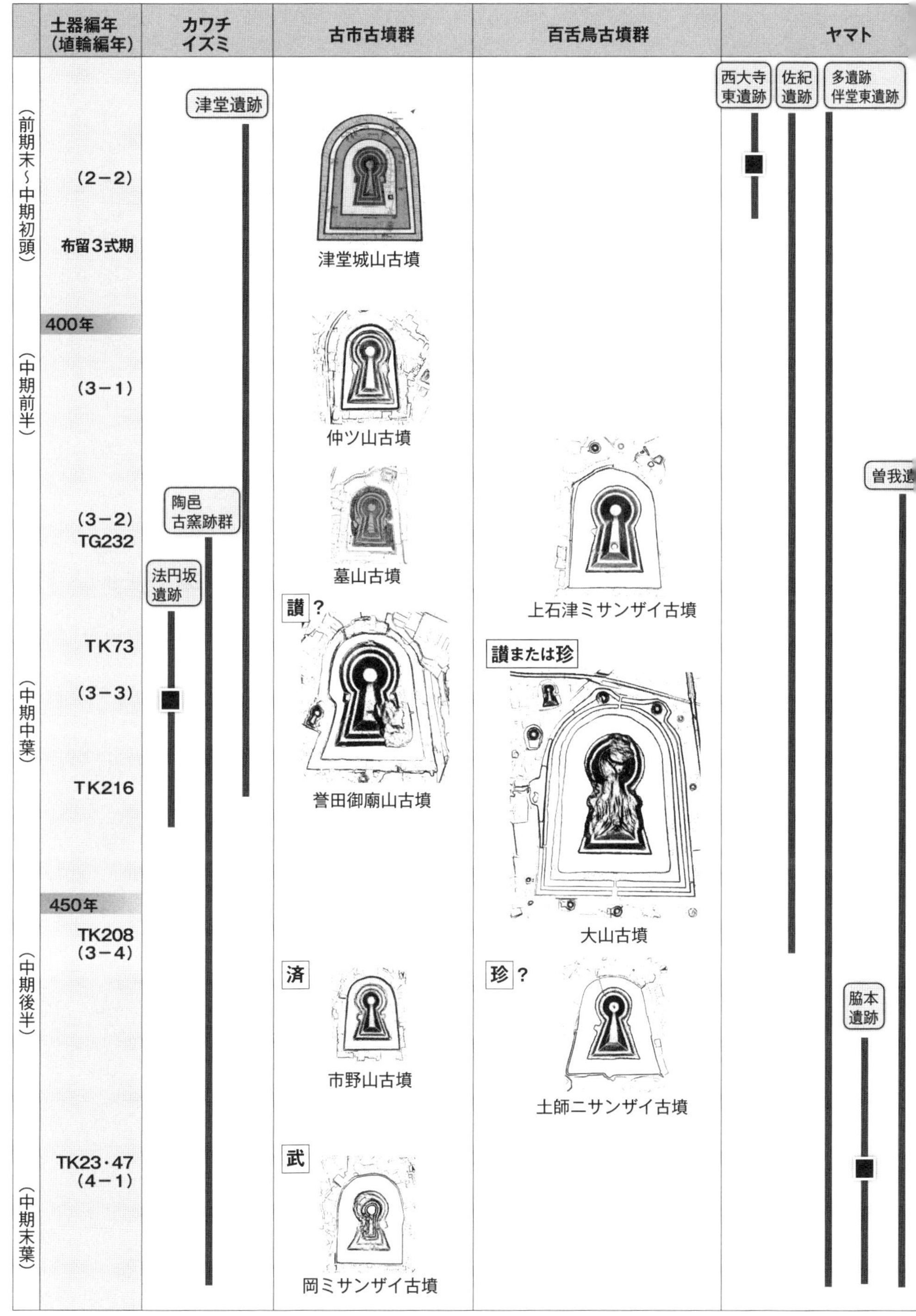

土器編年
（埴輪編年）
カワチ
イズミ
古市古墳群
百舌鳥古墳群
ヤマト
（前期末～中期初頭）
（2−2）
布留3式期
400年
（中期前半）
（3−1）
（3−2）
TG232
TK73
（中期中葉）
（3−3）
TK216
450年
TK208
（3−4）
（中期後半）
TK23・47
（4−1）
（中期末葉）
津堂遺跡
陶邑
古窯跡群
法円坂
遺跡
西大寺
東遺跡
佐紀
遺跡
多遺跡
伴堂東遺跡
曽我遺
脇本
遺跡
津堂城山古墳
仲ツ山古墳
墓山古墳
讃？
誉田御廟山古墳
済
市野山古墳
武
岡ミサンザイ古墳
上石津ミサンザイ古墳
讃または珍
大山古墳
珍？
土師ニサンザイ古墳

拠点や墳墓の所在地を考えてみよう。

興を安康天皇とした場合、『日本書紀』では安康天皇は石上穴穂宮で即位し、菅原伏見陵に葬られたと記載されている。その支配拠点と墳墓の地をヤマトとしている点が重要であり、これが事実として認められるなら、倭国王の支配拠点を布留遺跡周辺に求め、その墳墓を佐紀古墳群に求めることができるだろう。そのうえで、私は、その築造年代からヒシャゲ古墳を興の墳墓に比定した（坂二〇一三）。

済を允恭天皇とした場合、『日本書紀』では、允恭天皇の宮の記載はなく、河内の長野原陵に葬られたとある。現在宮内庁が允恭天皇陵として治定するのが市野山古墳である。ここでは、ヒシャゲ古墳と同形同大の円筒埴輪が出土していて、その年代が合致し、済の墳墓に比定することが可能である。

このように、興がヤマトに支配拠点をおき、済の墳墓と興の墳墓がカワチとヤマトにあって、共通する円筒埴輪が樹立されていたのなら、五世紀においてヤマトとカワチが倭国王の直接支配領域であったことがここに実証される。

讃と珍については、もとよりその記述に整合性をもとめることができない。遺跡の実態から、それを考えるほかはない。

ヤマトとイズミの関係のなかでは、三-三期に佐紀古墳群のウワナベ古墳（墳丘長二〇五メートルの前方後円墳）、馬見古墳群の川合大塚山古墳、百舌鳥古墳群の大山古墳が造営されており、それらが埴輪の特徴や前方部に造り出しをとりつける墳形などにおいて共通性があり、相互に関連しながら築造されている。

大山古墳の出土遺物としては、金銅装の甲冑や三環鈴などの馬具が知られており、日本列島第一位の規模とこうした遺物から、海外交渉をおこなった倭国王の墳墓とみなさない理由はどこにもみあたらない。年代からみて、讃または珍の墳墓とみるのが妥当だろう。

古市古墳群においては、大山古墳と同時期の三―三期に日本列島第二位の規模をもつ誉田御廟山古墳が築造される。形象埴輪や、周辺部から出土した土器などからみて大山古墳よりさかのぼる様相があり、大山古墳を珍とみた場合には、これを讃の墳墓とみるのが妥当だろう。一方、大山古墳を讃の墳墓とみた場合、百舌鳥古墳群の土師ニサンザイ古墳を珍の墳墓とみることができる。

倭国王の支配拠点と生産拠点

五世紀の倭国王は、カワチやイズミにも支配拠点や生産拠点をおいた。上町台地上の法円坂（ほうえんざか）遺跡で検出された大規模倉庫群は、倭国王の支配拠点にかかわるものである。

上町台地は、飛鳥時代から奈良時代にかけては難波宮、中・近世には石山本願寺や大坂城が築かれることとなるが、五世紀においては、国内外の倭国王の物資を港に近いこの場所に貯留し、流通させたのである。大阪歴史博物館の前の広場には、発掘調査で検出された倉庫群の柱跡が表示され、そのうちの一棟が復元されている（図86）。

また、百舌鳥古墳群内には、鉄器生産工房である陵南（りょうなん）遺跡が

図86　法円坂遺跡の復元された倉庫

ある。鍛冶関連の遺物のほか、木製の刀装具や鞍などの馬具も出土しており、倭国王にかかわる武器や馬具の生産をおこなっていた可能性がある。

百舌鳥古墳群の背後には陶邑古窯跡群がある。朝鮮半島から技術者を招いて、窖窯で焼成する須恵器と呼ばれる灰色の土器の国内生産がはじまった。陶邑古窯跡群は、倭国王の官営工房であり、ここで須恵器は一元的に生産され、ここから日本列島各地に供給された。したがって、陶邑窯の窯ごとの年代順の序列が、そのまま土器編年に活かされている。最も早い窯が、TG（大庭寺）二三二号窯で、その後は、TK（高蔵）七三号窯、TK二一六号窯、TK二〇八号窯、TK二三号窯、TK四七号窯とつづく。須恵器生産が開始されて以降は、陶邑の窯ごとの土器編年が、古墳時代の年代を示す最も重要な指標である。

また、大和川をはさんで古市古墳群の対岸には、大県遺跡がある。きわめて大量の鍛冶関連遺物が検出されており、倭国王が直営した鉄器生産工房である。古墳時代中期には鉄製の甲冑などの武器が国内で生産されるが、その生産がおこなわれた候補地である。甲冑・鉄鏃などは、古市古墳群・百舌鳥古墳群において常に最新の製品が副葬されており、古墳群周辺で一元的に生産されたと考えられる。倭国王の威信とその実力を示す武器・武具の生産がおこなわれたのはカワチである。

一方、ヤマトにおいても倭国王の支配拠点や生産拠点が継続して営まれた。倭王武の支配拠点は、前述のとおり脇本遺跡である。「おおやまと」地域の東南端、東国へ至る交通の要衝の地である。なお、脇本遺跡では六世紀後半代の大型建物も検出されており、『日本書紀』欽明天皇三十一年条にある泊瀬柴籬宮との関連も指摘されている。

興の支配拠点は、前項で布留遺跡周辺に求めた。布留遺跡は、「ふる」の有力地域集団の支配拠点である。この有力地域集団が、ヤマト王権と協調しながら、古墳時代前期後半に国際外交をおこなっていたことは前述したとおりである。そして、古墳時代中期後半に布留遺跡は、まさに盛期をむかえる。倭国王をみずからの支配拠点に迎え入れて、倭国王の支配拠点と「ふる」有力地域集団の支配拠点が併存していたと推定される。

さらに、倭国王は「おおやまと」地域の水田開発と経営を直営する。多遺跡や伴堂東遺跡などでは、古墳時代中期から後期を通じて集落の営みが認められる一方、唐古・鍵遺跡では古墳時代中期に新たな井戸が掘削されるなど再びその営みが活発化する。朝鮮半島からの渡来系集団がカワチ・イズミと同様に流入して大規模開発がさらに進捗し、その生産力が向上する。ヤマトは、古墳時代を通じてヤマト王権の穀倉地帯であった。

手工業生産においても、玉生産の分野ではヤマトに倭国王の直営工房がおかれた。前述のとおり、曽我遺跡に琥珀・翡翠・瑪瑙・水晶・碧玉・滑石など各地原産の石材が集積され、その加工がおこなわれた。

銅鏡や金銅製品の生産も、倭国王が直営したものと推測される。また、ヤマトの有力地域集団も独自で生産をおこなった。「かづらぎ」の有力地域集団の支配拠点である南郷遺跡群の南郷角田(かどた)遺跡では、甲冑生産や金銅製品の生産の痕跡が確認されている。倭国王の甲冑や金銅製品の生産拠点は明確ではないが、さらに大規模なものであったであろう。

継体大王の登場

以上のように、「おおやまと」古墳集団を出発点としたヤマト王権は、古墳時代前期後半に佐紀古墳集団をとり込み、前期末葉にカワチ地方まで版図を広げ、五世紀にはイズミ地方まで進出して倭国王を輩出するにいたったのである。中国を中心とした冊封体制のもとで、ようやく倭国王と自称し、その地位を得るにいたった。しかしながら、氏族の淵源となった有力地域集団は、奈良盆地各地に独自の支配領域をもっており、ヤマト王権は、これらの勢力とのあいだに、危ない均衡を保っていた。政治的には、きわめて不安定な状態がつづいたのである。

六世紀のはじまりとともに新しく倭国王の地位についたのが継体大王である。継体大王の登場は、ヤマト王権にとって新しい時代の幕開けであった。

継体大王が実在したことについて、まずはそれを疑う必要はないだろう。『日本書紀』では、武烈天皇までの系譜が一旦断絶し、応神天皇の五世孫という男大迹王を新しくヤマトに迎え入れたとする。

男大迹王の父は彦主人王、母は振媛で、彦主人王は、近江国高島郡三尾の別邸から使いを遣わして、三国の坂中井で振媛を妃にして男大迹王が生まれたという。そして、振媛の実家である高向で男大迹王は育てられた。

ヤマトでは、武烈天皇の後継ぎがいないので、大伴金村・許勢男人・物部麁鹿火が合議し、まず、仲哀天皇の五世孫である倭彦命を迎えようとするが、失敗した。そこで、河内馬飼首荒籠の仲介を得て、男大迹王が河内樟葉宮で即位した。そして、五年に山背の筒城宮、十二年に弟国宮に、二十年（一説では七年）にヤマトの磐余玉穂宮に宮を遷したとされる。

皇后は、仁賢天皇の女である手白香皇女で、欽明天皇を産む。妃は八人で、そのなかに即位以前からの妃である尾張連草香の女の目子媛がいて、安閑、宣化天皇を産む。皇位継承は安閑、宣化、欽明の順である（**図84**）。

そして、継体天皇は二十五年に八二歳で崩御し（或本では二十八年）、藍野陵に葬られたとある。大阪府高槻市にある今城塚古墳（墳丘長一八一メートルの前方後円墳）がこれにあたることはよく知られているところである。

『日本書紀』の記述をめぐっては、応神天皇の五世孫という系譜、手白香皇女とその墳墓とのかかわりなどから、男大迹王がどのような出自をもち、ヤマトにどのように迎え入れられたかなどについて、さまざまな議論を呼んでいる。

そのようななかで、継体大王は、さまざまな地域を政権基盤としながら、新しい王権の創始者となっている点が注目される。新しい王権はコシ、オワリ、オウミ、セッツ、カワチが政権基盤であって、今城塚古墳の位置からみれば、同じ三島古墳群内の大阪府茨木市の太田茶臼山古墳（墳丘長二三〇メートルの前方後円墳）の後裔とみるのが妥当である。

つまり、男大迹王の出自は淀川北岸の三島地域の有力地域集団であり、男大迹が倭国王となったとき、政権基盤の地域集団と緊密につながっており、それを支配下においたのである。

さらに、隅田八幡神社所蔵の人物画象鏡の銘文を、即位前の孚（男）弟王（男大迹王）が、意柴沙加宮

(忍坂宮)にいたとき、斯麻(しま)(百済の武寧王)のために鏡をつくったと解釈(山尾一九八三)したとき、継体は即位前の早い段階でヤマトや百済ともつながっていたとみることが可能である。

このことを立証する考古資料に、尾張型埴輪がある。タタキ、回転ヘラケズリ、倒立技法など須恵器生産技術と密接にかかわる特殊な技術でつくられた埴輪であり、ヤマトと継体大王が支配においた各地域の古墳から出土している。尾張型埴輪の分布は、『日本書紀』の記述と見事に重なる。

継体大王の擁立によって、すでにイズミ地方まで拡大していたヤマト王権の直接支配領域は、飛躍的に拡大することとなった。

応神天皇の五世孫という系譜は、新しい王権が権力を掌握してから、大王家と血縁関係でつながっていることを主張したものであり、支配下においた地域集団との関係性において後付けして創造されたものである。

一方、手白香皇女の墳墓は、『延喜式』に大和国山辺郡に所在したことが記されており、大和(萱生)古墳群の西山塚古墳(墳丘長一二〇メートルの前方後円墳)に比定される(白石二〇一八)。この地は「おおやまと」古墳集団の故地であって、ここに古墳を築造することによって、この新しい王権の正当性を主張したのである(**図43参照**)。

継体大王は、北部九州で勢威を誇っていた磐井の反乱を鎮める。大王を中心とした専制的国家体制を確立するための基盤が、ここにようやく整うことになったのである。

ヤマト王権の時代の終焉

継体大王の時代にあっても、『日本書紀』に「百済記」などの記述をもとに諸説があることが記されているとおり、確かな事実はつかみがたい。

継体大王以降の天皇系譜や年代観も不分明である。『元興寺伽藍縁起并流記資財帳』や『上宮聖徳法王帝説』では、仏教公伝を欽明天皇の時代とし、戊午年（五三八）とするのに対し、『日本書紀』が欽明天皇十三年（五五二）としていて、二説があることはよく知られている。そして、それをめぐり安閑・宣化、欽明の二王朝並立説や、安閑・宣化の実在性をめぐる議論が提起されている。

また、安閑天皇元年条には、武蔵国造の反乱を鎮め、全国各地に倭国王の直轄地である屯倉をおいたという記述がある。大王による地域支配が進行したことがよみとれるが、反乱の実態と大王の支配体制については、不分明な点が多い。

さらに、仏教公伝をめぐって蘇我氏と物部氏が争い、ついに蘇我氏が物部氏を討ったことは史上に名高い。これは、氏族同士の権力抗争である。蘇我氏が大王と姻戚関係を結びながら、氏族として権力を掌握していく過程については、多くの論者がくわしく述べているところである。

六世紀がどのような時代であったか、それは一書を必要とし、ここでくわしく述べる余裕がない。私は、五世紀に朝鮮半島西南部地域からわたってきた渡来人集団を出自とする蘇我氏が、飛鳥の開発を主導し、六世紀には氏族として活動して大王を飛鳥に招きいれたと考えている。そのことは、『蘇我氏の

古代学　飛鳥の渡来人』（坂二〇一八a）でくわしく述べた。すなわち蘇我氏は、五世紀に飛鳥を開発した有力地域集団であり、六世紀に氏族として活動したと考えた。

ヤマトにおいて最大規模をもつ前方後円墳は、六世紀後半代に築造されている点が重要である。奈良県橿原市の丸山古墳（墳丘長三一〇メートル）である。私は、その被葬者を欽明大王と考えた（坂二〇一八a）。また、欽明天皇の宮は、『日本書紀』には、磯城嶋金刺宮（しきしまのかなさし）と記載されている。桜井市城島（しきしま）遺跡において、六世紀後半代の掘立柱建物などの遺構が検出されている。調査範囲が狭く、遺構の規模は小さいが、その関連性は否定できない。

六世紀にヤマト各地に築かれた古墳や埋葬施設のありかたも重要である。大伴氏・物部氏・蘇我氏（東漢氏）・許勢氏・葛城氏・平群（へぐり）氏など、それぞれ有力氏族が勢力基盤をおいた地域で、横穴式石室や石棺など氏族ごとのそれぞれ特徴をもった古墳が造営されている。

くり返し述べるように、こうした氏族の淵源は、古墳時代前期から中期の有力地域集団である。地域開発を主導することによって政治的集団として成長した有力地域集団の活動が、まず先行している。そして六世紀以降に、血縁関係やその系譜を集団の統合と権力掌握のための原理とした氏族が成立したことによって、この有力地域集団の活動を後付けし、みずからの祖先の活動としたのである。

大伴氏・物部氏・葛城氏・和邇氏については、第8章でくわしく述べたところだが、許勢氏については、六世紀代以降に「そが」地域の巨勢谷において有力地域集団が活発な活動をおこなっており、飛鳥時代に勢威を誇った許勢氏がそれを祖先の活動とみなしたのである。

一方、五世紀の倭国王の出自が「おおやまと」古墳集団であることは、くり返し述べてきた。そして、それが勢力を伸長させて、佐紀古墳集団と一体となって、カワチ、イズミ地方まで進出する過程についてもくわしく述べてきたところである。六世紀において大王の実力が確かなものとなったとき、「おおやまと」古墳集団の故地は、祖先にかかわるものとして、後付けされ、記録されることとなったのである。ヤマト王権の王と氏族が支配権力を強め、その権力意識が固まったからこそ、その祖先観が醸成され、その記録や遺跡を残すことが重要となったのである。

古墳時代につづくのが飛鳥時代である。蘇我氏が主導し、飛鳥において大王の支配拠点が形成される。そして、ここを中心に古代律令国家体制への歩みをはじめる。この歩みをはじめたときに、ヤマト王権の時代はすでに終焉をむかえているといってよい。飛鳥に宮をおいて、天皇を中心とした律令国家「日本」への道のりを確実に歩みはじめているからだ。

ヤマト王権の時代とはすなわち、古墳時代のことである。三世紀の「おおやまと」の王から、五世紀の倭国王へ、王権は次第にその支配領域を拡大させ、六世紀にようやく王と氏族による権力の仕組みを完成させたのである。その後の飛鳥時代の大王は、天皇と名乗り、倭国を日本国と国号をあらためる。日本国は東北から九州におよぶ支配領域を明確化する。飛鳥時代の天皇の出自は、六世紀の継体大王を始祖とするヤマト王権の血縁系譜上にある。血縁系譜だけをとれば、六世紀から新しい時代がはじまったと言い切れるかもしれない。しかし、有力地域集団を祖と仰ぐ王と氏族との関係性のなかで、前方後円墳などの古墳がつぎつぎと築かれ、ヤマト王権が地域支配を固めていった時代であって、律令国家体制への歩みはまだはじまってはいない。

ヤマト王権の時代とは何かと問われたとき、「おおやまと」の王として出発したヤマト王権の王が、倭国の王としての国家体制や秩序を徐々に形成し、六世紀にそれを完成させた時代であると結論づけることができよう。

引用・参考文献

青柳泰介　二〇〇七「古墳時代の『山野河海』」『古墳時代の海人集団を再検討する』第五六回埋蔵文化財研究集会資料集

青柳泰介　二〇一一「ワニ地域考」『考古学は何を語れるか』同志社大学考古学シリーズX

秋山日出雄・廣吉壽彦　一九九四『元禄年間　山陵記録』財団法人 由良大和古代文化研究協会

石野博信　二〇一九『邪馬台国時代の王国群と纒向王宮』新泉社

一瀬和夫　二〇一六『百舌鳥・古市古墳群　東アジアのなかの巨大古墳群』同成社

井上光貞　一九六五『日本古代国家の研究』岩波書店

今尾文昭　二〇〇五「オオヤマト古墳群における古墳出現期の様相」『東日本における古墳の出現』六一書房

今尾文昭　二〇〇八『古代日本の陵墓と古墳二　律令期陵墓の成立と都城』青木書店

今尾文昭　二〇〇九『古代日本の陵墓と古墳一　古墳文化の成立と社会』青木書店

今尾文昭　二〇一四『ヤマト政権の一大勢力　佐紀古墳群』シリーズ「遺跡を学ぶ」九三　新泉社

今尾文昭　二〇一八『天皇陵古墳を歩く』朝日新聞出版

岩本　崇　二〇一九「三角縁神獣鏡生産の展開と製作背景」『銅鏡から読み解く二〜四世紀の東アジア　三角縁神獣鏡と関連鏡群の諸問題』勉誠出版

上野祥史　二〇一九「後漢・三国鏡の生産動向」『銅鏡から読み解く二〜四世紀の東アジア　三角縁神獣鏡と関連鏡群の諸問題』勉誠出版

王　仲殊　一九八一「日本の三角縁神獣鏡に関する問題」『考古』一九八一年四期　科学出版社（邦訳・解題　杉本憲司『歴史と人物』昭和五六年一二月号）

王　仲殊　一九八五「日本の三角縁神獣鏡について」『三角縁神獣鏡の謎　日中合同古代史シンポジウム』角川書店

大久保徹也　二〇〇三「オオヤマト古墳群と県道『天理環状線』二〇〇三」『考古学研究』第四九巻第四号

小笠原好彦　二〇一七『古代豪族葛城氏と大古墳』吉川弘文館

岡部裕俊　二〇一三「伊都国の王と有力者たち―遺跡からみえてきた地域構造と社会構造―」『海でつながる倭と中国―邪馬台国の周辺世界』新泉社
岡村秀典　一九九三「福岡県平原遺跡出土鏡の検討」『季刊考古学』四三号
岡村秀典　一九九九『三角縁神獣鏡の時代』歴史文化ライブラリー六六　吉川弘文館
岡村秀典　二〇一七『鏡が語る古代史』岩波新書
小栗明彦　二〇一五「巣山古墳二重周濠論」『河上邦彦先生古稀記念献呈論文集』同刊行会
置田雅昭　二〇〇四「オオヤマト古墳群の特質」『オオヤマト古墳群と古代王権』青木書店
奥野正男　一九八一『邪馬台国はここだ』毎日新聞社
小田富士雄・田村圓澄監修・春日市教育委員会編　一九九四『奴国の首都　須玖岡本遺跡　奴国から邪馬台国へ』吉川弘文館
笠井新也　一九二四「卑弥呼即ち倭迹迹日百襲姫命二」『考古学雑誌』一四巻七号
加藤一郎　二〇一九「倭における鏡の製作」『銅鏡から読み解く二～四世紀の東アジア　三角縁神獣鏡と関連鏡群の諸問題』勉誠出版
川口博之　一九九九「三角縁神獣鏡の呪力とその用法」『古代学研究』第一四八号
川崎志乃　二〇一四「纏向遺跡における伊勢系土器の研究」『研究紀要』第一八集　公益財団法人 由良大和古代文化研究協会
川西宏幸　一九八八『古墳時代政治史序説』塙書房
岸　俊男　一九六六『日本古代政治史研究』塙書房
岸　俊男　一九八八『日本古代文物の研究』塙書房
岸本直文　二〇一三「玉手山古墳群・松岳山古墳と河内政権論」『百舌鳥・古市古墳群出現前夜』大阪府立近つ飛鳥博物館　平成二五年度春季特別展図録
岸本直文　二〇一四「倭における国家形成と古墳時代開始のプロセス」『国立歴史民俗博物館研究報告』第一八四集
岸本直文　二〇一六「津堂城山古墳と河内政権」『塚口義信博士古稀記念　日本古代学論叢』和泉書院
岸本直文　二〇一八「倭王権と倭国史をめぐる論点」『国立歴史民俗博物館研究報告』第二一一集
北　康弘　二〇一八「文献からみた天皇陵」『古墳時代の畿内』講座畿内の古代学第Ⅱ巻　雄山閣
久住猛夫　二〇〇八「福岡平野　比恵・那珂遺跡群―列島における最古の『都市』―」『弥生時代の考古学八　集落

からよむ弥生時代』同成社
車崎正彦　一九九九「三角縁神獣鏡は卑弥呼の鏡か」『卑弥呼は大和に眠るか　邪馬台国の実像を追って』文英堂
河内春人　二〇一八『倭の五王』中公新書
小島俊次　一九六五『奈良県の考古学』郷土考古学叢書一　吉川弘文館
小林行雄　一九六一『古墳時代の研究』青木書店
近藤喬一　一九八八『三角縁神獣鏡』UP考古学選書四　東京大学出版会
近藤義郎　一九六八「前方後円墳の成立と変遷」『考古学研究』第一五巻第一号
近藤義郎・河本清　一九八七『吉備の考古学―吉備世界の盛衰を追う』福武書店
近藤義郎・春成秀爾　一九六七「埴輪の起源」『考古学研究』第一三巻第三号
近藤　玲　二〇一八「纒向遺跡出土の桃核ほかと土器付着炭化物の炭素14年代法による年代測定について」『纒向学研究』第六号
斎藤　忠　一九七五『日本人の祖先』講談社　日本の歴史文庫一
西藤清秀　二〇一三「箸墓古墳・西殿塚古墳の墳丘の段構成について」『橿原考古学研究所論集』第一六　八木書店
佐伯有清　二〇〇六『邪馬台国論争』岩波新書
實盛良彦　二〇一九「斜縁鏡群と三角縁神獣鏡」『銅鏡から読み解く二～四世紀の東アジア　三角縁神獣鏡と関連鏡群の諸問題』勉誠出版
清水康二　二〇一五「『舶載』三角縁神獣鏡と『仿製』三角縁神獣鏡との境界」『考古学論攷』第三八冊
清水康二ほか　二〇一八「平原から黒塚へ―鏡笵再利用技法研究からの新視点―」『古代学研究』第二一五号
清水康二ほか　二〇一九「三角縁神獣鏡における製作技術の一側面―二層式鋳型と型押し技法の検証―」『古代学研究』第二二〇号
下垣仁志　二〇一〇『三角縁神獣鏡研究事典』吉川弘文館
下垣仁志　二〇一一『古墳時代の王権構造』吉川弘文館
下垣仁志　二〇一八『古墳時代の国家形成』吉川弘文館
白石太一郎　一九九九『古墳とヤマト政権　古代国家はいかに形成されたか』文春新書
白石太一郎　二〇〇〇『古墳と古墳群の研究』塙書房
白石太一郎　二〇〇四「オオヤマト古墳群と初期ヤマト王権」『オオヤマト古墳群と古代王権』青木書店

白石太一郎　二〇〇九『考古学からみた倭国』青木書店
白石太一郎　二〇一三『古墳からみた倭国の形成と展開』敬文舎
白石太一郎　二〇一八『古墳の被葬者を推理する』中央公論新社
菅谷文則　一九九一『日本人と鏡』同朋舎出版
菅谷文則　二〇〇六「伊都国と平原大鏡について」『大鏡が映した世界』伊都国歴史博物館
鈴木　勉　二〇〇三「三角縁神獣鏡復元研究―検証ループ法の実施―」『福島県文化財センター白河館 研究紀要』
　二〇〇二
鈴木　勉　二〇一六『三角縁神獣鏡・同笵（型）鏡論の向こうに』雄山閣
高木博志　二〇〇〇「近代における神話的古代の創造―畝傍山・神武陵・橿原神宮、三位一体の神武『聖蹟』―」
　『人文学報』第八三号
高久健二　二〇一一「楽浪・帯方郡との関係」『弥生時代の考古学四　古墳時代への胎動』同成社
田中晋作　一九九八「筒形銅器について」『網干善教先生古稀記念考古学論集』同刊行会
田中　琢　一九六五「布留式以前」『考古学研究』第一二巻第二号
田中　琢　一九八九「卑弥呼の鏡と景初四年の鏡」『謎の鏡―卑弥呼の鏡と景初四年銘鏡―』同朋舎出版
伊達宗泰　一九九九『「おおやまと」の古墳集団』学生社
趙哲済ほか　二〇一四「上町台地とその周辺低地における地形と古地理変遷の概要」『大阪上町台地の総合的研究―
　東アジア史における都市の誕生・成長・再生の一類型』平成二一〜二五年度（独）日本学術振興会科学研究費
　補助金基盤研究（A）
塚口義信　一九九三『ヤマト王権の謎をとく』学生社
塚口義信　二〇〇八「四、五世紀の葛城南部における首長系列の交替」『東アジアの古代文化』第一三七号
都出比呂志　一九九一「日本古代の国家形成論序説―前方後円墳体制の提唱―」『日本史研究』第三四三号
寺沢　薫　一九八六「畿内古式土師器の編年と二、三の問題」『矢部遺跡』奈良県立橿原考古学研究所調査報告
寺沢　薫　二〇〇〇『王権誕生』日本の歴史〇二　講談社
寺沢　薫　二〇一一『王権と都市の形成史論』吉川弘文館
寺沢薫・森岡秀人編　一九八九『弥生土器の様式と編年（近畿編一）』木耳社
冨谷　至　二〇一八『漢倭奴国王から日本国天皇へ―国号「日本」と称号「天皇」の誕生』京大人文研東方学叢書

鳥越憲三郎　一九八七『神々と天皇の間　大和朝廷成立の前夜』朝日文庫
内藤湖南　一九一〇「卑弥呼考」（のち『内藤湖南全集』第七巻　筑摩書房　一九七〇に所収）
直木孝次郎　一九七五『飛鳥奈良時代の研究』塙書房
中村一郎・笠野毅　一九七六「大市墓の出土品」『書陵部紀要』第二七号
中村潤子　一九九九『日本を知る　鏡の力　鏡の想い』大巧社
中村俊夫　二〇一八「纒向遺跡出土のモモの核のAMS^{14}C年代測定」『纒向学研究』第六号
仁藤敦史　二〇〇九『卑弥呼と台与　倭国の女王たち』山川出版社
浜田耕策　二〇〇五「四世紀の日韓関係」第一回日韓歴史共同研究（第一期）第一分科報告書（財）日韓文化交流基金
林　正憲　二〇一九「倭鏡に見る『王権のコントロール』」『銅鏡から読み解く二〜四世紀の東アジア　三角縁神獣鏡と関連鏡群の諸問題』勉誠出版
林部　均　二〇〇一『古代宮都形成過程の研究』青木書店
坂　靖　二〇〇九『古墳時代の遺跡学―ヤマト王権の支配構造と埴輪文化―』雄山閣
坂　靖　二〇一三「前・中期古墳の『治定』問題―市野山古墳と佐紀ヒシャゲ古墳を中心に―」『季刊考古学』第一二四号　特集　天皇陵古墳のいま
坂　靖　二〇一八a『蘇我氏の古代学―飛鳥の渡来人―』新泉社
坂　靖　二〇一八b「ヤマト王権中枢部の有力地域集団―『おおやまと』古墳集団の伸張―」『国立歴史民俗博物館研究報告』第二一一集
坂靖・青柳泰介　二〇一一『葛城の王都　南郷遺跡群』シリーズ「遺跡を学ぶ」七九　新泉社
肥後和男　一九三三「倭姫命考」（のち『日本神話研究』河出書房　一九三八に所収）
樋口隆康　一九九二『三角縁神獣鏡綜鑑』新潮社
菱田哲郎　二〇〇七『古代日本国家形成の考古学』京都大学学術出版会
平林章仁　二〇一九『物部氏と石上神宮の古代史　ヤマト王権・天皇・神祇祭祀・仏教』和泉書院
広瀬和雄　二〇〇三『前方後円墳国家』角川書店
福永伸哉　二〇〇五『三角縁神獣鏡の研究』大阪大学出版会
藤田和尊　二〇一九『古墳時代政権の地方管理経営戦略』学生社
藤田三郎　二〇一九『ヤマト王権誕生の礎となったムラ　唐古・鍵遺跡』シリーズ「遺跡を学ぶ」一三五　新泉社

北條芳隆　一九八六「墳丘に表示された前方後円墳の定式とその評価」『考古学研究』第三二巻第四号
前田晴人　二〇一七『物部氏の伝承と史実』同成社
前田晴人　二〇一九「『大市』の首長会盟と女王卑弥呼の『共立』」『纒向学研究』第七号
松木武彦　二〇一五「卑弥呼『共立』前に起こった『倭国（大）乱』とはなにか」『古代史研究の最前線　邪馬台国』洋泉社
水谷千秋　二〇〇六『謎の豪族　蘇我氏』文春新書
水谷千秋　二〇一九『古代豪族と大王の謎』宝島新書
水野敏典　二〇一五「三角縁神獣鏡を科学する」『古代史研究の最前線　邪馬台国』洋泉社
水野敏典　二〇一八「黒塚古墳出土鏡の意義」『黒塚古墳の研究』八木書店
南健太郎　二〇一九『東アジアの銅鏡と弥生社会』同成社
森岡秀人　二〇一五「倭国成立過程における『原倭国』の形成―近江の果たした役割とヤマトへの収斂―」『纒向学研究』第三号
森　浩一　一九九〇「吉野ヶ里から邪馬台国が見える」『朝日ジャーナル』第三二巻一号・二号
森　浩一　二〇〇〇『記紀の考古学』朝日新聞社
森　浩一　二〇一〇『倭人伝を読みなおす』ちくま新書
森　博達　二〇〇一「『特注説』は幻想だ・訂正増補版」『東アジアの古代文化』一〇七号
森本六爾　一九八七『日本の古墳墓』木耳社
安井宣也　二〇〇七「能登川扇状地における古墳時代開発史の検討～集落遺跡の発掘調査成果や周辺の古墳の様相をもとにして～」『奈良女子大学二一世紀COEプログラム報告集』一七
柳田康雄　二〇〇〇「平原王墓出土銅鏡の観察総括」『平原遺跡』前原市教育委員会
山尾幸久　一九八三『日本古代王権形成史論』岩波書店
山田良三　二〇〇〇「筒形銅器の再考察」『橿原考古学研究所紀要　考古学論攷』二三　奈良県立橿原考古学研究所
吉川真司　二〇〇四「オオヤマト地域の古代」『オオヤマト古墳群と古代王権』青木書店
吉村武彦　二〇一〇『ヤマト王権』岩波新書
米川仁一　二〇一五「古墳時代前期の方形区画について」『河上邦彦先生古稀記念献呈論文集』同刊行会
渡辺正気　二〇〇一「『魏志倭人伝』の『卑弥呼以死』の読みについて」『日本考古学協会第六七回総会研究発表要旨』

【図録・パンフレット】
大阪府立弥生文化博物館　二〇一五『卑弥呼―女王創出の現象学―』リニューアルオープン記念平成二七年度春季特別展図録
大阪府立近つ飛鳥博物館　二〇一三『歴史発掘おおさか二〇一二―大阪府発掘調査最新情報―』平成二四年度冬季特別展
宮内庁書陵部陵墓課　二〇一四『陵墓地形図集成』学生社
桜井市埋蔵文化財センター　一九九八『纒向遺跡一〇〇回調査記念～纒向遺跡はどこまでわかったか～』
桜井市埋蔵文化財センター　二〇〇七『ヤマト王権はいかにして始まったか―王権成立の地　纒向』
桜井市埋蔵文化財センター　二〇一四『ＨＡＳＩＨＡＫＡ―始まりの前方後円墳―』平成二五年度特別展
桜井市纒向学研究センター　二〇一九『史跡　纒向遺跡―辻地区の建物群―』桜井市遺跡解説パンフレット①
奈良県立橿原考古学研究所附属博物館　二〇一一『特別陳列　埴輪のはじまり～大和の特殊器台とその背景～』
奈良県立橿原考古学研究所附属博物館　二〇一二『春季特別展　三国志の時代―二・三世紀の東アジア―』
奈良県立橿原考古学研究所附属博物館　二〇一四『特別陳列　東海地方からの新しい風～古墳出現期の東海系遺物』
奈良県立橿原考古学研究所附属博物館　二〇一六『春季特別展　やまとのみやけと女性司祭者―史跡島の山古墳発掘二〇年―』
奈良県立橿原考古学研究所附属博物館　二〇一七『秋季特別展　黒塚古墳のすべて』
福岡市博物館　二〇一五『新・奴国展―ふくおか創世記―』開館二五周年記念特別展

【調査報告】
石野博信・関川尚功編　一九七六『纒向』桜井市教育委員会
上牧町教育委員会　二〇一五『上牧久渡古墳群発掘調査報告書』
近藤喬一編　一九九〇『平尾城山古墳』財団法人古代学協会
近藤義郎　一九九二『楯築弥生墳丘墓の研究』楯築刊行会
桜井市教育委員会文化財課　二〇一二『奈良県桜井市史跡纒向古墳群　纒向石塚古墳発掘調査報告書』桜井市埋蔵文化財発掘調査報告書三八
桜井市纒向学研究センター　二〇一三『纒向遺跡発掘調査概要報告書―トリイノ前地区における発掘調査―』

末永雅雄・嶋田暁・森浩一　一九八〇『和泉黄金塚古墳』東京堂出版（復刻）
高槻市教育委員会　二〇一〇『安満宮山古墳―発掘調査・復元整備事業報告書―』
高橋　護　一九八七「宮山墳墓群」『総社市史考古資料編』総社市史編纂委員会
天理市教育委員会　二〇一一『平等坊・岩室遺跡（第三二次）、ノムギ古墳（第三次）』天理市文化財調査年報平成二一年度
東大寺山古墳研究会・天理大学・天理大学附属天理参考館　二〇一〇『東大寺山古墳の研究―初期ヤマト王権の対外交渉と地域間交流の考古学的研究―』平成一九～二一年度科学研究費補助金（基盤研究B）研究成果報告書（研究代表者　金関恕）
奈良県立橿原考古学研究所　一九七一『奈良県の主要古墳一』奈良県教育委員会
奈良県立橿原考古学研究所　二〇〇一『大和前方後円墳集成』
奈良県立橿原考古学研究所　二〇〇五『三次元デジタル・アーカイブを活用した古鏡の総合的研究』
奈良県立橿原考古学研究所　二〇〇九『ホケノ山古墳の研究』
奈良県立橿原考古学研究所　二〇一一『平城京右京三条三坊六坪・菅原東遺跡』
奈良県立橿原考古学研究所　二〇一一『東アジアにおける初期都宮および王墓の考古学的研究』平成一九～二二年度科学研究費（基盤研究A）研究成果報告書（研究代表者　寺沢薫）
奈良県立橿原考古学研究所　二〇一八『黒塚古墳の研究』八木書店
奈良市教育委員会　一九九四「平城京右京三条三坊六坪・菅原東遺跡」『奈良市埋蔵文化財調査概要報告書』平成五年度
樋口隆康　一九九八『昭和二八年椿井大塚山古墳発掘調査報告』真陽社
広島県埋蔵文化財調査センター　一九八一『松ケ迫遺跡群発掘調査報告　三次工業団地建設に伴う埋蔵文化財の発掘調査』広島県教育委員会
福知山市教育委員会　一九八一『駅南地区発掘調査報告書―寺ノ段古墳群・広峯古墳群・広峯遺跡―』
藤井寺市教育委員会　二〇一三『津堂城山古墳』藤井寺市文化財調査報告書第三三集
前原市教育委員会　二〇〇〇『平原遺跡』前原市文化財調査報告書第七〇集

あとがき

二〇一九年一〇月二二日に、天皇の即位を国内外に宣言する「即位礼正殿の儀」が挙行され、祝日となった。その様子をテレビで見ながら、このあとがきを書きはじめている。即位式における天皇の装束は、江戸時代まで中国風であった伝統を、王政復古の思想のもと明治政府が改変したものだという。また、大正天皇の即位に際しては、天皇の高御座（たかみくら）の側に、はじめて皇后の御帳台（みちょうだい）が設けられたという。そして、いま日本国憲法のもと、天皇による国事行為として、多くの国内外の賓客を招いて、皇居において厳かな儀式が挙行されている。悠久の歴史があるという、日本国の国威を示すための儀式である。

明治政府が、古代からつづいた歴史と伝統を大きく変質させるなか、戦後七〇年を過ぎてなお、その政府の残した遺産がこの儀式のなかにとどめられている。明治政府は、古代律令国家の伝統や歴史を重視し、それを政権の正当性の根拠としながらも、その歴史をみずからの都合によって書き換えてきた。それが真実であると思うが、厳粛な儀式のなかによみとろうとするのは、この慶事にふさわしくない卑屈な考えかもしれない。

古代律令国家もまた、大王と氏族によって構成されるヤマト王権の確立までの過程を重視し、残された遺跡や古墳などから歴史を解釈するとともに、遺跡や古墳を新たに創成して、みずらの歴史を構築していった。そういった見方をすることこそが、歴史研究にとってはまさしく必要なことであろう。国家がまとめた文献と実態が乖離しているのは、歴史の必然である。歴史の真実は、これを逆回転させ、文献資料と遺跡や古墳を中心とした考古資料を組み合わせてこそ、はじめて解明される。

考古学によって、歴史の真実に迫ることができる。そうした気概をもちながら、私は奈良県立橿原考古学研究所で職を得てから、ヤマトの遺跡の発掘調査に参加しつつ、『古墳時代の遺跡学―ヤマト王権の支配構造と埴輪文化―』(雄山閣、二〇〇九)を上梓した。しかし、このときには厳然とした歴史資料が残っているはずの邪馬台国や倭の五王の実態を追究するまでにはいたらなかった。

その後、勤務先も博物館にかわって、奈良盆地の遺跡の実態から大王や氏族について考究しながら、いくつかの論文をまとめてきた。博物館の学芸員として、入館者からよく説明が求められたのは、なんらかの文献に残る人物およびその人物の事績と、古墳や遺跡との関係であった。しかしながら、考古学では、厳然たる暦年代は明らかにできない。そのようななかでは、邪馬台国や倭の五王にアプローチすることはまだまだ難しい。また、古代律令国家がまとめた文献である『古事記』『日本書紀』の記述の真実性や信憑性の問題があって、そこで求められた解答と、私の説明のあいだに乖離があることを痛切に感じていた。

現在、私は奈良県庁に勤務しており、通勤電車の車窓から宝来山古墳の威容が目にとびこんでくる。本書では、この古墳を四世紀代におけるヤマト王権の王墓と位置づけた。三世紀代のヤマト王権の初代王墓は、「おおやまと」古墳群の枢要を占める箸墓古墳だ。高い建物の上に登ったり、自動車で少し走ったりすれば、奈良盆地のどこからでものぞむことができる。橿原市内に所在する自宅のすぐ側にあるのが、奈良県最大の前方後円墳である丸山古墳である。私は六世紀代の欽明大王の墳墓であると考えている。このように、奈良盆地には時代の異なる王墓が、場所を違えて存在する。こうした王墓の姿を眺めるだけで、さまざまな思考をめぐらせることができる。考古学者にとっては格好のフィールドであり、そうした機会に恵まれたことだけでもたいへん幸運である。

こうした王墓をもとに、ヤマト王権の実態を究明する試みは、これまで多くの研究者が試みてきた。本書では、それに加え、王の支配拠点や生産拠点のありかたを重視し、王や有力地域集団の支配領域について考えてきた。古墳は、あくまで墓であって、王がその政治的な権力を行使した場ではないし、王の生産拠点がわからないと、その実力と支配領域が確定しないからである。

そして、箸墓古墳の北側一帯に広がる纒向遺跡こそ、ヤマト王権の王の支配拠点であることを本書のなかで強調した。また、宝来山古墳のすぐ北にもヤマト王権の王の支配拠点である菅原東遺跡がある。これらが同時に並存しており、地域支配をおこなった王がこの時点では、二人並立していたのである。

王墓である古墳と、王の支配拠点や生産拠点である遺跡をつなげてこそ、王権の実態が解明される。しかし、遺跡は地中に眠っていて、発掘調査によってはじめてその姿をあらわす。私は、その調査現場に立たせてもらい、それを目の当たりにするという絶好の機会に恵まれた。

とりわけ、奈良盆地西南部の南郷遺跡群や奈良盆地中央部の伴堂東遺跡の発掘調査に参加した経験は、非常に大きなものがあった。南郷遺跡群については、発掘調査の成果とこの遺跡の意義を、一緒に発掘調査を担当した青柳泰介氏と共著で『葛城の王都　南郷遺跡群』（新泉社、二〇一一）としてまとめている。ご一読いただければ幸いである。

本書の基礎となった論文のタイトルは、「ヤマト王権中枢部の有力地域集団―『おおやまと』古墳集団の伸張―」（『国立歴史民俗博物館研究報告』第二一一集、二〇一八）である。ここで、これまでに書いた、古墳と遺跡といった考古資料から、ヤマト王権の出自とその伸長過程について考究しようとするものであった。その内容は考古学に特化した専門的なものであった。

本書は、これを文献資料との関係をふまえて、全面的に書きあらためたものである。金石文や文献資料のなかで比較的客観性のある中国史書などをもとにして、古墳と遺跡をつなぎながら、三世紀の「おおやまと」の王が、五世紀に倭国王として中国に遣使するまでのヤマト王権の伸長過程と、氏族の淵源となった有力地域集団の動向を描出したものである。ヤマト王権と邪馬台国はつながらず、邪馬台国の所在地は北部九州にもとめた。また、『古事記』『日本書紀』との関係については、なぜそうした記述があるのかを考えてみた。

本書は、一昨年五月に上梓した『蘇我氏の古代学　飛鳥の渡来人』（新泉社、二〇一八）の企画段階から、いわばその続編として、その執筆を企図していたものである。蘇我氏が政権中枢にあった時代に、ヤマト王権は大王と氏族による支配構造を完成させている。それより前の時代については、文献と実態に乖離があることは、自明である。真実性のある文献資料は乏しく、その時代の遺跡や古墳と人物や人物の事績の記録を結びつけた歯切れのよい記述をすることは、歴史の真実からかえって遠のいてしまう。

歴史の真実は、必ずやその実態の解明にある。ヤマト王権の実態は、古墳と地下に眠っている遺跡のなかに隠されている。本書において、古墳や遺跡について少しでも興味をもち、現地や博物館などにおいて肌でそれを感じていただく機会になればと思う。そしてその実態を究明することこそ、歴史の真実に近づくのだということを理解していただくことになれば、本書の役割は十分に果たせたことになる。

最後に、二〇二〇年一月一日に幽明境を異にした父、隆夫の霊前に本書を捧げて、感謝の意を表することをお許しいただきたい。

二〇二〇年一月

坂　靖

写真提供（所蔵）

奈良県立橿原考古学研究所：図5・6・26・27・29・31・32・54（和泉黄金塚古墳出土鏡・蟹沢古墳出土鏡＝東京国立博物館）・56・57（蟹沢古墳出土鏡＝東京国立博物館）・59（安満宮山古墳出土鏡＝高槻市）・60・62・63・74・76（上牧久渡三号墳出土鏡＝上牧町教育委員会）／伊都国歴史博物館：図12（国〈文化庁保管〉）／田原本町教育委員会：図14・15／奈良県立橿原考古学研究所附属博物館：図18・19・22（楽浪系土器＝東京大学考古学研究室）・36・52・53・69・73／島根県教育庁埋蔵文化財調査センター：図23／桜井市教育委員会：図33・40／梅原章一：44・45／宮内庁書陵部：図47・50／天理市教育委員会：図51／島根県立古代出雲歴史博物館：図54（神原神社古墳出土鏡＝国〈文化庁保管〉）／福知山市教育委員会：図58／宮内庁書陵部陵墓課編『古鏡集成』学生社、二〇〇五：図68・77（宮内庁書陵部）／東大寺山古墳研究会ほか二〇一〇：図70／藤井寺市教育委員会：図79左／広陵町教育委員会：図79右・80

上記以外は著者

図版出典

巻頭図版・図1〜4・7〜11・16・17・20・21・24・25・34・35・37〜39・41〜43・46・49・61・65・67・71右・75・81〜85：著者作成（巻頭図版：宮内庁書陵部陵墓課二〇一四、西藤二〇一三、岸本二〇一三ほか各報告書／図1：旧海岸線は趙ほか二〇一四／図8・10：福岡市博物館二〇一五／図35：大阪府立弥生文化博物館二〇一五、桜井市埋蔵文化財センター二〇〇七ほか各報告書、図録／図39：桜井市埋蔵文化財センター二〇〇七／図41：桜井市埋蔵文化財センター一九九八／図42：桜井市纒向学研究センター二〇一九／図46：桜井市埋蔵文化財センター二〇一四／図49：坂二〇〇九／図61：奈良県立橿原考古学研究所二〇一八／図85：宮内庁書陵部陵墓課二〇一四、大阪府立近つ飛鳥博物館二〇一三ほか各報告書。以上をもとに作成）／図14：藤田三郎二〇一九を改変／図28：桜井市教育委員会文化財課二〇一二を改変／図30：奈良県立橿原考古学研究所二〇一一を改変／図48：奈良県立橿原考古学研究所附属博物館二〇一二、楯築墳丘墓＝近藤一九九二、矢谷墳丘墓＝広島県埋蔵文化財調査センター一九八一、宮山墳墓群＝高橋一九八七（三輪山遺跡調査団）を改変、都月坂1号墳＝近藤・河本一九八七／図55：下垣二〇一〇を改変／図64：清水ほか二〇一九、鈴木二〇〇三を改変／図66：奈良県立橿原考古学研究所二〇一一／図71左：東大寺山古墳研究会ほか二〇一〇／図72：天理市教育委員会二〇一一／図78：小栗二〇一五、奈良県立橿原考古学研究所附属博物館二〇一六、藤井寺市教育委員会二〇一三、岸本二〇一六

装幀　菊地幸子

著者紹介

坂　靖（ばん・やすし）

1961年生まれ。同志社大学大学院文学研究科修了、博士（文化史学）。
奈良県立橿原考古学研究所 企画学芸部長。
主な著作 『古墳時代の遺跡学―ヤマト王権の支配構造と埴輪文化』（雄山閣）、シリーズ「遺跡を学ぶ」079『葛城の王都　南郷遺跡群』（共著、新泉社）、『蘇我氏の古代学―飛鳥の渡来人』（新泉社）

ヤマト王権の古代学―「おおやまと」の王から倭国の王へ

2020年2月15日　第1版第1刷発行
2021年5月25日　第1版第3刷発行

著者　坂　靖

発行　新泉社
東京都文京区湯島1－2－5　聖堂前ビル
TEL 03(5296)9620／FAX 03(5296)9621

印刷・製本　太平印刷社

ISBN978-4-7877-2002-3　C1021

シリーズ「遺跡を学ぶ」　A5判並製／九六頁

032　斑鳩に眠る二人の貴公子　藤ノ木古墳

前園実知雄 著／一五〇〇円＋税

079　葛城の王都　南郷遺跡群

坂　靖・青柳泰介 著／一五〇〇円＋税

102　古代国家形成の舞台　飛鳥宮

鶴見泰寿 著／一六〇〇円＋税

蘇我氏の古代学　飛鳥の渡来人

坂　靖 著／A5判並製／二六二頁／二五〇〇円＋税

蘇我三代と二つの飛鳥　近つ飛鳥と遠つ飛鳥

西川寿勝・相原嘉之・西光慎治 著／A5判並製／二五六頁／二三〇〇円＋税

森浩一著作集　第1巻〜第5巻

森浩一著作集編集委員会 編／四六判上製／各巻三二〇頁前後／各巻二八〇〇円＋税

第1巻　古墳時代を考える
第2巻　和泉黄金塚古墳と銅鏡
第3巻　渡来文化と生産
第4巻　倭人伝と考古学
第5巻　天皇陵への疑惑